조세소송의 입증책임론

Burden of Proof in Tax Suit

조세소송의 입증책임론

Burden of Proof in Tax Suit

金東福 著

 한국학술정보㈜

머 리 말

　조세소송에서 판결의 최종적인 국면은 무엇일까? 과세관청과 납세자는 소송에서 유리한 결과를 이끌어내기 위하여 사실을 주장하고 증거를 제시하는 등 입증활동을 하게 된다. 증거가 뚜렷하고 사실의 존부가 명백한 경우에는 입증책임이 개입될 여지가 없으며 아무런 문제가 되지 않고 그것만으로 재판을 종결시킬 수 있다. 문제의 핵심은 요증사실에 대한 존부가 재판과정의 최종단계까지 확정되지 않을 때에 어떻게 판결을 할 것인가에 있다. 이러한 문제를 해결할 수 있는 것이 입증책임인 바, 입증책임은 법원이 심리의 최종단계에서 사실의 진위에 대하여 어떠한 확신을 가지지 않을 때 그 효과가 나타난다. 요컨대 입증책임이란 입증되지 않았을 때의 패소위험이며, 사실문제의 영역에서의 불해명을 해결하는 것을 사명으로 하고 있다.

　이 책은 조세소송에 있어서 입증책임에 관한 일반이론과 판례를 중심으로 필자의 박사학위논문을 요약정리한 것이다. 이 책을 출판할 것인가에 대하여 약간 망설이기도 했지만, 학자와 실무가뿐만 아니라 일반인들도 이 책을 통하여 조세소송의 입증책임론을 손쉽게 접할 수 있으리라는 확신이 있었고 아울러 한국학술정보(주)의 적극적인 출판권유도 이 책을 저술하게 된 동기가 되었다.

　따라서 이 책은 국내·외 학자들의 저서와 논문을 토대로 가장 쉽고 평이하게 구성하려고 노력함과 동시에 적절한 판례를 분석·검토함으로써 전문서적으로서 뿐만 아니라 실무가 및 일반인들의 참고용 도서로서의 역할도 할 수 있도록 꾸며 보았다. 아무쪼록 독자들이 이 책을 소화해내면서 조세소송의 입증책임론에 대한 이론과 사상을 깨닫는데 일조하기를 바라며, 필자의 능력부족으로 이 책은 미진한 부분이 많을 것으로 생각하며 많은 비판과 지도편달이 있기를 바란다.

이 조그마한 책을 내면서 지금까지 학문의 길과 학자로서의 자세를 가르쳐주신 스승님들께 머리 숙여 심심한 존경과 감사의 말씀을 올린다. 또한 작고하신 부모님과 학문의 길을 끝까지 갈 수 있도록 물심양면으로 도와주신 형님·형수님들께 참회하는 마음으로 감사를 드린다. 곁들여서 이 책의 출판을 기꺼이 수락하여 준 한국학술정보(주)의 채종준 사장님 및 출판사업팀 여러분들께도 심심한 고마움을 표하고 싶다.

마지막으로 항상 모든 것을 참아내며 더 높은 곳을 향하여 함께 동참해주는 나의 아내와 딸(다혜), 아들(태섭)에게도 이 지면을 통하여 무한한 사랑과 고마움을 보낸다.

2007. 1. 15.
남부대학교 삼애관 연구실에서 무등산을 바라보며
저자 김 동 복

目 次

略語表(Abk rzunsverzeichnis)

a.a.O. ········· am angegebenen Orte

AO ············· Abgabenordnung

Aufl. ··········· Auflage

BFH ··········· Bundesfinanzhof

BGH ··········· Bundesgerichtshof

BverfGE ·· Entscheidungen des Bundesverfassungsgerichts

DStR ········ Deutsches Steuer-Rundschau

f ··············· und folgende seite

ff ············· und folgende seiten

FGO ········· Finanzgerichtsordnung

PrOVerGE   Entscheidungen des Preußischen Oberverwaltungsgerichts

RAO ········· Reichsabgabenordnung

RFH ··········· Reichsfinanzhof

RG ············· Reichsgericht

S ··············· Seite

StRK ········ Steuerrechtsprechung in Karteiform

StuW ········ Steuer und Wirtschaft

Urt. ··········· Urteil

ABSTRACT

A Study on the Burden of
Proof in Tax Suit

Kim, Dong-Bok

Advisor: Prof. Kim, Choon-Hwan, Ph. D.

Department of law

Graduate School of Chosun University.

1. By looking at the essence of taxation from the general perspective and the need of protecting the rights of taxpayers by bringing them from submission, this paper attempts through a careful analysis, which based upon scholastic theories and court precedents on burden of proof in and abroad, to suggest ideas on burden of proof, in the event of tax lawsuit how it should be carried out in the future.

Today's modern nation requires an increased budget as its functions become larger and more complicated and the big chunk of the revenues must come from taxes. Thus tax law according to the principle of non-taxation without law, has to be fair. Furthermore, it needs to satisfy both the central or local government's budgetary requirements and the taxpayer right. However, tax office or revenue agency may unlawfully levy taxes to its taxpayers in order to collect needed revenues for the government. As a result, taxpayer's right could be violated.

2. If that's the case, what should be done to prevent taxpayer from having their rights violated? Of course a proper control of legislative and judiciary process should be in place. Ironically, however, judiciary process would be the last resort to protect the taxpayer rights and it's especially true in a tax suit case. If tax suit is for revision by taxpayer as petitioner, the taxpayer files a petition against the tax office for unlawfully or unfairly levied tax liability and the tax office will rebut that their actions are fair and lawful. Accordingly both parties will attempt to collect pieces of evidence to bring favorable results.

3. The question in tax suit narrows down to who has the burden of proof, the taxpayer or tax office? No one can offer a clear solution to that question. The reason is that every tax suit is unique. Thus the taxpayer may have the burden of proof for some cases and the burden of proof may fall on revenue agency's shoulders in other cases. Since every case is different and holds no particular party to provide evidence, we need to find general criteria in determining who has the burden of proof. Once the criteria are set in place, taxpayers are expected to participate voluntarily to pay their share of tax liabilities and more stable and reliable legal systems can be expected.

4. Whether petitioner or respondent has burden of proof or not in a tax suit, the question of burden of proof depends on each country's ideological or historical backgrounds that vary significantly from

country to country. Currently, there is no solid foundation as to who will bear the burden of proof in Korean tax law. However, general understanding or most of the court precedents suggest that tax office has the burden of proof when the right of the taxpayer is violated while taxpayer may have to prove when petition is filed for revision of taxpayer's tax liability. Thus it is assumed that Korean tax law adopts doctrine of burden of proof on the shoulder of the tax office, asking the revenue agency to prove it. To overcome unreasonable practices through strict adherence to the doctrine of burden of proof, the court admits exceptions to the rules. For instance, they attempt to achieve detailed reasonableness through relaxed evidence requirements and transfer of burden of proof for each tax suit. On the other hand, American taxpayers usually have the burden of proof and they are stipulated in U. S. Tax Court Rule 142. It's interesting that Tax Court Rule stipulates that burden of proof basically falls on taxpayers in the U. S. and it's quite different from that of Korea.

5. Would the current method of dispute-solving, which is based heavily on theories and court rulings in a tax suit without stipulating on burden of proof more desirable? Or clearly stipulating them in tax rules and regulation, such as the case in the U. S. be a better approach to give taxpayers more economic sense and a legal stability? Rather than through the doctrine of burden of proof on the tax office, wouldn't the doctrine of burden of proof on the taxpayer be preferred should they protect taxpayer right and enhanced collection of taxes? Before choosing which doctrine to adopt, not only do the levels of reasonableness, effectiveness, justice and fairness but the right of the taxpayer during the collection of

taxes must be carefully assessed.

Some questions may arise with the doctrine of burden of proof on the tax office. First the taxpayer may not have the motive to keep his / her records related to the tax return. Further the taxpayer may see a light to bring about something new throughout the litigation that was not present during the voluntary tax return. This may encourage more lawsuits by the taxpayer. Second, since the ultimate owner of the detailed information is the taxpayer, he / she may not carry out his / her full tax liability. Third, the ultimate goal of the tax office is to levy taxes as fairly and thoroughly as possible and collect them as much. To carry out this including audits, a big chunk of money will be spent to dig out more evidence, trying to collect more taxes. In the process some of the taxpayer's right could be stepped on by the tax office. This will lead lawsuit more costly and tax system less efficient. Fourth the current trend of tax system is moving from mostly being levied by the revenue agency into volunteer filing by the taxpayer, and giving the burden of proof to revenue agency makes not much sense logically. To tackle these problems, the burden of proof must be given to the taxpayer. In other words, the reason for adopting the doctrine of burden of proof on the taxpayer is like this. First, major trend of tax system is moving away from levied taxes toward the voluntary tax returns for income, corporate and value-added taxes by the taxpayer. Even in cases of levied taxes like inheritance tax, voluntary tax filing is essential for a proper processing and many cases only the taxpayer has all the related data. Oftentimes he / she is the only one who knows his / her law-violating activities. Second the taxpayer feels the need of keeping the tax-related records and he will voluntarily summit all the necessary documents, simplifying audits and reducing possible violation of the taxpayer right by the tax office. Third the government needs money to operate and voluntary tax returns will depend heavily on taxpayer's reliance on tax system. Thus burden of proof in tax litigation should primarily be dealt with legislation, not with the doctrine of burden of proof on the tax office, but the taxpayer should be primarily responsible to prove. Also the doctrine of burden of proof on the taxpayer may need to be stipulated in the article under fundamental law of national tax except cases where the tax law or court ruling specifies otherwise.

Of course adopting a new system could face some resistance from the both parties, the taxpayer and the tax office. However, resistance can be alleviated by understanding some of the following. First of all, the government has to have a new mildest toward the taxpayer. They should seek understanding and cooperation from the taxpayer whenever necessary. Second, if requested by the taxpayer, the tax office should release any relevant data or information within taxpayer's right. Third, like the one being used in the U. S., some arbitration process will greatly reduce friction and legal costs between the tax agency and the taxpayer. Arbitration can be introduced before tax is levied by the agency. Fourth establishing tax court with specialized judges is highly recommended. Lastly, during court litigation for a revision of unlawful tax liability, execution of the liability should be on hold and needs to be stipulated in the article.

Keyword: tax suit, burden of proof, taxpayer, tax office, the doctrine of burden of proof with the taxpayer, the doctrine of burden of proof with tax office.

第1章 租稅訴訟에 있어서 立證責任에 관한 法的 檢討

租稅爭訟(Steuerstreitigkeit)이라 함은 조세법률 관계에 관한 행정쟁송 즉 조세법률 관계의 존재 또는 형식에 관하여 稅務行政廳과 納稅義務者와의 사이에 다툼이 있는 경우에 그 當事者 일방의 신청에 기하여 일정한 국가기관이 강행적·유권적으로 판정하여 그 다툼의 해결을 목적으로 하는 國家作用으로 행하는 일정한 절차를 말한다.[1]

위법한 조세의 부과·징수처분에 대한 구제수단으로서는 行政爭訟과 過誤納金還給請求가 있으며, 위법한 조세의 부과·징수에 대한 불복수단으로서의 行政爭訟은 행정쟁송 일반과 마찬가지로 行政審判과 行政訴訟으로 나눌 수 있다. 조세의 위법·부당한 부과·징수에 관한 처분에 대하여는 궁극적으로 行政訴訟(租稅訴訟)을 제기하여 다툴 수 있으며, 이에도 일반법인 행정소송법이 적용된다. 다만 國稅基本法·關稅法은 행정심판전치주의, 제소기간에 관하여 특별규정을 두고 있다(국세기본법 제55조 제5항, 관세법 제39조 제5항).[2]

행정소송에서 이론, 실무상 가장 문제가 되는 租稅訴訟도 행정소송의 일종인 이상 조세소송에 있어서의 입증책임을 어떻게 이해하느냐 하는 것은 행정소송에 있어서의 입증책임을 어떻게 이해하느냐에 달려 있다.[3] 이

---

1) 姜仁崖, 『租稅爭訟法』 (서울: 韓國稅政新聞社, 1989), 25면.
2) 金東熙, 『行政法 Ⅱ』 (서울: 博英社, 1996), 535면.
3) 吳錫洛, 『立證責任論』 (서울: 博英社, 1996), 298면.

는 결국 행정소송에서의 立證責任分配에 관한 제 학설을 조세소송에서는 어떻게 설명하고 있는가라고 할 수 있다. 행정소송에 있어서의 입증책임에 관한 判例의 대부분은 조세소송에 관한 것이다. 立證與否가 비교적 간단하게 판명되는 일반적인 행정소송사건에서는 立證責任의 分配原則에 따라 입증책임을 부담할 자가 결정되면 이로써 立證責任의 問題는 쉽사리 해결된다. 따라서 입증책임을 부담하는 자가 정하여졌음을 전제로 하여 어느 정도까지 입증을 하면 그 책임을 다한 것으로 인정하고 불이익을 면하게 하여 줄 것인가를 의미하는『證明度(立證의 程度)』問題는 논할 필요가 없다. 그러나 大量的·繼續的이고도 정형적인 처분으로서 일반의 행정처분에 비하여 專門性·技術性·複雜性 등의 특성을 갖는 조세행정처분에 대한 租稅訴訟에서는『立證責任의 分配』보다도『證明度(立證의 程度)』가 더 어렵고 중대한 문제이다.4)

따라서 조세소송에서는 조세법률 관계의 특수성 때문에 객관적인 立證責任의 所在보다는 입증책임을 부담하는 자가 어느 정도 입증을 하면 그 입증책임을 다한 것으로 볼 수 있는가 하는 立證의 必要나 程度의 問題가 더욱 중대한 문제로 대두된다. 왜냐하면, 납세자는 가능한 한 稅金을 적게 내려 하는 데 반하여 과세관청으로서는 課稅資料들이 대부분 납세자의 지배영역 내에 있어 그 立證資料의 수집이 결코 용이하지 않기 때문에 과세관청에 그 입증의 정도를 강하게 요구하는 경우 조세법률 관계의 特殊性을 무시하는 불합리하고 부당한 결론이 도출될 위험이 있기 때문이다.5)

證明度問題와 관련하여 어느 경우에 立證責任의 轉換 내지 輕減이 인정되느냐 하는 문제는 추상적인 논의에 의해서는 해결될 수 없고 具體的·個別的인 考察方法을 통해서만 해결할 수 있다고 본다. 결국 判例에 대한 個別的 檢討가 그 해법이라고 할 것이다.

---

4) 李文載,"行政訴訟에 있어서 立證責任－租稅訴訟에 있어서 立證責任 포함－,"『裁判資料』, 13집(1982), 680면.
5) 任勝淳,『租稅法』(서울: 博英社, 1999), 306면.

第1節 立證責任의 槪觀

1. 立證責任의 槪念

가. 意 義

　民事訴訟, 刑事訴訟, 行政 및 租稅訴訟 등 어떤 소송이든 간에 법관의 사명은 개개의 사건에 대한 法의 適用이다. 이러한 인간 상호간의 외적 관계의 질서로서 객관적인 법은 발생되는 것으로 관념되는 외적 사상과 결부되어 있다. 법의 적용에 있어서 法官의 活動에는 세 가지 측면이 있다. 법관은 먼저 法을 알고 이를 인식하여야 한다. 그런 다음 裁判을 위하여 제시된 현실의 단편, 즉 具體的 事實關係와 客觀的 法의 제 규범을 결합시키지 않으면 안 되는데, 그것은 事實上 提出된 主張과 청구된 法律上 法律效果의 발생요건을 비교하여 양자가 합치하는지와 어느 정도까지 합치하는지를 확정하여야 한다. 마지막으로 이러한 事實主張의 眞實性을 심사하고 당해 사안에 있어서의 사실관계의 충실한 모습을 파악하지 않으면 안 된다. 이 같은 작업의 결과로서 주장된 事實狀態가 그 요건에 적합하고 진실한 것으로 판명되었을 때, 그는 당사자의 權利保護申請을 認容하여야 하고, 이와 반대로 그 자체가 객관적인 법에 의하여 인정받지 못하는 경우뿐만 아니라 주장된 事實關係가 요구된 法律效果의 전제로 법규가 정한 구성요건을 나타내지 않거나, 또는 무엇보다도 당사자가 이러한 構成要件의 存在를 주장하기는 하였으나 그 주장의 眞實性을 뒷받침하는 확신을 불러일으키지 못한 때에는 申請을 排斥하지 않으면 안 된다.6)

---

6) 吳錫洛·金亨培·康鳳洙 共譯, 『立證責任論』 (서울: 博英社, 1995), 7면 내지 8면.

재판은 法規를 대전제로 하고 事實을 소전제로 하는 三段論法(흔히 判決의 三段論法이라고 부른다)의 적용에 의하여 이루어지고, 재판의 결론은 判決三段論法의 소전제가 되는 사실의 확정이 선행되지 않으면 안 된다.[7] 재판절차에서 인간의 인식능력은 불완전하고 訴訟節次에서 이용할 수 있는 인식수단에도 한계가 있으므로 각종의 입증노력에도 불구하고 要件事實이 존부불명인 경우가 발생할 수 있고 재판을 거부할 수 없는 訴訟節次에 있어서 종국적으로 要件事實의 不存在를 전제로 재판을 할 수밖에 없다.

그러나 事實의 存否不明을 이유로 재판을 거부하는 것은 허용되지 않는 것이므로 그 불명인 사실을 어느 쪽 당사자의 불이익으로 처리할 것인가를 지시하는 裁判規範을 마련할 필요가 있게 된다. 이러한 재판규범으로서 존재하는 것이 立證責任分配의 法則이며, 이 법칙에 의하여 당사자의 한 쪽이 입는 不利益 또는 危險이 곧 立證責任이다.[8]

이러한 입증책임의 문제는 요건사실의 존부불명에 따라 생겨나므로 辯論主義에서만 문제되는 것이 아니라 職權探知主義 訴訟構造下에서도 공통되는 개념이다.

한편, 레오 로젠베르크는, "어떤 訴訟을 막론하고 법관의 사명은 개별 사건에 대한 법의 適用이며 이러한 법은 발생된 것으로 관념되는 외적 사상과 결부되어 있으며, 이 외적 사상은 假定的 要件事實에 추상적으로 형상화되어 있고 법적 명령은 이 가정적 요건사실을 출발점으로 하므로, 따라서 이 법적 명령 내지 법적 효과는 법규가 전제로 한 사실상황의 존부에 의하여 결정된다. 그런데 인간의 認識手段의 불충분과 認識能力의 한계로 인하여 사물의 사실상의 경과에 관하여 當事者의 설명이 법관을 확신시킬 만큼의 確實性에 이르지 못하는 경우에도 법관이 事實問題를 확정하기 어렵다 하여 法律問題를 판단불능으로 처리할 수는 없다. 이러한 것은 민사소송, 행정소송, 형사소송이건 形式的 眞實主義가 지배하건 實體的 眞實主義가 지배하건 항상 일

---

7) 吳錫洛, 전게서, 3면.
8) 吳錫洛, 상게서, 3면-4면.

어날 수 있다"[9])고 한다.

즉 법률규정의 효과를 긍정하는 법규의 적용은 抽象的 法律規定을 대전제로 하고 진실한 것으로 確定된 事實關係를 소전제로 한 三段論法의 소산인데, 법관은 법규 내지 법 개념의 적용에 대하여는 내심 의문을 품고 있다고 하더라도 이를 事實問題에 대한 의문처럼 다루어서는 안 되고, 立證負擔을 안고 있는 당사자에게 입증책임을 부담시켜서는 안 되며 자기의 견해를 분명히 하여 일정한 재판을 강행하지 않으면 안 된다. 여기에는 純粹法律問題만이 개재할 뿐 判斷不能의 事態는 일어남이 없다 (iura novia curia). 따라서 법률문제의 재판에 있어서는 學說·판례상 명백하거나 명백해져야 할 實體法의 規定에 맞는 해석만으로 충분하고, 立證責任이 問題가 되는 것은 재판의 대상이 되는 事案의 事實關係가 진실한 것인가 아닌가를 심사하는 부분이며, 이것은 이른바 事實問題가 불확실한 경우에만 법관을 立證責任規範이 제공하는 판결내용에 관한 지시를 필요로 하기 때문이라고 할 것이다.[10])

요컨대 입증책임이라 함은 소송의 최종단계에서 소송상의 어느 要證事實의 존부가 확정되지 않을 때에(眞僞不明, non liquet) 당해 사실이 존재하지 않는 것으로 취급되어 法律判斷을 받게 되는 當事者 일방의 危險 또는 不利益을 말한다. 즉 立證되지 않았을 때의 敗訴危險이며, 이러한 입증책임은 事實問題의 영역에서의 불명확을 해결하는 것을 사명으로 하고 있다.

나. 理念 및 機能

(1) 立證責任의 理念

(가) 要證事實의 不確定의 불이익을 당사자의 어느 쪽에 부담시켜야

---

9) Leo Rosenberg, *Die Beweislast*, 5. Aufl., München (1965), S.1.
10) 吳錫洛·金亨培·康鳳洙 共譯, 전게서, 3면.

하느냐의 문제, 즉 입증책임의 분배의 理論的 根據는 이를 입증책임의 이념에서 찾을 수밖에 없다. 입증책임의 이념은 公平(fairness)과 政策的 考慮(consideration of policy)를 드는 것이 일반적 경향이다.[11]

(나) 입증책임은 要證事實이 불확정한 경우에도 재판을 가능케 하기 위하여 마련된 것이나, 그 결과는 입증책임을 부담하는 당사자에게 要證事實의 不確定에 따른 不利益을 과하는 것에 불과하다. 만일 모든 立證責任을 원고에게 부담시킨다고 하면 원고의 權利主張은 몹시 어려워질 수밖에 없으며, 반대로 모든 입증책임을 피고에게 부담시킨다고 하면 原告의 權利主張은 거의 어려움이 없게 된다. 그러므로 입증책임의 부담을 결정함에 있어서는 당사자의 소송진행상의 지위가 가급적 대등하게 되도록 公平하게 안배할 것이 무엇보다도 요청된다. 따라서 公平性이 立證責任分配原理의 기초가 된다.

(다) 입증책임분배에 있어서 公平의 요청이 그 분배원리의 기초를 이룬다고 하여도 그것이 절대적인 경우라고는 할 수 없으며, 경우에 따라서는 실체법상의 다른 동기에 의하여 立證責任規定이 마련되는 예가 없지 않다. 즉 일반의 불법행위(민법 제750조)에 관하여는 被害者인 原告에게 立證責任을 부담시키면서 특수한 불법행위의 경우(민법 제755조 내지 759조)에는 위험성이 많다는 등의 사정을 고려하여 가해자인 피고에게 免責事由의 입증책임을 부담시킴으로써 損害賠償의 청구를 쉽게 하는 경우이다. 이와 같이 立法者가 일정한 권리의 행사를 가급적 쉽게 하려고 하거나 紛爭의 신속·간명한 처리를 꾀하기 위한 政策的으로 고려한 데에서 입증책임의 이념을 찾을 수 있다.

---

11) 兼子一, "立證責任," 『民事訴訟法講座』, 2卷, 572면; 村上博巳, 『證明責任の硏究』 (東京: 有斐閣, 1982), 24면 내지 25면.

(2) 立證責任의 機能

(가) 本質的 機能

흔히 입증책임은 自由心證主義가 끝나는 데서부터 그 본래의 기능을 발휘한다고 한다.[12] 원래 立證責任의 機能은 당사자가 소송자료만을 제출하고 아무런 證據資料도 제출하지 않는 경우에 가장 잘 나타나는 것이나, 이 경우에 법관은 自由心證에 따르지 않고, 곧바로 立證責任에 따라 당사자의 일방에게 不利益한 法律判斷을 내리기만 하면 된다.

그러나 입증책임의 기능은 당사자가 제출한 모든 證據를 조사하고 경우에 따라서는 職權으로 증거를 調査探知하는 절차를 취하여 심리를 다하여 보아도 끝내 재판의 기초가 되는 要證事實의 存否가 불확정한 경우에 그 참모습을 나타내게 된다.[13]

그러므로 立證責任規範은 요증사실의 존부가 불확정한 경우에 적용하는 法規範이라 할 수 있으며, 그와 같은 경우에 법규를 적용하여 재판을 가능케 하는 데 입증책임의 본질적 기능이 있다.

(나) 附隨的 機能

입증책임의 본래의 기능은 訴訟의 最終段階에 이르러서도 要證事實의 存否가 확정되지 않은 경우에 재판을 가능케 하는 데 있는 것이나, 立證責任은 그와 같은 소송의 최종단계에 이르러서만 현재하는 것은 아니며, 訴訟의 過程에서도 재판의 가능을 목표로 기능을 발휘한다. 물론 이러한 기능은 부수적인 기능에 불과하지만 訴訟의 根底에 잠재하여 끊임없이 訴訟의 發展에 작용하는 점에서 중요한 의의를 지닌다.[14]

입증책임의 부수적 기능 중에서 중요한 것 몇 가지를 들어보면 다음과 같다.

---

12) 兼子一, 『民事訴訟法體系』 (東京: 弘文堂, 1994), 569면; 村上博巳, 전게서, 26면.
13) 吳錫洛, 전게서, 22면.
14) 吳錫洛, 상게서, 23면.

① 訴訟指揮에 있어서의 機能

법원이 무용한 證據調査를 피하기 위해서는 입증책임의 분배를 전제로 訴訟指揮를 하여야 한다. 즉 釋明權을 행사하여 당사자에게 입증을 촉구하는 경우에도 먼저 그 사실에 관하여 입증책임을 부담하는 당사자에게 하지 않으면 안 되며, 또한 同一事實의 存否에 관하여 당사자 雙方으로부터 證據申請이 있는 경우에는 입증책임을 부담하지 않는 당사자가 신청한 反證은 조사할 필요가 없다.

② 判決書作成에 있어서의 機能

민소법 제193조는 民事裁判에 있어서 判決書의 작성을 요구하고 그 기재사항으로 주문, 이유 등을 기재하되, 이유의 記載에 있어서는 주문이 정당함을 인정할 수 있는 한도에서 당사자의 주장과 기타 攻擊防禦方法의 전부에 관하여 판단을 명시하도록 규정하고 있다.

한편, 判決書의 기재사항 중에서 이유의 기재는 당사자의 주장을 請求原因에 관한 주장과 항변에 관한 주장, 재항변에 관한 주장 등으로 분류하고 그 순서대로 판단을 가하여 기재하는 것이 實務의 慣行이다.15) 이와 같은 기재방법에 의한 判決書의 작성을 위해서는 우선 무엇이 請求原因에 관한 주장이고, 무엇이 抗辯 · 再抗辯에 관한 주장인지를 가려야 하는바, 그와 같은 구별은 立證責任의 分配를 전제함이 없이는 도저히 불가능하다고 본다.16) 더 나아가서 개개의 證明主題인 事實(청구원인사실, 항변사실, 재항변사실 등)의 인정에 있어서도 입증책임이 당사자의 어느 쪽에 있는가에 따라 그 記載方法은 전혀 달라지는 것이므로, 입증책임을 떠나 事實認定을 기재하기는 무척 어렵다.

즉 법원이 증명주제인 事實의 存否에 관하여 확신을 얻은 경우에는

---

15) 司法硏修院 編,『民事判決書作成實務』(서울: 成文印刷社, 1995), 137면 이하 참조.
16) 상대방의 주장이 否認에 해당하느냐 抗辯에 해당하느냐 하는 것은 상대방의 答辯의 態度에 따라 결정되는 것이나, 그 종국적인 구별의 기준은 立證責任에 의할 수밖에 없다.

"어떠어떠한 證據에 의하면 어떠어떠한 사실이 인정된다"라고 기재하게
되고, 그 부존재에 확신을 얻었거나 또는 證明主題인 사실이 존부불명인
경우에는 "어떠어떠한 사실을 認定할 만한 證據가 없다"라고 기재하거나
필요한 경우에는 "어떠어떠한 사실을 인정할 만한 증거가 없고, 도리어
어떠어떠한 증거에 의하면 위 사실의 不存在(또는 반대사실의 존재)가 인
정된다"라고 기재하게 되는바,17) 이러한 판결서의 기재는 반드시 立證責
任分配와 관련하여 기재할 수밖에 없고, 이러한 점에 立證責任의 附隨的
機能이 존재한다.

2. 客觀的 立證責任과 主觀的 立證責任18)

가. 客觀的 立證責任

위에서 본 바와 같이 입증책임은 소송의 최종단계에서 법관이 主要事實
의 存否를 확정할 수 없는 경우에 비로소 문제가 되는 客觀的인 觀念이
다. 즉 소송의 최종의 단계에서 소송상의 어느 要證事實의 存否가 확정되
지 않을 때에(眞僞不明, non liquet) 당해 사실이 존재하지 않는 것으로 취
급되어 법률판단을 받게 되는 當事者 一方의 危險(Risiko der Beweislo-
sigkeit) 또는 불이익 즉 입증되지 않았을 때의 敗訴危險을 客觀的 立證責
任이라고 한다.19) 단순히 입증책임이라고 하면 객관적 입증책임을 의미하

---

17) 司法研修院 編, 전게서, 191면·216면~217면 이하 참조.
18) 이것을 刑事訴訟에서는 形式的 證明責任과 實質的 證明責任이라고 한다. 申東雲, 『刑
事訴訟法』 (서울: 法文社, 1993), 571면; 吳錫洛·金亨培·康鳳洙 共譯, 전게서, 19면;
英美法에서는 客觀的 立證責任에 해당하는 것을 說得責任(burden of persuasion) 主觀
的 立證責任에 해당하는 것을 證據提出責任(burden of producing evidence)이라고 한다.
吳錫洛, 전게서, 260면 이하; 李時潤, 『民事訴訟法』 (서울: 博英社, 1999), 570면.

나 때로는 主觀的 立證責任을 의미하기도 한다. 실무에서는 객관적 입증책임과 主觀的 입증책임을 구별하지 아니하고 혼용하고 있다.20)

이러한 眞僞不明의 사태는 직권탐지주의하에서도 문제될 수 있기 때문에 結果責任인 객관적 입증책임은 모든 절차 즉 辯論主義뿐만 아니라 職權探知主義에 의한 절차에서도 문제된다.21) 객관적 입증책임개념의 등장 이전의 辯論主義下에서 당사자가 패소의 위험을 피하기 위하여 主要事實의 存在를 입증하여야 하는 現實的 必要나 負擔만으로 입증책임을 이해하였고, 입증책임이란 오로지 證據를 제출하여야 할 당사자의 主觀的인 行爲責任의 의미로만 사용하였다. 그러나 객관적 입증책임은 審理의 最終段階에서 문제되므로 순전히 객관적인 결과책임이고 法條適用의 問題이며, 나아가 구체적인 소송의 경과나 當事者의 立證活動과는 아무런 관계가 없는 것이다. 바로 여기에 객관적 입증책임의 관념이 강조되는 계기가 있으며 客觀的 立證責任만이 입증책임의 본질적 개념이라고 하는 근거를 찾아볼 수 있다고 한다.22)

따라서 입증책임은 法官의 具體的인 心證과도 전혀 관계가 없는 것이며, 어떤 사실에 관하여 어느 쪽 당사자가 입증책임을 부담하느냐 하는 것은 抽象的·客觀的으로 法規(입증책임법규)에 의하여 定하여지는 것23)이므로 개념필연적으로 당사자의 한 쪽만이 負擔하게 되는 것이고, 이를 당사자가 동시에 부담하거나 분담하는 경우는 없다 할 것이다.

결국 客觀的 立證責任은 모든 소송절차의 최종단계에서 법관이 主要事實의 存否를 확정할 수 없는 경우에 비로소 문제되는 客觀的인 觀念이다.

---

19) 宋相現, 『民事訴訟法』 (서울: 博英社, 1999), 655면; 鄭東潤, 『民事訴訟法』 (서울: 博英社, 1999), 502면; 李時潤, 상게서, 569면; 吳錫洛, 상게서, 5면 이하.
20) 宋相現, 상게서, 565면; 鄭東潤, 상게서, 503면.
21) 宋相現, 상게서, 656면; 李時潤, 전게서, 569면; 鄭東潤, 상게서, 502면; 金洪奎, 『民事訴訟法(上)』 (서울: 三英社, 1994), 555면.
22) 吳錫洛, 전게서, 5면 이하.
23) 兼子一, 전게논문, 569면은 自由心證主義가 끝나는 곳에서부터 立證責任의 機能은 시작되는 것이라고 하고 있다.

나. 主觀的 立證責任

(1) 意 義

객관적 입증책임에 의해 眞僞不明의 경우에 불이익한 판단 즉 敗訴危險 때문에 立證責任負擔者는 패소를 면하기 위하여 證據를 제출하여 立證活動을 하여야 할 필요에 직면하게 되고, 따라서 勝訴를 하기 위하여 立證責任을 지는 사실에 대하여 證據를 제출해야 하는 일방 당사자의 행위책임이 문제되는데 이를 主觀的 立證責任(立證의 必要[24])), 形式的 立證責任(subjektive od. formelle Beweislast), 또는 證據提出責任(Beweisführungslast)이라고 하며, 이는 英美法上의 證據提出責任(burden of producing evidence)에 해당한다.[25]

객관적 입증책임만을 진정한 입증책임으로 보아 그 작용하는 영역을 訴訟의 最終段階(변론종결 시)에서 사실의 확정이 불가능한 경우로 국한하는 것은 지나치게 專門的·特殊的인 의미 내용을 입증책임이라고 하는 소송법상의 기초적인 개념에 포함시키는 것이 될 뿐만 아니라 民事訴訟에 있어서 입증책임이 부담되는 역할을 대부분 도외시하는 결과가 되어 부당하다는 견해가 주장되었으며 이를 계기로 主觀的 立證責任의 概念이 제창되기에 이르렀다고 한다.[26]

즉 이 견해에 의하면 주관적 입증책임은 辯論主義가 지배하는 民事訴訟에 있어서 특히 요청되는 개념으로서 변론주의에서는 당사자는 패소의 위험을 피하기 위하여 자기에게 유리한 사실을 主張·立證하지 않으면 안 되는 것이므로 주장책임과 더불어 행위책임의 일종으로서의 主觀的 立證責任은 실제로 소송에서 중요한 기능을 담당하게 된다.[27]

---

24) 大判 1996. 4. 26, 96누1627.
25) 李時潤, 전게서, 569면; 鄭東潤, 전게서, 503면; 吳錫洛, 전게서, 8면 이하.
26) 吳錫洛, 상게서, 8면.
27) 吳錫洛, 상게서, 9면; 吳錫洛·金亨培·康鳳洙 共譯, 전게서, 24면. 로젠베르크에 의하면 主觀的 立證責任의 概念을 無用之物로 생각함은 목욕탕의 물을 버리면서 물 속의 아

예를 들면 구체적으로 법원이 釋明權을 행사하여 當事者에게 입증을 촉구하는 것도(민사소송법 제126조) 우선 당해 사실에 관하여 입증책임을 부담하는 당사자에게 하여야 하는 것이다. 입증책임을 부담하는 當事者가 제출하는 證據(本證)가 불충분한 경우에 상대방이 신청하는 證據(反證)는 조사할 필요가 없게 되는데(민사소송법 제263조), 이것은 단순히 소송의 최종단계에서만 기능하는 客觀的 立證責任만이 아니라 소송의 과정에서도 行爲責任으로서 기능하는 주관적 입증책임이 중요하다는 것을 나타내는 것이다.[28]

그뿐만 아니라, 請求原因과 抗辯의 區別, 本證과 反證의 區別, 自白의 成否 등에 있어서도 이러한 행위책임의 관념이 반영된 것이며, 이러한 사실들은 객관적 입증책임에 대응하는 主觀的 立證責任의 개념이 존재함을 나타내는 것이다.

(2) 主觀的 立證責任과 立證의 現實的 必要의 關係

立證의 現實的 必要는 법관의 구체적인 심증의 문제로서 반드시 변론주의에 특유한 문제가 아니라는 점에서 소송 이전부터 抽象的·一律的으로 정하여져 있는 객관적 입증책임의 투영으로서 변론주의하에서만 관념되는 주관적 입증책임과 구별되며, 또한 법적 개념이 아닌 事實的 狀況에 지나지 않는다는 점에서 법적 개념인 주관적 입증책임과 구별된다고 한다.[29] 즉 法的 槪念으로서의 입증책임에 이러한 이질적인 사실적 요소를 포함시키는 것은 근본적으로 그릇된 태도라고 한다.

그러나 主觀的 立證責任과 立證의 現實的 必要는 개념상으로는 준별된다 할지라도, 서로 동의어라고 주장하는 견해[30]도 있을 뿐만 아니라 訴

이를 함께 버리는 것과 같은 짓이 된다고 한다.
28) 吳錫洛, 상게서, 8면 이하.
29) 吳錫洛, 전게서, 10면 이하.
30) 李時潤, 전게서, 570면.

訟實務에서 혼용하여 사용하고 있고, 특히 조세소송에서는 종종 立證責任의 所在 및 立證의 必要를 같이 사용하고 있으므로[31] 거의 일치되는 개념으로 판단된다.

(3) 租稅訴訟에서의 主觀的 立證責任의 認否

객관적 입증책임은 審理原則과는 상관없이 모든 소송에서 인정되므로 行政訴訟 및 租稅訴訟에서도 당연히 객관적 입증책임은 문제되나, 主觀的 立證責任은 辯論主義下에서만 인정되므로 그 인부는 행정소송 및 조세소송에서의 주장책임의 인부와 같이 行政訴訟의 審理原則 즉 행정소송법 제26조의 해석과 관련되는 문제라고 할 수 있다. 행정소송법 제26조의 해석에 관하여 변론주의 배제로서의 職權探知主義說은 행정소송에서 주장책임뿐만 아니라 주관적 입증책임도 부정한다. 주관적 입증책임은 객관적 입증책임의 존재를 전제로 하여 유출되는 것이고 즉 客觀的 立證責任의 존재가 변론주의를 통하여 특수하게 투영된 것이므로 主觀的 立證責任은 변론주의하에서만 인정되므로 변론주의가 배제되는 한 주관적 입증책임을 인정할 여지가 없게 된다.[32]

그러나 행정소송의 심리원칙은 辯論主義를 基本原則으로 하고 例外的으로 職權探知主義가 보충 내지는 가미되어 있다고 함이 타당하므로(折衷說), 행정소송절차에서 변론주의를 원칙적으로 인정하는 한 主觀的 立證責任은 인정된다고 할 것이다.

그런데 다수설인 折衷說의 입장에 있는 우리나라 행정소송법학자들은 행정소송에서 주장책임과 입증책임은 인정하고는 있으나, 立證責任을 客觀的 立證責任과 主觀的 立證責任으로 명시적으로 구별하여 인정함에는 대체적으로 소극적인 것 같다.

그러나 객관적 입증책임과 주관적 입증책임은 구별되는 관념이고 行政

---

31) 大判 1995. 7. 14, 94누3407; 大判 1996. 4. 26, 96누1627.
32) 吳錫洛, 전게서, 9면 이하.

訴訟節次에서는 변론주의가 基本原則이라 함이 타당하므로 따라서 행정
소송에서 主觀的 立證責任은 인정된다고 하여야 할 것이다.

따라서 조세소송에서는 主張責任 및 主觀的 立證責任이 인정된다고
하겠으며 조세소송이라 하여 이를 부정할 하등의 이유가 없다.[33)]

다. 兩者의 關係

主觀的 立證責任의 개념을 내세우는 입장에서도 주관적 입증책임을 客
觀的 立證責任과 전혀 관계가 없는 것이라거나, 이와 동가치적인 것으로
이해하는 것은 아니다. 객관적 입증책임을 부정하고 주관적 입증책임만을
인정하는 견해[34)]도 있었으나, 현재는 客觀的 立證責任과는 별도로 主觀的
立證責任의 개념을 인정하는 데 이견이 없는 것 같다[35)]. 주관적 입증책임
은 客觀的 立證責任의 存在를 전제로 하는 것이고 그 責任의 所在도 객
관적 입증책임의 존재에 따라 결정되는 것으로서 주관적 입증책임은 객관
적 입증책임의 存在가 '辯論主義를 통하여 특수하게 투영'된 것이다.[36)]

주관적 입증책임과 객관적 입증책임의 상관관계의 문제는 양자가 나란
히 존재하는 辯論主義下의 訴訟節次에서만 부각된다. 객관적 입증책임이
핵심이고 主觀的 立證責任은 이와 더불어 그 윤곽이 결정되는 것으로 이
해되어야 하며, 主觀的 立證責任의 範圍는 객관적 입증책임의 범위와 일
치하고 그보다 더 넓거나 좁은 것이 아니다.[37)]

---

33) 조세소송에서 명시적으로 客觀的 立證責任과 主觀的 立證責任을 구별하여 기술하고
    있는 것에는, 金炯善, "推計課稅訴訟에 있어서의 立證問題," 『司法論集』, 제9집(1978),
    715면 이하.
34) 中道弘道, 『擧證責任の研究』(東京: 有斐閣, 1949), 55면.
35) 李時潤, 전게서, 569면 이하; 宋相現, 전게서, 655면; 鄭東潤, 전게서, 502면.
36) 吳錫洛, 전게서, 9면 이하.
37) 吳錫洛·金亨培·康鳳洙 共譯, 전게서, 44면 이하.

3. 立證責任과 審理原則의 關係

가. 客觀的 立證責任과 審理原則

입증책임은 事實의 存否不明을 이유로 하는 재판의 거부가 허용되지 않는 모든 소송에 공통적으로 요청되는 개념이다. 따라서 客觀的 立證責任은 職權探知主義를 채용하느냐 辯論主義를 채용하느냐에 따라 차이가 생기는 것은 아니다.38) 일견 변론주의하에서는 證據의 蒐集이 당사자에게 일임되는 결과로 사실의 확정이 불가능한 경우가 職權探知主義에서 보다 더 많이 생길 수 있겠으나, 직권탐지주의라 하여도 절대 무제한한 事實의 探知를 뜻하는 것은 아니므로 직권탐지주의하에서도 事實이 存否不明인 경우가 생길 수 있다.39)

따라서 객관적 입증책임은 訴訟節次上의 審理原則과 직접적인 관계가 없다. 즉 변론주의가 적용되는 民事訴訟뿐만 아니라 일반적으로 職權探知主義가 적용된다고 하는 家事訴訟40)과 非訟事件節次41), 辯論主義냐 職權探知主義냐 혹은 그 折衷이냐에 관하여 다투어지고 있는 행정소송에서도 客觀的

---

38) 吳錫洛·金亨培·康鳳洙 共譯, 상게서, 27면; 金洪奎, 전게서, 555면; 李時潤, 전게서, 570면; 吳錫洛, 전게서, 10면; 鄭東潤, 전게서, 503면; 宋相現, 전게서, 656면.

39) 吳錫洛, 전게서, 4면; 吳錫洛·金亨培·康鳳洙 共譯, 전게서, 31면. 로젠베르크는 변론주의의 소송에 있어서보다 오히려 직권탐지주의 소송에 있어서 主要事實을 진실한 것으로 확정할 수 없다고 하고, 다만 직권탐지주의 아래에서 事案의 解明은 법원의 의무로 되어 있는 만큼 자료수집에 대한 當事者의 責任이나 主觀的 立證責任은 용인될 여지는 없다고 한다.

40) 通說이 職權探知主義에 의한다는 人事訴訟節次는 判例(大法院 1987. 12. 22. 宣告 86므90 判決)의 태도에 의하면 原則的으로 辯論主義에 의한다고 한다.

41) 吳錫洛·金亨培·康鳳洙 共譯, 전게서, 43면에 의하면, 非訟事件節次에 있어서도 신청인은 신청의 요건사실에 대한 確定責任을 부담한다. 비송사건 역시 立證責任規範이 작용함은, 예컨대 등기절차에서 입증책임규범에 다름 아닌 法律上의 推定規定 특히 민법상의 추정규정이 적용되는 점에서 알 수 있고, 법원은 직권으로 事實確定을 위하여 필요한 조사를 행하고 적절하다고 보이는 證據를 조사하여야 한다는 것이므로 신청인이 부담하는 것은 주관적 입증책임이 아니라 客觀的 立證責任이라고 한다.

立證責任은 인정되며, 나아가 刑事訴訟[42])의 경우라도 例外는 아니다.

나. 主觀的 立證責任과 審理原則

주관적 입증책임은 客觀的 立證責任의 存在를 전제로 하여 성립하는
것이고 그 책임의 소재도 객관적 입증책임의 존재에 따라 결정되는 것이
다. 主觀的 立證責任은 객관적 입증책임이 辯論主義를 통하여 특수하게
투영된 것이므로 주관적 입증책임은 변론주의하에서만 인정되는 관념이라
고 할 수 있다. 따라서 객관적 입증책임은 職權探知主義, 辯論主義, 또는
兩原則의 折衷形態 중 그 어느 것이 지배하는 절차이든가 상관없이 모든
訴訟의 最終段階에서 법관이 主要事實의 存否를 확정할 수 없을 때 비
로소 문제되는 관념이나, 주관적 입증책임은 辯論主義가 지배하는 절차에
있어서만 성립한다.[43])

다. 租稅訴訟의 特殊性과 審理原則

(1) 租稅訴訟의 特殊性

(가) 租稅訴訟의 形式과 實質

조세소송으로서 대표적인 것은 課稅處分에 대한 訴訟이라고 할 수 있

---

42) 吳錫洛·金亨培·康鳳洙 共譯, 상게서, 30면. Rosenberg는 형사소송에 있어서는 피고인
    에 대하여 責任根據事由의 存在뿐만 아니라 責任阻却·處罰阻却事由의 不存在가 증명
    되지 않으면 안 되며 이 모든 事實 全部의 確定責任은 검사에게 있으므로 만일 正當
    防衛가 문제되면 그 부존재가 적극적으로 확정되지 않는 한 被告人을 有罪로 할 수
    없다고 한다.
43) 吳錫洛·金亨培·康鳳洙 共譯, 상게서, 27면; 金洪奎, 전게서, 555면; 李時潤, 전게서,
    570면; 吳錫洛, 전게서, 10면; 鄭東潤, 전게서, 503면; 宋相現, 전게서, 656면.

는데, 그 쟁송의 형식은 과세처분의 취소를 구하는 抗告爭訟의 형태를 취하고 있으나 그 實質은 납세자가 자기의 所得金額의 確認을 구하는 것이다. 그리하여 조세소송에 있어서 과세처분의 취소소송은 형식적으로 보면 課稅處分의 取消를 구하는 形成訴訟의 형태를 취하고 있으나, 그 實質을 볼 때 납세자가 청구하는 실체는 行政處分의 違法性의 存否에 대한 다툼이라고 보기보다는 오히려 자기의 소득금액의 확인 즉 租稅債務不存在의 確認訴訟에 지나지 않는다. 이에 대하여 일반 행정쟁송에 있어서는 오로지 行政處分의 違法性의 存否가 그 다툼이 되는 것이므로 訴訟의 形式과 實質이 다르지 않다.[44)

이와 같이 조세소송에 있어서의 審判의 對象 또는 範圍에 관한 이론구성에 있어서도 일반 행정쟁송의 경우와 다른 특성이 논의되고 있다.

(나) 租稅訴訟과 行政訴訟

행정소송의 전심단계로서 일반 행정처분에 대한 行政審判은 單審制의 前審節次가 허용됨에 대하여 세무행정처분에 대한 租稅行政審判은 原則的 二審制(국세기본법 제55조 제1, 2항, 제62조 제1항, 제69조 제1항)및 選擇的 三審制(국세기본법 제55조 제1항 단서)의 전심절차를 마련하고 있는데, 그 °이유로는 조세에 관한 행정처분이 大量的·反復的이며, 조세법은 복잡하고 전문적·기술적인 법규이므로 과세관청의 專門的인 知識·經驗을 활용하여 행정소송에 이르기 전에 분쟁의 해결을 도모함은 물론 소송으로 넘어가기 전에 事案을 명확히 하여 다툼의 法律的 및 事實的 爭點을 정리하며, 법원에의 남소를 억제하고, 租稅行政의 統一的 運用을 기하기 위한 점 등을 든다.[45)

즉 조세행정처분은 일반 행정처분보다 더 大量的·繼續的·專門的·技術的·複雜性 등의 특성을 가지므로 그에 대한 쟁송에 있어서도 이와 같은 특성이 나타난다고 할 수 있다.

---

44) 尹昇榮, 전게서, 260면; 姜仁崖, 전게서, 32면.
45) 尹昇榮, 상게서, 114면; 姜仁崖, 상게서, 33면.

(2) 審理原則

행정소송의 심리원칙은 행정소송법 제26조의 解釋上 辯論主義를 基本原則으로 하고 예외적으로 職權探知主義가 적용된다.

조세소송은 稅務行政廳의 違法한 處分으로 인하여 생긴 조세법상의 公法的 權利·義務에 관한 분쟁을 해결하기 위한 審判節次로서 당사자간의 분쟁해결로서의 납세의무자의 권리구제뿐만 아니라 稅務行政의 合法性의 保障도 그 목적으로 하므로 조세소송의 심리원칙도 행정소송의 심리원칙과 같다고 할 것이다.

조세소송에 있어서도 主張責任, 立證責任, 證明度(立證의 程度) 등에 대해 살펴보기로 한다.

먼저 입증책임은 事實의 存否不明을 이유로 재판을 거부하는 것이 허용되지 않는 모든 소송에 공통적으로 요청되는 개념이므로 辯論主義 아래서 뿐만 아니라 職權主義 아래에서도 문제가 된다는 데 이론이 없다. 따라서 조세소송에서도 입증책임에 따라 당사자의 어느 쪽이 불이익을 입어야 하는 문제는 생긴다.

다음으로 主張責任에 관하여는 견해의 대립이 있다. 이에 대하여 행정소송법 제26조를 근거로 우리 行政訴訟構造는 변론주의가 배제되고 職權探知主義를 채택하였다는 전제 아래 주장책임은 문제될 여지가 없다고 주장하는 견해46)와 변론주의를 기반으로 하고 職權探知主義를 가미하고 있으므로 주장책임도 입증책임과 마찬가지로 함께 문제가 된다는 견해47)로 나누어져 있다. 생각건대 위 법규정은 필요한 경우에 職權證據調査나 職權探知를 할 수 있도록 허용한 명문규정이지 이를 의무적으로 행하도록 한 규정은 아니라고 하는 점, 행정소송법 제8조 제2항은 『行政訴訟에 관하여 이 법에 특별한 규정이 없는 사항에 대하여는……民事訴訟法의 規

---

46) 吳錫洛, 전게서, 215면.
47) 李文載, 전게논문, 678면; 權五鳳, "行政訴訟에 있어서의 主張·立證責任," 『裁判資料』, 제67집(1995), 313면.

定을 準用한다」고 규정하고 달리 변론주의에 관한 民事訴訟法의 規定을 배제한 바 없으므로 우리 行政訴訟 構造는 변론주의를 기반으로 하고 職權探知主義를 가미하고 있다고 보이므로 후자의 견해가 옳다고 본다.

4. 立證責任과 主張責任

가. 立證責任과 主張責任의 關係

主張은 논리적으로나 시간적으로나 證據申請과 證據提出에 선행하는 것이다. 변론주의하에서는 소송에 있어서 '무엇이 주장되어야 하는가'를 먼저 묻고 다음으로 立證責任에 관한 問題가 제기되는 것이 옳으므로, 主張은 논리적으로나 시간적으로나 증거신청과 증거제출에 선행하는 것이나 입증책임문제를 해결하지는 못한다. 그러나 主張責任의 對象과 範圍에 관한 문제는 입증책임의 문제와 동일한 방법으로 해결되지 않으면 안된다. 따라서 주장책임과 입증책임은 상이한 두 개의 문제가 아니라 동일문제의 양 측면이며, 이것은 判決基礎의 確定을 지향한 당사자의 활동이 주장과 입증이라는 양면성에 대응되는 것이라고 한다.[48]

각 당사자는 자기에게 유리한 법규의 요건을 이끌어 낼 수 있는 事實關係를 주장해야 하며, 다툼이 있는 경우에는 입증을 요한다. 그러므로 立證責任의 對象과 範圍는 原則的으로 입증책임의 그것과 일치하여야만 한다. 우리나라의 실무상 어느 要件事實의 主張과 立證의 問題가 있어서 '주장 및 입증책임이 있다'는 표현을 주로 쓰고 있는 것도 주장책임과 입증책임의 이와 같은 관계를 인정하는 태도이다.[49]

---

48) 吳錫洛·金亨培·康鳳洙 共譯, 전게서, 52면; 宋相現, 상게서, 659면.

나. 主張의 範圍

　당사자가 主張責任에 의한 불이익을 피하기 위해서는 주요사실에 대한
주장이 있어야 함은 당연하나 前審節次 등과 관련하여 당사자의 주장의
범위를 무한히 인정할 수 없으므로 이 범위를 어느 정도까지 설정하느냐
하는 문제가 제기된다. 즉 주로 문제되는 것은 原告가 행정소송에서 하는
주장과 그 전심절차인 행정심판에서 한 주장이 어느 정도 부합되어야 하
는지의 문제이나, 行政審判前置主義의 趣旨에 비추어 볼 때 양 주장은
전혀 별개의 것이 아닌 한 반드시 일치하여야 하는 것은 아니고 기본적인
점에서 서로 부합되는 것이면 족하다고 한다.[50]
　이에 대하여 대법원은, "抗告訴訟에 있어서 원고는 전심절차에서 주장
하지 아니한 攻擊防禦方法을 소송절차에서 주장할 수 있고 법원은 이를
심리하여 行政處分의 適法與否를 판단할 수 있다"[51]라고 판시하여 항고
소송에 있어서 원고는 전심절차에서 주장하지 아니한 공격방어방법을 소
송절차에서 주장할 수 있다고 하였다.
　또한 대법원은, "行政處分의 取消를 청구하는 항고소송에 있어서 行政
廳은 당초 처분의 근거로 삼은 사유와 基本的 事實關係가 동일하다고
인정되는 한도 내에서만 다른 處分事由를 새로 追加하거나 變更할 수
있을 뿐, 基本的 事實關係가 동일하다고 인정되지 않는 별개의 사실을
들어 처분사유를 주장하는 것은 원칙적으로 허용되지 아니한다"[52]라고 판시
하여 피고 행정청은 당초의 處分事由와 基本的 事實關係가 동일한 한도 내에
서만 새로운 처분사유를 追加·變更하여 처분사유로 주장할 수 있음에 그친
다고 할 수 있다.[53]

---

49) 宋相現, 상계서, 659면.
50) 李尙圭, 전게서. 468면; 朴鈗炘, 『行政法講義』 (서울: 博英社, 1998), 913면.
51) 大判 1989. 2. 14, 88누7293.
52) 大判 1989. 12. 8, 88누 9299; 大判 1994. 9. 23, 94누9368; 大判 1988. 6. 7, 87누1079;
　　大判 1989. 6. 27, 88누6160; 大判 1991. 11. 8, 91누70; 大判 1992. 2. 14, 91누3895.
53) 李尙圭, 전게서, 468면; 朴鈗炘, 전게서, 913면.

이와 같이 원고와 피고 행정청에 차이를 두는 것은 被告 행정청은 원고와 달리 法的 羈束力을 더 받기 때문이라고 할 것이다.

다만 職權探知는 당사자가 주장하지 아니한 사실에 대해서도 法院이 직권으로 이를 탐지하여 判斷의 資料로 삼을 수 있다는 것이나, 이에 대하여 대법원은, "행정소송에 있어서 법원이 필요하다고 인정할 때에는 당사자의 명백한 주장이 없는 사실에 관해서도 일건기록에 나타난 사실을 기초로 하여 직권으로 판단할 수 있다"[54]라고 판시하므로 判例의 主流的 立場은 '일건기록에 나타난 사실'에 관하여서만 例外的으로 審理·判斷할 수 있다고 한다.

한편 당사자의 주장·입증에 대하여 法院은 釋明權을 행사할 수 있는 것이나, 그것은 當事者의 陳述에 모순·흠결이 있거나 모호하여 그 진술의 취지를 알 수 없을 때 이를 보완하여 명료하게 하거나 立證責任 있는 당사자에게 입증을 촉구하기 위하여 행사하는 것이지, 그 정도를 넘어 당사자에게 새로운 주장을 할 것을 권유하는 것은 釋明權의 限界를 넘어서는 것이어서 釋明權의 行使로서는 할 수 없는 것이다. 또한 民事訴訟의 自白에 대한 法則(민사소송법 제261조)은 특별한 사유가 없는 한 行政訴訟에도 적용되는 것으로 볼 것이다.[55] 다만 행정소송은 공익을 도외시할 수는 없는 것이므로 民事訴訟에서보다는 釋明權의 範圍를 넓게 잡을 수는 있을 것이다.

다. 主張責任의 分配

(1) 原 則

主張責任은 논리적·시간적으로 입증책임에 선행하는 관념이나 主張責任과 입증책임은 전혀 별개의 관념이 아니고 동일한 양 측면이라고 할

---

54) 大判 1989. 8. 8, 88누3604; 大判 1969. 7. 29, 68누21; 大判 1987. 1. 20, 86누294.
55) 李尙圭, 전게서, 469면.

수 있다. 어느 당사자가 主張責任을 지는가에 관한 主張責任의 分配의
問題는 原則的으로 입증책임의 분배의 문제와 내용을 같이한다.56) 따라
서 원고가 權利의 存在를 주장하는 통상의 경우에 있어서는 입증책임의
분배와 같이 權利根據規定의 要件事實은 원고가 權利障碍·減却 및 沮
止規定의 要件事實은 피고가 주장하여야 한다.

(2) 例 外

다만 例外的으로 消極的 確認訴訟에 있어서는 원고가 어떠한 權利 또
는 法律關係의 不存在를 訴訟物로 삼느냐 하는 점에 대하여 請求原因으
로서 특정하지 않으면 안 되므로 그 한도에서 필요한 권리관계의 주장은
원고가 하지 않으면 안 된다.57) 處分 등 不存在確認訴訟과 같은 消極的
確認의 訴에서는 不存在로 주장된 권리관계의 주장책임은 원고가 지고
그 權利關係의 立證責任은 피고가 진다고 본다.58) 그러나 이러한 것들은
본래 변론주의문제가 아니고 處分權主義問題라고 할 것이다.

라. 租稅訴訟에서의 主張責任의 認否

조세소송에서의 주장책임을 인정할 것인가의 문제는 행정소송에 있어서
主張責任을 認定할 것인가와 운명을 같이한다고 볼 수 있다. 왜냐하면
행정소송 중 가장 많은 비중을 차지하는 것이 租稅訴訟이고 조세소송은
行政訴訟의 일종으로서 行政訴訟法에 따라 진행되기 때문이다. 따라서
이하에서는 行政訴訟에 있어서 主張責任의 認否에 관한 學說 및 判例를
검토함으로써 결론을 맺고자 한다.

---

56) 金東熙, 전게서, 578면; 金南辰, 전게서, 749면.
57) 吳錫洛, 전게서, 16면.
58) 李尙圭, 전게서, 469면.

(1) 否定說

행정소송법 제26조의 해석에 관하여 변론주의 배제로서의 職權探知主義說에 의하면, 동법 제26조는 "법원은 필요하다고 인정할 때에는 職權으로 證據調査를 할 수 있고, 당사자가 主張하지 아니한 사실에 대하여도 판단할 수 있다"라고 규정하고 있으므로 행정소송에 있어서는 辯論主義가 배제되는 것이라고 아니할 수 없다고 하여, 행정소송에 있어서는 民事訴訟과는 달리 主張責任의 槪念은 인정되지 않고 立證責任의 觀念만을 인정할 뿐이라고 한다.[59]

즉 주장책임은 변론주의를 전제로 하기 때문에 辯論主義의 適用이 없고 職權探知主義가 적용되는 사항이나 訴訟節次에서는 입증책임과 독립하여 주장책임의 관념을 인정할 여지가 없다. 따라서 職權探知主義下에서는 법원이 訴訟資料의 수집에 관하여 主導權을 갖고 있기 때문에 법원이 당사자의 주장을 기다려 法律效果의 判斷을 하여야 한다는 제약이 없으며, 법원은 당사자의 주장이 있거나 없거나 간에 當事者의 主張과는 관계없이 증거자료에 의하여 인정되는 事實을 당연히 裁判의 基礎로 할 수 있는 것이므로 주장책임의 문제는 생겨나지 않는다고 한다.[60]

민사소송법학자들은 行政訴訟을 辯論主義가 적용되지 않는 절차 즉 職權探知主義가 적용되는 절차라고 하므로 행정소송에서의 주장책임을 일치하여 부인한다.[61]

(2) 認定說

辯論主義補充說에 의하면 행정소송의 심리에 있어서 변론주의의 지배

---

59) 田中勝次郎, "稅務訴訟と擧證責任," 『稅法學』, 6호, 8면; 吳錫洛, 전게서, 215면.
60) 吳錫洛, 상게서, 14면.
61) 李時潤, 전게서, 433면; 鄭東潤, 전게서, 337면; 金洪奎, 전게서, 509면; 宋相現, 전게서, 476면; 姜玹中, 『民事訴訟法(제2全訂版)』 (서울: 博英社, 1998), 486면.

를 인정하고 행정소송법 제26조에 관하여는 辯論主義에 대한 보충으로서
職權證據調査를 인정할 뿐이라고 하므로62) 主張責任을 原則的으로 인정
한다고 할 수 있다.63)

折衷說에 의하면 현행 행정소송법은 변론주의를 기본으로 하면서 例外
的으로 職權探知主義를 補充 내지 加味하고 있으므로 행정소송에 있어
서도 辯論主義가 채택되어 있으므로 주장책임은 인정되나, 행정소송법 제
26조에 의하면 例外的으로 법원이 당사자가 주장하지 아니한 사실에 대
하여도 판단할 수 있도록 규정하고 있는바, 이는 당사자가 主張한 事實
에 대하여 보충적으로 證據를 調査할 수 있을 뿐만 아니라 더 나아가서
당사자가 주장하지 않는 사실에 대하여도 職權으로 證據를 조사하여 이
를 판단의 자료로 삼는 職權探知主義까지를 인정할 수 있다고 한다. 그
러나 이 규정은 변론주의에 대한 예외에 불과한 것으로서 법원은 원고의
請求範圍를 유지하면서 공익상 필요하다고 인정할 때 예외적으로 그 범
위 안에서 당사자가 주장하지 아니한 사실에 대하여도 판단할 수 있다는
의미로 해석한다.64)

또한 主張責任은 변론주의의 특유한 현상이고 행정소송의 심리에 있어서
도 辯論主義를 취하고 있기 때문에 주장책임도 민사소송법상의 원칙에 의한
다고 하고, 主張責任은 입증책임과는 별개의 문제로서 職權探知主義下에서
는 법원이 직권으로 당사자가 주장하지 아니한 사실을 탐지할 수 있으므로
원칙적으로 문제되지 않겠지만 행정소송법 제26조가 무제한적인 職權探知를
허용하는 것이 아니므로,65) 행정소송의 심리에 있어서 직권탐지라고 해도 法
院이 전적으로 소송자료의 수집책임을 지는 것이 아니고 原則的인 辯論主義
를 인정하므로66) 동조를 主張責任의 例外를 인정한 것이라고 한다.

이들 辯論主義補充說이나 折衷說의 견해를 종합하면 행정소송절차에

---

62) 李尙圭, 『新行政法論(上)』 (서울: 法文社, 1997), 465면.
63) 李尙圭, 상게서, 468면.
64) 金東熙, 전게서, 578면; 金南辰, 전게서, 747면 이하; 朴鈗炘, 전게서, 912면 이하.
65) 朴鈗炘, 상게서, 912면 이하; 洪準亨, 『行政救濟法』 (서울: 한올 아카데미, 1996), 414면.
66) 韓堅愚, 『行政法(I)』 (서울: 弘文社, 1996), 885면.

서 辯論主義가 基本原則이라고 함에 공통적이라고 할 수 있다. 따라서 원칙적으로 主張責任을 인정하고 있다.

(3) 判例의 態度

행정소송절차에서 辯論主義가 기본원칙이고 職權探知主義가 가미되었다고 하는 것이 判例의 態度이다.[67]

대법원은, "행정소송법 제26조가 규정하는 바는 행정소송의 특수성에서 연유하는 當事者主義, 辯論主義에 대한 일부 예외규정일 뿐, 법원이 아무런 제한 없이 당사자가 주장하지 아니한 사실을 판단할 수 있는 것은 아니고, 일건 기록상 현출되어 있는 사항에 관하여서만 職權으로 證據調査를 하고 이를 기초로 하여 판단할 수 있을 따름이다"[68]고 판시함과 아울러 "行政處分의 違法을 주장하여 그 처분의 취소를 구하는 소위 항고소송에 있어서는 그 처분이 適法하였다고 주장하는 피고에게 그가 주장하는 適法事由에 대한 입증책임이 있다고 하는 것이 당원 판례의 견해"[69]라고 판시함으로써 主張責任을 인정하고 있다.

다만 행정소송법 제26조는 法院이 당사자가 주장하지 아니한 사실에 대하여도 판단할 수 있다고 규정하고 있으나, 이 규정의 해석에 관하여 대법원은,

"행정소송법 제26조가 법원은 필요하다고 인정할 때에는 職權으로 證據調査를 할 수 있고, 당사자가 주장하지 아니한 사실에 대하여도 판단할 수 있다고 규정하고 있지만, 이는 행정소송의 특수성에 연유하는 當事者主義, 辯論主義에 대한 一部 例外規定일 뿐 법원이 아무런 제한 없이 당사자가 주장하지 아니한 사실을 판단할 수 있는 것은 아니고, 一件 記

---

67) 大判 1994. 10. 11, 94누4820; 大判 1991. 11. 8, 91누2854; 大判 1988. 4. 27, 87누1182; 大判 1987. 1. 20, 86누294; 大判 1984. 2. 1, 84누467; 大判 1979. 12. 26, 78누268.
68) 大判 1991. 11. 8, 91누2854.
69) 大判 1966. 10. 18, 66누134.

錄에 현출되어 있는 사항에 관하여서만 職權으로 證據調査를 하고 이를
기초로 하여 판단할 수 있을 따름이고, 그것도 법원이 필요하다고 인정할
때에 한하여 請求의 범위 내에서 證據調査를 하고 판단할 수 있을 뿐이
다"[70])라고 판시하여 동법 제26조의 규정은 辯論主義에 대한 例外에 불과
한 것으로서 법원은 원고의 請求範圍를 유지하면서 公益上 必要하다고
인정할 때 例外的으로 그 범위 안에서 당사자가 주장하지 아니한 사실에
대하여도 판단할 수 있다고 한다.[71])

(4) 結 語

主張責任은 변론주의하에서만 인정되기 때문에 주장책임의 인부는 行政
訴訟의 審理原則 즉 행정소송법 제26조의 解釋問題로 귀착된다고 할 것
이고, 행정소송의 심리원칙은 辯論主義를 基本原則으로 하고 例外的으로
職權探知主義가 折衷되어 있다고 함이 타당하므로(折衷說), 행정소송절차
에서 변론주의가 원칙적으로 인정되는 한 主張責任이 認定된다. 따라서
행정소송의 일종인 租稅訴訟에 있어서도 主張責任이 認定된다고 본다.

第2節 立證責任分配의 規準 및 學說의 檢討

행정소송에 있어서 立證責任의 問題가 이론상으로나 실무상으로 가장

---

70) 大判 1994. 10. 11, 94누4820.
71) 金東熙, 전게서, 578면; 金南辰, 전게서, 749면.

문제가 되는 것은 조세소송 그중에서도 특히 課稅處分取消訴訟이라고 할 수 있다. 이것은 課稅標準의 엄밀한 산정이 실제적으로 매우 어려운데다가 所得稅 등의 부과에 있어서 이른바 推計課稅가 많이 행하여지는 관계로 課稅標準에 대한 입증책임을 누가 부담하느냐가 곧 訴訟의 勝敗를 가늠하게 되는 경우가 많기 때문이다. 이러한 사정은 행정소송에 있어서의 입증책임에 관한 判例의 대부분이 課稅處分取消訴訟에 관한 것이라는 점만 보아도 쉽사리 짐작할 수 있다.[72]

그런데 通說에 의하면 행정소송에 있어서도 민사소송에 있어서의 입증책임분배의 원칙이 적용된다고 하고 있으므로, 課稅權行使의 근거가 되는 權利發生規定의 要件事實은 과세관청인 피고에게 입증책임이 있고, 그 課稅權行使에 대한 權利障碍事由나 權利消滅事由 기타 特別한 事由에 해당하는 事實에 대하여는 이를 주장하는 원고에게 입증책임이 있게 된다.[73]

행정소송의 일종인 租稅訴訟에 있어서도 피고 과세관청은 課稅處分의 適法性을 스스로 입증하지 않으면 안 되는 셈이 된다. 따라서 所得稅에 있어서의 必要經費나 法人稅에 있어서의 損金과 같은 소득금액계산상의 소극적 사유를 포함한 課稅標準의 立證責任은 피고과세관청에게 속하는 것이 된다.[74]

그러나 원고는 課稅所得이 발생하는 거래의 직접적인 당사자인 만큼 자기에게 유리한 必要經費나 損金의 存在를 입증하기가 쉬울는지 모르나 피고 과세관청은 그 거래의 직접 당사자가 아니므로 必要經費나 損金과 같은 消極的 事由를 입증함에 있어서 적잖은 곤란을 겪게 되며, 때에 따라서는 피고 과세관청으로 하여금 그와 같은 消極的 事由를 입증하게 하는 것이 사실상 불가능을 강요하는 결과가 되는 경우도 전혀 없지 않다.[75]

---

72) 吳錫洛, 전게서, 297면; 李文載, 전게논문, 687면.
73) 李泰魯·安慶峰, 『租稅法講義』 (서울: 博英社, 1999), 775면; 權五鳳, 전게논문, 327면; 李文載, 상계논문, 695면.
74) 吳錫洛, 전게서, 297면.
75) 吳錫洛, 상계서, 298면.

이리하여 通說의 입장에서 유력하게 제창된 것이 조세소송에 있어서의 立證의 程度의 緩和理論이라고 할 수 있는바, 그것은 所得金額計算上의 消極的 事由 등에 대한 피고 과세관청의 立證의 程度를 사실상의 추정의 활용에 의하여 완화함으로써 피고 과세관청의 입증부담을 실질적으로 輕減하려는 것을 그 내용으로 하고 있다고 할 수 있다.[76] 이러한 논의는 비단 통설의 입장에서만 요청되는 것은 아니므로 具體的 事案說을 지지하면서 被告 과세관청에게 입증책임이 있다고 주장하는 논자에 있어서도 이를 강조하는 예가 있다.[77]

1. 立證責任分配의 規準

가. 立證責任의 分配

訴訟物인 권리관계의 존부를 판단함에 있어서 확정할 필요가 있는 개개의 事實의 存否에 관하여 당사자의 어느 쪽이 어떠한 범위에서 입증책임을 부담하느냐를 결정하는 것을 立證責任分配라 한다. 입증책임은 입증책임분배의 원칙을 떠나서 설명함은 무의미한 것이므로 그 分配原則을 규명하는 것이 중요하나 입증책임분배에 관한 明文의 規定이 없기 때문에 그 立證責任分配의 原則을 어디에서 구할 것인가는 매우 어려운 문제라고 할 수 있으며 立證責任에 관한 學說은 바로 이곳에 집중된다고 할 수 있다.

---

76) 吳錫洛, 상게서, 298면; 紙浦健二, "稅務訴訟における立證責任と立證と必要性の程度," 『判例タイムズ』, 315호, 37면 이하. 단, 이러한 논의는 비단 통설의 입장에서만 요청되는 것은 아니므로 具體的 事案說을 지지하면서 被告課稅官廳에게 입증책임이 있다고 주장하는 논자에 있어서도 이를 강조하는 예가 있다.
77) 紙浦健二, 상게논문, 37면 이하.

일반적으로 實定法은 입증책임의 부담을 客觀的·抽象的으로 미리 정하여 두고 있는 것이므로 立證責任의 分配를 결정함에 있어서는 實定法을 표준으로 하지 않으면 안 된다. 그러나 이것은 실정법이 입증책임의 부담을 모두 명시적으로 규정[78]하고 있음을 뜻하는 것은 아니므로 實定法이 立證責任의 負擔을 明示하지 않고 있는 경우에 그 分配의 規準을 어디에 구할 것인가 하는 문제가 생긴다. 이 경우에 요증사실의 성질이나 내용에 의하여 立證責任의 分配를 결정하려던 견해(要證事實分類說)가 있었으나 현재는 법률요건 그 자체에 의하여 이를 결정하려는 견해(法律要件分類說)가 지배적이다.[79]

그러나 여기서 말하는 법률요건분류설은 법률요건의 성질이나 그 규제 형식에 의하여 立證責任의 分配를 결정하는 것을 원칙으로 삼으려는 것에 불과하고 법해석에 의하여 입증책임의 합리적인 소재를 전혀 봉쇄하는 이론은 아니다.[80] 그러므로 實定法의 實質的 目的을 달성시키는 견지에서 보통의 경우와는 다른 立證責任分配의 決定이 반드시 불가능한 것이 아니며, 경우에 따라서는 실정법의 외관이나 문언에 반하는 입증책임의 분배도 허용된다.[81]

---

78) 實定法이 立證責任의 負擔을 直接으로 明示하고 있는 경우는 오히려 例外에 속하며, 民法 제135조 제1항, 제197조 제2항, 제437조; 商法 제115조, 제135조, 제138조 제3항, 제148조 제1항, 제152조 제1항, 제160조, 제212조 제3항, 제665조, 제770조 제1항, 제771조, 제749조 제1항, 제812조, 제830조 제1항; 어음法 제16조 제1항, 제2항, 제44조 제1항, 제45조 제3항; 手票法 제19조, 제21조, 제41조 제5항, 제42조 제2항; 自動車損害賠償保障法 제3조 등이 거의 전부라고 할 수 있다. 吳錫洛, 전게서, 87면.

79) 吳錫洛, 상게서, 87면; 立證責任分配에 관한 자세한 學說은 吳錫洛, 상게서, 71면 이하 참조.

80) 倉田卓次, 『民事實務と說明論』 (東京: 日本評論社, 1987), 270면도 특히 이 점을 강조한다.

81) 예컨대 債務不履行으로 인한 損害賠償請求에 있어서는 채무의 불이행이 그 법률요건임에도 불구하고(민법 제390조 참조) 채무자가 그 이행에 대한 立證責任을 부담한다고 함이 判例, 通說이다.

나. 分配의 規準

(1) 法條適用의 順序에 의한 分配

권리관계의 존부를 판단함에 있어서 적용되는 법조의 論理的 順序에 따라 입증책임규정을 권리관계의 발생을 이유 있게 하는 權利根據規定(權利發生規定: rechtsbegründende Norm), 권리관계의 발생을 방해하는 權利障碍規定(權利妨害規定: rechtshindernde Norm), 일단 발생한 권리관계의 소멸을 가져오는 權利消滅規定(權利滅却規定: rechtsvernichtende Norm) 및 발생된 권리관계의 행사를 저지 또는 배제하는 權利行使沮止規定(rechtsausschließende od. rechtshemmende Norm)으로 구별하고,[82] 그에 따라 立證責任의 分配를 결정함을 말한다. 즉 이들 각 규정이 들고 있는 요건사실은 당해 법조의 적용을 바라는 당사자가 각각 그 입증책임을 부담하게 되는 것이다. 물론 權利障碍規定, 權利消滅規定, 權利行使沮止規定에 대하여는 그에 대응하는 또 다른 반대규정의 존재가 가능하며, 그 각 반대규정의 要件事實에 관하여는 위와 동일한 원칙에 의하여 다시 입증책임의 분배가 결정된다.[83]

(2) 法條의 對立關係에 의한 分配

권리관계의 발생·소멸은 하나의 법률효과로 이해되고 있지만 그것이 단일한 法條의 適用에 의하여 인정되는 경우는 오히려 드물고 수 개의 법조의 복합적인 적용에 의하여 인정되는 것이 통례이다. 그러나 이들 법조는 모두 法律效果에 대하여 적극적으로 작용하거나 소극적으로 작용하

---

82) 다같이 法律要件分類說의 입장을 취하면서도 權利障碍規定의 槪念을 부정하는 견해가 있는바, 이 견해의 당부에 관한 논의에 관하여는 전절 『立證責任分配의 理論』, 참조.

83) 石田穰, 『證據法의 再構成』 (東京: 東京大學出版會, 1980), 27면은 요증사실이 존부불명인 경우에 그 法律要件이 적용되지 않는 것은 現在의 權利關係의 보호라는 관점에서 그렇게 되는 것일 뿐이지 법조적용의 순서상 그렇게 되는 것이 아니므로 법조적용의 순서는 입증책임과는 관계가 없는 것이라고 주장한다.

거나 간에 權利關係의 發生·消滅을 가져오는 역할을 하며, 다만 마이너스 쪽은 플러스가 작용하는 것을 전제로 하여 작용하게 된다. 이와 같이 裁判規範으로서의 실정법의 체계는 각 법조의 平面的 竝列關係가 아니고 일종의 변증법적 논리에 의한 立體的인 關係라고 할 수 있다. 이렇게 법률효과에 대하여 적극적으로 작용하는 규정을 基本規定(Grundnorm)이라고 하면 소극적으로 작용하는 규정은 그 反對效果를 발생하는 규정들이므로 기본규정에 대한 관계에 있어서 反對規定(Gegennorm)이 된다고 할 수 있다. 따라서 기본규정의 요건사실에 대한 立證責任을 원고가 부담하는 경우에는 반대규정의 요건사실에 대한 입증책임은 피고가 부담하여야 하는 셈이 된다.[84]

(3) 原則關係에 의한 分配

기본규정 대신에 원칙규정, 반대규정 대신에 例外規定이라는 용어가 관용되기도 한다. 이 경우의 원칙규정은 법률상의 개념을 말하는 것으로서 경험칙상의 그것을 뜻하는 것이 아니며, 또한 수량적 개념을 뜻하는 것도 아니다. 그런데 原則規定과 例外規定을 구별하는 기준으로서는 대략 다음과 같은 것이 열거된다.

(가) 本文과 但書

법조가 原則·例外의 관계를 표현하는 가장 전형적인 경우는 법조가 『그러나……한때에는 그러하지 아니하다』라는 但書를 本文에 追加하고 있는 경우인바, 원칙규정인 本文의 要件事實은 당해 법조가 규정하는 法律效果를 주장하는 자가 입증책임을 부담하고 例外規定인 但書의 要件事實은 그 법률효과를 다투는 상대방이 입증책임을 부담하게 된다. 그러나 法條가 本文·但書의 형식을 취하고 있다 하더라도 但書規定에 관하여

---

84) 吳錫洛, 전게서, 90면.

本文規定에 대한 反對效果가 생기지 않는 때에는 이를 原則·例外의 관계로 분류할 수가 없다. 또 但書規定이라 하여도 『그러나……한때에 한한다』『그러나……함을 요한다』, 와 같은 表現形式을 취하고 있는 경우에는 그 규정은 본문의 요건을 추가하거나 보충하는 이른바 補充規定에 불과하므로 역시 本文但書의 관계에 있다고 할 수 없다.[85]

(나) 特別規定과 一般規定

민법총칙편에 들어 있는 일반규정은 보통 權利障碍에 해당한다고 볼 수 있다. 그러나 一般規定이라도 原則規定이 되는 경우가 있으며, 그와 같은 경우에는 상대방이 일반요건의 흠결에 관하여 입증책임을 부담하는 것이 아니라 一般規定의 適用을 바라는 자가 그 일반요건의 존재의 입증책임을 부담하게 된다.[86]

(다) 任意規定

임의규정에는 다음과 같은 두 가지 경우가 있다. 즉 그 하나는 일정한 法律行爲에 대하여 그 법률행위의 요소 이외의 法律效果를 인정하는 규정이고, 다른 하나는 위와 같은 규정이 정하는 바와는 다른 법률관계를 형성하는 권능을 당사자에게 부여하는 규정이다. 전자의 경우는 任意規定의 法律效果를 주장하는 자는 기본되는 법률행위가 성립된 사실만 입증하면 되고 當該 法律效果가 당사자의 의사나 推定的 意思와 합치되는 사실을 입증할 필요가 없다. 그러나 後者의 경우에는 그 규정이 전자에 대하여 反對(例外)規定의 관계에 있으므로 당사자 사이에 전자와 다른 규정이 있음을 주장하는 자가 그와 같은 약정의 존재를 입증할 책임을 부담한다. 이러한 任意規定을 나타내는 형식으로서는 『별단의 의사표시가 없는 때에는』『별단의 계약을 하지 아니한 때에는』 등이 있으며, 立證責

85) 吳錫洛, 상게서, 91면.
86) 吳錫洛, 상게서, 91면.

任의 分配를 결정하는 중요한 規準의 하나가 된다.[87]

(4) 約款에 의한 分配

當事者가 法律行爲에 의하여 입증책임의 분배를 미리 정하는 것이 허용되는지에 관하여는 견해가 대립되어 있다.

(가) 肯定說[88]

立證責任契約은 임의규정으로서 입증책임규정에 우선하는 것이므로 그와 같은 契約은 적법하다고 하고, 또는 立證責任契約은 증거방법의 證明力을 제한하는 證據契約과는 달리 요증사실이 존부불명인 경우의 불이익을 당사자의 한 쪽에 부담시키는 계약에 불과하므로 당사자가 그 契約의 對象事項에 관해 處分權을 가지고 또한 그 계약이 현행법제에 위반되지 않는 한 유효한 것으로 보아야 된다고 한다.

(나) 否定說[89]

현행 민소법상 임의소송이 허용되지 않는 점과 立證責任은 訴訟法的 性質을 가지는 것이므로 當事者의 合意에 의한 설정·변경이 허용될 수 없다는 이유를 들어 無效라고 한다.

(다) 結 論

立證責任契約은 요증사실의 확정·불확정에 관한 法官의 判斷 내지 心證形成을 규제하는 것이 아니고, 다만 要證事實이 存否不明인 경우에 빚어지는 불이익을 당사자의 어느 쪽이 부담할 것인가를 약정하는 것으로서

---

87) 吳錫洛, 상게서, 92면.
88) 李英燮 代表編輯, 『註釋民事訴訟法』 (서울: 韓國司法行政學會, 1995), 634면; 金洪奎, 전게서, 381면; 兼子一, 전게서, 255면; 三ケ月章, 전게서, 404면.
89) 菊井維大, 『民事訴訟法(下)』 (東京: 日本評論社, 1993), 304면; 細野長浪, 『民事訴訟法 要義』 (東京: 弘文堂, 1994), 352면.

그와 같은 不利益 負擔의 約定을 구태여 금지할 이유가 없는 것이므로 有效하다고 봄이 타당하다 하겠으며, 그 한도에서 立證責任契約은 立證責任分配의 規準이 된다고 할 것이다.

2. 立證責任에 관한 學說의 檢討

조세소송에서의 입증책임을 논함에 있어 課稅處分은 일반적인 행정처분과는 다소 다른 특성을 가지고 있다고 하더라도 역시 行政處分의 一種이고 課稅處分의 取消訴訟 또는 無效確認訴訟도 행정소송 중 항고소송의 일종이라는 점에서 종래 우리나라와 일본에서는 조세소송에서의 입증책임을 행정소송에서의 입증책임의 일환으로 또는 그와 같은 틀에서 다루는 것이 일반적이고 오히려 행정소송의 입증책임은 租稅訴訟을 中心으로 하고 있다. 다만 행정소송의 입증책임을 중심으로 논한 경우와 조세소송의 입증책임을 중심으로 논한 경우는 論議의 中心點이 달라질 수 있는 바, 여기서는 租稅訴訟에 있어서 立證責任을 중심점으로 하여 논의하고자 한다.

즉 조세부과처분의 適法性 및 課稅要件事實에 관하여 원고 납세의무자에게 입증책임을 부담시킬 것인가, 그렇지 않으면 피고 과세관청에게 그 적법성 및 課稅要件事實의 存在에 관한 입증책임을 부담시킬 것인가가 核心爭點이라고 할 것인바, 다음에서는 종래의 일반적인 서술방법에 따라 먼저 抗告訴訟에서의 立證責任分配에 관하여 대립되는 여러 학설을 살펴보면서, 그에 부연하여 조세소송에서의 입증책임분배에 관한 학설을 분석·비판하며 고찰하고자 한다.

가. 取消訴訟

課稅處分의 取消訴訟은 조세소송의 대부분을 차지할 정도로 비중이 높고, 또한 立證責任의 分配의 基準에 대한 學說이 첨예하게 대립되어 있다. 따라서 먼저 학설대립의 현황을 면밀히 살펴보고, 그에 대한 批判을 하고 난 후 結論을 맺고자 한다.

(1) 學說의 對立

통상 조세소송을 포함한 행정소송 특히 取消訴訟에 있어서 원고와 피고 중 어느 쪽이 입증책임을 지느냐에 관하여 우리나라에서는 原告責任說(적법성추정설), 被告責任說(적법성담보설), 折衷說(원·피고책임설)등의 학설의 대립이 있고, 折衷說은 다시 法律要件分類說, 具體的 事案說, 憲法秩序歸納說로 나누어져 대립되어 있다. 이는 종래 일본에서의 논의상황과 동일한 것이다. 이러한 학설대립은 민사소송에서의 입증책임의 分配原則에 대비하여 행정소송에서의 그것이 가지는 특성을 음미할 수 있기 때문에 여기서도 일반적인 서술방법에 따라 학설대립을 살펴보기로 한다.

(가) 原告責任說(適法性 推定說)

㋀ 內 容

이 설은 行政處分은 公定力이나 고도의 適法蓋然性을 가지고 있기 때문에 그 適法性이 법률상 또는 사실상 추정되므로 원고가 當該 行政處分이 違法함을 立證하지 않으면 안 된다고 하는 이론이므로, 행정처분은 절대무효인 경우를 제외하고 원칙적으로 職權 또는 爭訟에 의하여 取消되지 않는 한 일응 상대방과 제3자를 구속하는 힘을 가지고 있으므로 取消訴訟으로 이에 불복하는 자는 스스로 그 違法事由에 대한 입증책임을

부담한다는 견해이다.90) 이 설에 있어서는 납세의무자인 원고가 課稅處分
의 위법사유를 입증하지 않으면 안 되는 셈이 된다.91) 따라서 이 설에 의
하면 납세의무자인 원고는 必要經費·損金 등과 같은 소득금액계산상의
소극적 사유는 물론 收入金額·益金 등과 같은 적극적 사유를 포함한 課
稅標準 全部에 대하여 입증책임을 부담하게 되는 결과가 된다.

　　㉯ 批　判

公定力이란 행정행위의 사실상 통용력에 불과하고 그 適法性을 推定
시키는 것은 아니므로 行政處分의 公定力 내지 適法性推定은 입증책임
의 분배와 아무런 관계가 없다. 또한 行政處分의 適法性推定을 소송법에
있어서 법률상의 추정으로 보는 것은 원고에게 그 처분의 모든 違法原因
에 대한 입증책임을 부담시키게 하므로 正義와 公平에 어긋나고 납세의
무자인 원고에게만 모든 입증책임을 지우는 것은 국민의 자유·권리에 대
한 行政權의 優位를 인정하는 것이므로 憲法原理에도 반한다.92)

또한 行政處分의 公正力이란 처분의 적부를 불문하고 권한 있는 자에
의하여 취소되기 이전에는 상대방을 구속하는 것, 즉 自力執行力을 가리
키는 것이지 處分內容의 適法 또는 違法과는 관계가 없음93)은 물론 그
러한 법적 효력이 행정처분의 구체적 요건사실의 客觀的 存在 자체를 추
정하는 것이 아니므로 立證責任과는 논리적인 관계가 없을 뿐만 아니라
입증책임과는 다른 차원의 문제이다.94)

이 설은 과거 행정쟁송제도에 있어서 列記主義가 槪括主義로, 行政裁

---

90) 우리나라에서는 이 견해를 취하는 학자는 없는 것으로 보인다. 田中二郎, 『行政法總
　　論』 (東京: 弘文堂, 1985), 276면(후에 具體的 事案說에 유사한 견해로 개설하였다).
91) 課稅處分의 違法性에 대한 責任을 전적으로 原告에게 負擔시키는 根據로 適法性 推
　　定 이외에 取消訴訟이 形成訴訟이라는 점을 들기도 한다.
92) 朴鈗炘, 전게서, 205면; 姜仁崖, 전게서, 562면; 尹昇榮, 전게서, 260면.
93) 瀧川叡一, "行政訴訟における立證責任," 『訴訟と裁判岩松裁判官還歷紀念論文集』, 483
　　면은 公證人이 作成한 公正證書가 一定한 요건하에 執行力을 가지지만 결코 適法性
　　의 推定을 받은 것이 아니라는 점에 비유하고 있다.
94) 姜仁崖, 전게서, 562면; 尹昇榮, 전게서, 260면.

判制度가 司法裁判制度로 변경되면서 역사적 연혁으로부터 오는 한계성 때문에 현재에 거의 유지할 필요성이 없는 것으로[95] 이미 과거의 것이 되어 역사적인 의미를 가지는 것에 불과하다고 하는 批判을 받고 있다.[96]

(나) 被告責任說(適法性擔保說)

㉮ 內 容

이 설은 法治行政의 原理로부터 행정청은 行政處分의 適法性을 스스로 담보하지 않으면 안 되기 때문에 항상 행정청이 행정처분의 적법성에 관하여 입증책임을 부담한다고 하는 견해이다.[97] 따라서 租稅訴訟에 있어서 원고는 當該 處分이 違法함을 주장하기만 하면 되고, 피고가 課稅處分의 適法性에 관하여 입증책임을 부담하지 않으면 안 되는 것이 된다.[98]

㉯ 批 判

그러나 刑事訴訟에 있어서의 형벌권의 발동과는 달리 행정처분 중에는 侵害的인 行政處分의 취소소송에 있어서 뿐만 아니라 수권적인 행정처분을 포함되어 있으며, 또한 적어도 소송상으로는 行政廳과 市民은 대등한 지위에 있으므로 형사소송에 있어서와 같이 『의심스러울 때에는 被告人의 利益으로』라는 원칙이 항고소송에도 그대로 적용되어 침해적인 行政處分의 取消訴訟에 있어서 뿐만 아니라, 抗告訴訟 全般에 걸쳐 행정청

---

95) 宮崎良夫, "行政訴訟における主張, 立證責任," 『新實務民事訴訟講座』, 9권, 236면.
96) 濱秀和, "審理に關する特則," 『行政事件訴訟法體系』(渡部吉隆·園部逸夫 編, 1985), 348면; 齊藤秀夫, "租稅訴訟の立證責任と適法性の推定," 『訴訟と裁判 岩松裁判官還歷紀念論文集』, 1956., 541면 이하는 租稅債務法理論에 의하여 行政行爲의 公正力이 극복되었다고 한다.
97) 우리나라에서는 이 견해를 취하는 학자는 없다. 關根榮饗, "無效な行政行爲における瑕疵の重大かつ明白性に關する二, 三の問題," 『司法研修所創立15周年紀念論文集』, 30면(宮崎良夫, 전게논문, 231면; 紙浦健二, 전게논문, 42면에서 각 재인용).
98) 吳錫洛, 전게서, 299면.

이 일방적으로 모든 입증책임을 부담한다고 해석하는 것은 지나치게 행정
청에게 무거운 책임을 과하는 것이 되어 부당하다는 批判이 있다.[99]

(다) 法律要件分類說

㉮ 內 容

이 설은 행정소송에 있어서도 민사소송에 있어서와 동일한 立證責任分
配의 原則이 적용되어 行政處分의 權利根據規定의 요건사실은 피고행정
청이, 權利障碍規定과 權利消滅規定의 요건사실은 원고가 각각 입증책임
을 부담한다고 하는 이론으로서 조세소송에 있어서도 과세관청에 대하여
課稅權行使의 障碍가 되는 사유를 규정한 法規의 要件事實은 원고 납세
자가 立證責任을 부담하게 된다는 견해이다.

따라서 조세소송에서의 입증책임은 민사소송인 債務不存在確認訴訟에
있어서의 立證責任의 分配에 준하여 고려하므로, 원고 납세의무자는 조
세채무의 不存在를 주장하면 족하고, 租稅債權의 存在를 주장하는 피고
과세관청은 그 處分의 適法性 및 課稅要件事實의 存在에 관하여 입증책
임을 부담하고, 租稅債權의 障碍 내지 消滅事由의 存在에 관해서는 이
를 주장하는 원고 납세의무자가 입증책임을 부담하게 된다.[100]

이 설은 행정소송 및 조세소송과 민사소송에 있어서 입증책임을 통일
적으로 파악하려는 이론으로 우리나라와 日本의 通說[101][102]이며 判例도

---

99) 吳錫洛, 상게서, 218면; 市原昌三郎, "取消訴訟における立證責任," 『實務民事訴訟法講
   座』, 8권(1970), 232면 내지 233면.
100) 姜仁崖, 전게서, 562면; 尹昇榮, 전게서, 260면.
101) 金道昶, 전게서, 733면; 金南辰, 전게서, 751면; 洪井善, 전게서, 740면; 李尙圭, 전게
    서, 472면; 尹昇榮, 전게서, 261면; 朱壽昌, "租稅訴訟에 있어서 立證責任," 『司法硏
    修院 論文集』, 14기, 535면; 李在性, "行政訴訟과 立證責任," 『司法行政』, 제195호,
    62면; 權五鳳, 전게논문, 323면; 崔善雄, "行政訴訟에서의 立證責任" (석사학위논문,
    서울대학교, 1997), 58면; 瀧川叡一, 전게논문, 485면; 浜川淸, "立證責任," 『講議行政
    法2 (遠藤, 阿部 編)』, 240면; 李文載, 전게논문, 685면.
102) 姜仁崖, 『租稅法 I』 (서울: 조세통람사, 1988), 418면은 세무소송에 있어서 立證責任의
    分配는 민사소송의 통설인 법률요건분류설에 따른 일반원칙이 적용되지만, 租稅法 內

대체로 이 설의 입장에 있다고 할 수 있다.

그러나 이 설을 취하는 입장에서도 구체적인 항목, 예를 들면 必要經費나 損金, 所得控除, 稅額控除 등에 관하여 누가 立證責任을 負擔하는 가에 관하여 견해가 나뉘고 있다.

먼저 必要經費에 관한 것을 보면 그것이 所得控除事由와 유사하다는 이유로 원고가 그 존재를 입증하여야 한다는 견해[103]가 있지만 대부분은 과세관청이 입증하여야 할 課稅標準으로 법률이 특별히 인정하고 있는 경우를 제외하면, 所得稅에 있어서는 總收入金額에서 必要經費를 공제한 금액이고, 法人稅에 있어서는 益金에서 損金을 공제한 금액이므로 결국 必要經費의 不存在의 事由에 관하여도 과세관청의 입증책임에 속하는 것으로 본다.[104]

또한 소득공제사유에 관하여도 그것은 課稅處分의 權利障碍事由로서 원고의 입증책임에 속한다고 하는 견해[105]와 租稅債權의 발생원인사실의 중핵을 이루는 것은 課稅所得의 存在이고, 따라서 그것을 가감하는 양면을 필수적으로 구성하는 것이라고 보아야 할 必要經費와 各種 所得控除事由의 不存在事實을 과세관청이 입증하여야 한다는 견해로[106] 갈라진다.

④ 批 判

행정소송에서도 法律要件分類說이 기본적으로 타당하다는 견해는 戰後 獨逸에서 통설적인 지위를 점하고 있고, 日本에서도 1955년 이래 判例에

지는 稅務訴訟의 特殊性에 상응하여 일반원칙을 어느 정도 수정하려는 입장을 취하면서 이를 修正法律要件分類說이라고 부르고 있다. 曺平烈, "行政訴訟에서의 立證責任에 관한 硏究"(碩士學位論文, 延世大學校, 1992), 20면도 같은 立場이다.; 加藤就一, "立證責任,"『裁判實務大系 租稅訴訟法』, 53면; 小川英明, 松澤 智 編, "課稅處分取消訴訟における立證責任(上),"『判例タイムズ』, 651호(1988. 1. 15), 20면은 기본적으로 법률요건분류설이 타당하다고 하면서도 그 立證責任의 所在를 판단할 때에는 당해 조문뿐만 아니라 당해 법령의 목적, 당해 처분의 성질 등도 충분히 고려하여야 할 것이라고 한다.

103) 齊藤秀夫, "租稅訴訟の立證責任について,"『裁判官特別硏究叢書』, 제43호, 26면.
104) 瀧川叡一, 전게논문, 487면.
105) 瀧川叡一, 상게논문, 488면.
106) 渡辺伸平, "稅法上의 所得을 둘러싼 諸問題,"『司法硏究報告書』, 제19집 1호, 108면.

서 점차로 채용되기에 이르렀고 學說도 유력하게 되었으며,107) 이는 行政
行爲의 適法性 推定說에 대항하기 위하여 주장되었던 점에 意義가 있었
다고 한다.108) 그러나 법률요건분류설에는 다음과 같은 批判이 있다.

첫째는 통상의 민사소송에서의 立證責任의 分配法則을 별개의 법체계
를 가지는 公法上의 權利關係를 둘러싼 분쟁인 행정소송에 그대로 적용
하려고 하는 점에 근본적인 문제가 있다고 한다. 원래 사법법규는 대립하
는 사적인 이해의 조정을 목적으로 하는 民事裁判에 대한 裁判規範으로
서 등장했던 것이기 때문에 立證責任의 分配法則을 암묵리에 예정하여
규정된 것으로 볼 수 있다. 그러나 행정법규는 公益과 私益의 調和를 목
적으로 한 것이고 또한 재판규범으로서의 의미보다도 國家의 行政活動을
규제하는 行政機關에 대한 行爲規範으로서의 성격을 가지고 있으며 많은
절차규정은 私法과는 전혀 다른 의의를 가지는 것이고 소송에서의 입증
책임분배를 예정하여 입법된 것이 아니기 때문에 民事訴訟에서의 立證責
任分配法則이 행정소송에서는 타당하지 않다는 것이다.109)

둘째는 행정법규의 규정방식은 다양하기 때문에 權限行使規定과 權限
不行使規定의 명확한 구별이 어렵고110) 후자를 반드시 權利障碍規定으
로 보기도 어렵다는 점이다. 權限不行使規定도 입법취지나 입법목적에
따라 다양한 것이어서 반드시 權利障碍規定에 해당한다고 보기 어렵고,
不作爲와 달리 행정청이 그 요건사실의 존부를 인정한 다음 權限不行使
의 意思決定을 한 것이므로 상대방으로서 그 이유를 알 수 없는 경우도
있고 제3자가 원고가 된 경우에는 입증이 지극히 곤란하다고 한다.111) 또

---

107) 宮崎良夫, 전게논문, 239면.
108) 宮崎良夫, 상게논문, 239면.
109) 紙浦健二, 전게논문, 44면; 濱秀和, 전게논문, 348면; 維名新太郞, “違法性立證責任,”
　　『行政法爭點(新版)』, 成田賴明 編, 217면; 市原昌三郞, 전게논문, 233면; 高林克巳,
　　“行政訴訟における主張立證責任,” 『行政法講座』, 제3권(田中二郞·原龍之助·柳瀨良
　　幹 編, 1965), 82면; 鶴見祐策, “租稅訴訟における立證責任,” 『判例硏究』, 日本租稅法
　　體系 4권 (1980), 136면.
110) 維名新太郞, 상게논문, 217면.
111) 山村恒年, “主張責任, 立證責任,” 『現代行政法大系』, 제5권 (1983), 197면.

한 입법자가 같은 行政目的을 위하여 다양한 표현의 형식으로 법규를 규정하는 예가 많으므로 法規의 形式을 기준으로 하는 것은 實際 行政法規에 적용하여 볼 때 곤란한 경우가 적지 않다는 것이다.[112]

그 외에 행정법관계에서 行政節次에 관한 입증책임의 소재에 관하여 法律要件分類說에 의하여 설명이 불가능하다는 비판도 있다.[113] 節次違反의 행정처분의 경우 行政廳에게 그 행사권한이 없다고는 할 수 없다는 점을 들면서 取消訴訟에서의 입증의 대상은 處分의 違法與否이고 행정청에게 처분권한이 발생하는냐 여부는 아니라고 한다.[114]

따라서 최근에 법률요건분류설을 취하고 있는 논자들의 대부분은 일부 立證責任의 所在를 轉換시키거나 立證의 程度를 緩和시키고 立證의 必要를 상대방에게 부담시킴으로써 타당한 해결을 하려고 한다.[115]

(라) 具體的 事案說

㉮ 內 容

이 설은 행정소송에 있어서 입증책임의 분배를 當事者의 公平, 事案의 性質, 事物에 관한 立證의 難易 등에 의하여 具體的인 事案에 따라 어느 쪽 당사자의 불이익으로 판단하여야 할 것인가를 결정하려는 견해이다.[116]

이 견해에 따르면 조세소송에 있어서는 기본적으로 과세관청이 課稅要件事實에 관하여 입증책임을 부담한다고 해석하면서도 證據蒐集의 難易를 고려하여 立證責任의 分配基準을 고찰하고, 또한 立證의 必要性의 程度와 관련하여 事案에 따라 經驗則에 의한 事實上의 推定에 의하여

---

112) 宮崎良夫, 전게논문, 239면 이하.
113) 濱秀和, 전게논문, 348면.
114) 高林克己, 전게논문, 83면.
115) 姜仁崖, 전게서, 418면; 曺平烈, 전게논문, 20면; 權五鳳, 전게논문, 323면.
116) 丁仁鎭, "租稅訴訟에 있어서 立證責任과 立證의 程度,"『司法論集』, 제22집 (1991), 87면; 山村恒年, 전게논문, 204면; 濱秀和, 전게논문, 348면; 畠山武道, "主張立證をぬぐる問題,"『裁判實務大系 行政訴訟法』, 209면.

어느 정도 입증책임자의 부담을 輕減시켜야 한다고 한다.[117)]

즉 원칙적으로 과세관청에 입증책임이 있으나 確定申告書記載의 課稅
要件事實을 申告者가 뒤에 이르러 다투는 경우와 원고가 과세관청이 인
정하는 범위를 넘는 액수의 必要經費가 있다고 주장하면서도 그 내용을
구체적으로 지적하지 못하고 과세관청으로서도 문제된 必要經費의 存否
나 金額에 대하여 그 나름대로의 검증수단을 가지지 못한 경우에는 立證
責任의 轉換을 인정하여 원고에게 입증책임이 있다고 한다.[118)] 이와 같은
必要經費에 관한 立證責任의 轉換은 입증의 곤란성을 근거로 하고, 確定
申告內容과 다른 사실에 관하여 원고에게 입증책임을 부담시키는 것은
형평의 건지에 근거를 둔 것이라고 설명한다.[119)]

통상의 민사소송과 다른 조세소송에서의 독자적인 기준으로 租稅法律
關係의 特殊性, 租稅訴訟에서의 特殊性, 재판에서의 正義와 公平의 理
念, 蓋然性의 考慮 등을 구체적인 세무소송에서 충분히 고려하여야 한다
는 견해[120)]도 이에 포함된다.

한편 이와 유사한 견해로서 행정법관계의 특수성을 강조하는 학자도
있다.[121)] 私法上의 法律關係는 사적 자치의 원칙이 인정되고 當事者의
處分權에 위임되며 當事者의 意思에 기하여 개개 구체적으로 성립하는
법률관계이므로 정확한 증거를 가지지 아니한 자가 訴訟上 不利益을 받

---

117) 松澤 智, 『租稅爭訟法』 (東京: 中央經濟社, 1998), 71면. 다만 위 논문 74면에서는 위
    법을 실체적 위법과 절차적 위법으로 구분하고 전자에 관하여는 債務不存在確認請求
    訴訟에서의 입증책임의 분배에 따라 납세의무자인 원고가 租稅債務의 不存在를 주장하
    면 족하고 피고 과세관청이 그 채무의 존재를 주장, 입증하여야 한다고 하고, 후자에 관
    하여는 과세관청의 절차면에 관한 주장자체가 외형상으로 일응 합리성을 엿볼 수 있는
    한 실체에 부합할 개연성이 높아 그 점에 관하여 事實上 推定이 행하여지는 특성을 들
    면서 課稅處分節次의 違法을 주장하는 원고 납세자 측에 입증책임이 있다고 한다.
118) 金子宏, 『租稅法(六版)』 (東京: 弘文堂, 1997), 472면; 紙浦健二, 전게논문, 45면(다만
    紙浦健二 논문에서는 후자의 경우 立證責任의 轉換을 인정하지 않고 立證程度의 緩
    和를 주장한다).
119) 山村恒年, 전게논문, 204면.
120) 吉良 實, "租稅訴訟における立證責任," 『稅法學』, 400호, 23면 이하.
121) 田中二郞, 전게서, 380면(앞의 適法性 推定說을 改設하였다).

는 것은 어쩔 수 없는 일이지만, 조세법률 관계는 租稅法이 정하는 바에 따라 大量的이고 反復的으로 성립하는 관계이고 각 個別의 納稅義務者에 관하여 구체적으로 어느 정도의 수입이 있는가, 어떠한 經濟去來가 이루어졌는가에 관하여 조세채권자 측에서 일일이 정확한 증거를 수집하는 것은 지극히 곤란하다. 따라서 課稅方式이 합리적이라고 인정할 수 있는 한 일응 적법한 과세로 事實上 推定하고 그것이 위법이라고 주장하는 자에게 反證을 제시할 것을 요구하는 것이 타당하고, 또한 과세표준에서 공제되는 必要經費는 原則的으로 納稅者가 입증하여야 한다고 한다.

㈏ 批 判

이 설은 입증책임분배의 원칙이 궁극적으로 正義와 衡平의 理念에서 유래하는 한 일응 타당성을 가지고 있다고 생각할 수 있다. 그러나 취소소송의 입증책임에 관하여 一般的인 分配基準을 부인하는 것이라면 원래 일반적·추상적으로 정해져야 할 입증책임분배가 가지는 소송법상의 의의를 상실시키고 무엇이 公平의 原則에 합치하는 것인가, 行爲와 事物의 性質은 어떠한 것인가, 立證의 難易를 어떠한 기준으로 판단할 것인가 하는 문제에 봉착하여 그 具體性을 명확히 할 필요가 있다는 지적이 있다.[122]

또한 입증책임의 분배의 기준으로 證據와의 距離, 立證의 難易, 蓋然性, 當事者의 公平 등을 들면서 구체적 사안마다 立證責任의 所在를 밝혀야 한다고 하지만 여기서 말하는 사안이 무엇인지는 불명확하다. 이를 개별 사건에서의 입증의 대상이 되는 사실에 중점을 둔다면 要證事實을 基準으로 立證責任의 所在를 따지게 되므로 과거 민사소송에서 극복된 요증사실분류설로 회귀한 것과 다름없게 되고,[123] 또한 一般的·抽象的으로 정해져야 할 立證責任分配의 目的에도 반하는 것이 된다.

따라서 입증책임과 입증의 필요를 구분하고 있는 민사소송에서의 통설

---

122) 宮崎良夫, 전게논문, 243면; 鶴見祐策, 전게논문, 136면.
123) 鶴見祐策, 상게논문, 136면.

적 입장을 행정소송의 영역에서도 견지하는 한 具體的 事案說을 취한다고 하더라도 具體的 事案이라는 것을 具體的 要證事實이라고 볼 수는 없고 個別 租稅法規가 규정하는 법률요건이라고 보아 個別的 法律要件마다 개별 구체적으로 立證責任의 分配를 정하여야 할 것이다.

(마) 憲法秩序歸納說(憲法原理說)

㉮ 內 容

이 설은 입증책임의 분배는 個人의 自由의 優越이라는 憲法秩序로부터 歸納시켜 판정히여야 한다는 전제 아래, 개인의 자유·권리를 제한하고 개인에게 의무를 부과하는 行政處分의 取消를 구하는 소송에 있어서는 항상 행정청이 그 處分의 適法性에 대한 입증책임을 부담하는 반면에, 개인이 자기의 權利領域·利益領域의 確定을 구하는 소송에 있어서는 원고가 그 請求權의 基礎가 되는 사실에 대한 입증책임을 부담한다는 견해[124]이며 憲法原理說이라고도 한다. 따라서 이 설에 의하면 必要經費·損金 등과 같은 소득금액계산상의 소극적 사유는 물론 所得控除事由에 대하여도 피고과세관청이 입증책임을 부담하지 않으면 안 된다고 한다.[125]

논자에 따라서 조세소송에서는 과세관청에게 법률상 강력한 調査權이 부여되어 있는 점, 실제로도 高度의 調査能力을 가지고 있는 점도 함께 참작하고 조세행정에 적용되어야 할 租稅法律主義의 原則에 비추어 課稅處分節次의 適法性, 所得金額 및 必要經費를 포함한 課稅標準의 確定, 推計課稅의 必要性과 合理性에 관하여 과세관청에게 일차적이고도 강도 높은 입증책임을 부과하지 않으면 안 된다고 하면서 조세소송에서 원고가 입증책임을 부담하는 것은 원고가 비과세규정 또는 조세면제가 있

---

124) 崔世英, "行政訴訟에 있어서의 立證責任,"『司法論集』, 제12집(1981), 488면; 姜仁崖, 전게서, 564면; 高林克己, 전게논문, 300면; 市原昌三郎, 전게논문, 233면.
125) 李泰魯·安慶峰, 전게서, 1065면; 吳錫洛, 전게서, 301면.

었던 점을 주장할 경우와 通常의 經濟去來에서는 예측할 수 없고 과세관청도 조사할 수 없는 사유에 의하여 稅額의 減少를 주장할 때와 같이 극히 例外的인 경우에만 허용된다고 한다.126)

또한 憲法秩序歸納說의 입장에 서면서도 조세행정의 영역에 있어서는 조세법규의 해석 및 요건사실의 인정에 관하여 租稅法律主義의 法理가 지배하여 그 구조는 논리적으로 罪刑法定主義의 法理가 지배하는 형사소송의 그것과 흡사하고, 형사소송의 영역에서는 "의심스러울 때는 被告人의 利益으로"라는 법리가 확립되어 있고 租稅行政問題를 형사소송과 동일하게 생각할 수는 없다고 하더라도 近代 市民革命의 역사적 연혁에 비추어 兩者는 기본적 법 논리 구조가 동일하므로 租稅法規의 解釋과 요건사실의 인정에 있어서도 租稅法律主義의 法理로부터 "의심스러울 때는 納稅者의 利益으로"라는 법리가 타당하다고 하면서 總收入과 損金 및 必要經費에 관하여도 피고에게 입증책임이 있다는 견해도 있다.127)

⑭ 批 判

이 설에 대하여, 자유권제한에 있어서 個人自由의 優越原則이 중요한 헌법적 원리라고 하더라도 이를 具體的인 立證責任의 分配를 결정하는 기준이라고 말할 수는 없고, 社會立法의 整備에 따라 그에 의거한 행정조치가 행하여지고 福祉國家의 實現을 도모하려는 현재의 상황에서 행정처분에 의한 國民의 權利擴張이 주로 生存權保障에 관한 것임에도 일률적으로 그 立證責任을 일반 국민에게 부담시키는 것은 원리적으로도 문제가 있다는 批判이 있다.128) 또한 논자에 따라서는 입증책임의 분배는 事實의 存否不明의 경우 그 불이익의 귀속을 정하는 것인데, 이와 같은 사실의 존부불명이라는 몰가치적인 상황에서 價値槪念을 입증책임분배의 기준으로 삼는 것은 수긍하기 어렵다고 批判한다.129)

---

126) 宮崎良夫, 전게논문, 244면, 250면.
127) 北野弘久, 『稅法解釋의 個別的 檢討 Ⅱ』(東京: 成文堂, 1982), 329면.
128) 山村恒年, 전게논문, 200면; 紙浦健二, 전게논문, 45면.

그러나 조세소송도 변론주의를 기본으로 하고 있고 특별한 경우를 제
외하고는 민사소송의 일반원칙인 法律要件分類說이 적용될 수 있다고 할
것이며, 더구나 刑罰 내지 刑事訴訟과 租稅 내지 租稅訴訟은 그 본질을
달리하는 것이므로 형사소송에 있어서 '疑心이 있을 때에는 被告人의 利
益으로'라는 법리를 조세소송에서 논리적으로 원용한다는 것은 납득하기
어렵다. 그러므로 조세소송에 있어서 立證責任의 分配의 基準을 민사소
송의 그것과 전혀 다른 憲法原理 내지는 租稅法律主義의 原理에서 구하
려는 것은 부당하다는 批判이 있다.130)

(바) 大法院 判例의 立場

대법원의 판례는 한때 行政處分에 公定力이 있음을 이유로 원고에게
입증책임이 있다고 한 적도 있었으나,131) 그 후 "行政處分의 違法을 주
장하여 그 處分의 取消를 구하는 소위 항고소송에 있어서는 그 處分이
適法하였다고 주장하는 피고에게 그가 주장하는 適法事由에 대한 입증책
임이 있다고 하는 것이 당원 판례의 견해이고, 그 견해를 行政處分의 公
定力을 否定하는 것이라고는 할 수 없으며(위 입증책임과 처분의 공정력
은 전연 별개의 문제이다), 또한 租稅法定主義下의 우리나라의 세제에
있어서는 課稅의 適法與否를 성문의 세법을 떠나 국가재정적인 견지에서
나, 稅政의 실지에 맞추어 다룰 수는 없을 것(위법한 과세처분이 공공복
리에 적합한 처분이 될 수 없다)이다"라고 판시하여132) 행정소송에서 과
세관청에게 그가 주장하는 適法事由에 대한 입증책임이 있고 이를 行政
處分의 公定力을 부정하는 것이라고 할 수 없다고 하였으며, 課稅處分에
대한 행정소송에 있어서 課稅原因 및 課稅標準金額 등 과세요건이 되는
사실에 관하여는 특별한 사정이 없는 한 과세관청에 입증책임이 있다고

---

129) 丁仁鎭, 전게논문, 86면.
130) 姜仁崖, 『租稅爭訟法』 (서울: 韓國稅政新聞社, 1989), 565면.
131) 大判 1962. 11. 1, 62누157.
132) 大判 1966. 10. 18, 66누134.

하였다.133)

이러한 대법원의 판례가 위에서 살핀 여러 學說 중 어떤 입장을 취하고 있는가는 명확하지 않으나 "민사소송법의 규정이 준용되는 행정소송에 있어서 立證責任은 원칙적으로 민사소송의 일반원칙에 따라 당사자 간에 분배되고, 抗告訴訟의 경우에는 그 특성에 따라 當該 處分의 適法을 主張하는 피고에게 그 適法事由에 대한 입증책임이 있다"고 판시한 것134)에 비추어 그 주류는 대체적으로 法律要件分類說의 立場에 있는 것이라 할 수 있다.

한편 대법원은 "행정소송에 있어서의 특단의 사정이 있는 경우를 제외하면 당해 행정처분의 적법성에 관하여는 當該 處分廳이 이를 주장·입증하여야 하고, 행정소송에 있어서 職權主義가 가미되어 있다고 하여도 여전히 당사자주의, 변론주의를 기본구조로 하는 이상 行政處分의 違法을 들어 그 취소를 청구함에 있어서는 職權調査事項을 제외하고는 그 取消를 구하는 자가 위법된 具體的인 事項을 먼저 주장하여야 한다"고 판시함으로써135) 違法事由에 대한 主張責任은 원고에게 있다고 하고 있다.

다만 구체적 비용항목에 관한 立證의 難易 또는 當事者間의 衡平 등을 고려하여 납세자 측에 立證責任이 돌아가는 수가 있다고 한다.136)

즉 대법원은 "법인이 賣出事實이 있음에도 그 賣出額을 장부에 기재하지 아니한 경우에는 다른 특별한 사정이 없는 한 원료매입비 등 原價相當額을 포함한 그 賣出漏落額 全額이 社外로 流出된 것으로 보아야하며 이 경우 그 매출누락액이 사외로 유출된 것이 아니라고 볼 특별한 사정을 이를 主張하는 법인 측에서 입증하여야 한다"고 판시하였고,137)

---

133) 大判 1981. 5. 26, 80누521; 大判 1989. 1. 24, 88누5624; 大判 1995. 10. 13, 95누3398; 大判 1993. 6. 8, 92누12483; 大判 1996. 9. 10, 95누7239.에서는 납세자가 부과처분 후 訴訟節次에서 종전의 주장과 다른 주장을 하는 것이 信義則에 반하는가 여부를 판단함에 있어서 課稅要件의 立證責任이 피고에게 있다는 점을 강조하고 있다.

134) 大判 1984. 7. 24, 84누124.

135) 大判 1981. 6. 23, 80누510; 大判 1994. 11. 25, 94누9047; 大判 1995. 4. 11, 94누8020; 大判 1995. 6. 13, 95누2562; 大判 1995. 7. 28, 94누12807.

136) 李泰魯·安慶峰, 전게서, 776면.

나아가 "舊相續稅法(1996. 12. 30. 법률 제5193호 상속세및증여세법으로 전문 개정되기 전의 것) 제32조의 2 제1항 규정의 입법 취지는 名義信託 制度를 이용한 租稅回避 行爲를 효과적으로 방지하여 조세정의를 실현한다는 취지에서 實質課稅原則에 대한 例外를 인정한 데에 있으므로 명의신탁의 목적에 租稅回避의 目的이 포함되어 있지 않은 경우에만 같은 條項 但書의 적용이 가능하고 또한 但書 소정의 조세를 증여세에 한정할 수 없으며, 명의신탁에 있어서 조세회피의 목적이 없었다는 점에 관한 입증책임은 이를 주장하는 名義者에게 있다"라고 判示하여138) 特別한 事情에 관하여는 원고 납세자에게 입증책임이 있다고 한다.

이와 같은 判例의 態度는 법률요건분류설의 기반 아래시 조세소송의 특수성을 가미하여 修正하려는 것이라고 할 수 있는데, 이는 法律要件分類說이 합리적인 立證責任分配의 探究를 봉쇄하는 이론이 아니기 때문에 가능하다고 할 것이다.

(사) 結 論

조세소송에 있어서 입증책임이 과연 原告納稅義務者에게 있는가, 아니면 被告課稅官廳에게 있는가에 대한 여러 學說을 검토한 결과 그 어느 설도 根本的인 解決點을 찾지 못하였다고 보이나, 現在 通說과 判例139)가 지지하는 法律要件 分類說이 비교적 명백한 分配基準을 제공하였다는 점에서 가장 타당하고 본다.

適法性 推定說은 공정력과 立證責任의 分配와는 아무런 관련도 없다는 점에서, 適法性擔保說은 모든 입증책임을 피고 과세관청에게 귀속시키는 것은 立證責任制度의 理念이 公平의 原則에 어긋난다는 점에서 모두 찬동할 수 없다. 물론 法律要件分類說에 대하여도 권리근거규정과 권리 장애규정의 구별이 어렵고, 法規의 構造와 같은 形式的 基準에 따라

---

137) 大判 1990. 12. 26, 90누3751.
138) 大判 1999. 7. 23, 99두2192.
139) 大判 1966. 10. 18, 66누134; 大判 1998. 7. 10, 97누13894.

입증책임의 분배를 정할 경우 立證困難의 事態에 직면하여 적절한 대책이 없다는 등 批判이 있고, 또한 통상의 민사소송에서 문제되는 입증책임의 분배원칙을 별개의 법체계에 속하는 行政訴訟 특히 租稅訴訟에 그대로 적용하려는 점에서 難點이 있다. 이러한 점에 유의하여 후속으로 나온 具體的 事案說이나 憲法秩序歸納說은 입증책임의 분배에 있어서 고려하여야 할 實質的 根據에 관하여 재고할 계기를 제공하여 具體的 妥當性을 해결하려고 노력하였다는 점에서 그 탁월한 공헌을 인정할 수 있다 할 것이다. 그러나 위 두 설은 무엇보다도 立證責任分配의 基準이 불명확하여 혼란을 초래할 염려가 있으므로 法的 安定性을 해친다는 치명적인 약점을 안고 있다고 본다.

그러나 입증책임은 소송의 최종단계에 이르러 법원이 要證事實의 存否에 관하여 심증을 얻을 수 없는 경우에 그 不利益 내지 危險을 발휘하여 법원에게는 訴訟指揮의 指標가 되고 당사자에게는 立證活動의 目標가 된다. 따라서 입증책임이 소송에 있어서 그 기능을 완전하게 발휘하기 위해서는 법원에게는 물론 당사자에 대하여도 그 分配의 原則이 明確해야 하고 또한 豫測이 可能해야만 한다. 이러한 관점에서 보면 法律要件分類說이 명확한 分配基準을 제공하였다는 점에서 결국 타당하다고 본다. 또한 행정소송 특히 조세소송도 법원에서 행하는 재판절차이고 보면 민사소송과 본질적인 차이가 있는 것이 아니고, 租稅訴訟의 構造, 개개의 稅法規定의 立法趣旨, 租稅法律關係의 特殊性 때문에 정도의 차이를 둔 것에 불과하다고 보인다. 그러므로 민사소송에 있어서와 마찬가지로 행정소송 및 조세소송에 있어서도 法律要件分類說이 타당하다고 생각된다. 다만 立證責任의 分配基準을 법규자체의 형식에서 구하는 점에서 문제가 되는바, 租稅法規가 일반 사법과는 달리 裁判規範을 염두에 두고 제정된 것이라기보다는 財政目的을 위한 行爲規範的 性格이 강하다는 점을 고려해 볼 때, 法律要件分類說에 의하여 立證責任을 분배하더라도 일정한 경우에는 특히 조세소송에서는 입증정도의 緩和, 立證責任 및 立證必要의 轉換 등을 적극 활용하여 具體的 妥當性을 해결하여야 한다고 본다.

결국 법률요건분류설은 구체적 사안설과 헌법질서귀납설이 강조하는 立
證程度의 緩和, 立證責任 및 立證必要의 轉換 등을 인정하여 具體的
妥當性을 잃지 않으려는 점을 포용하는 이론으로 본다면 立證責任分配
에 관한 위 諸 學說 중 가장 妥當하다고 본다.

따라서 조세소송에 있어서 立證責任의 分配에 대하여는 일반 행정처분
의 취소소송에 있어서와 같이 課稅處分의 要件事實에 대한 立證責任은
피고 과세관청에게 있고, 所得控除, 免除事由 등 權利障碍 및 滅失事實
의 立證責任은 원고 납세자에게 있다고 할 것이다.

나. 無效確認訴訟

無效確認請求訴訟에서의 立證責任分配에 관하여는 취소소송에서 같은
입장에 선 학자들 사이에도 견해가 달라지고 있다.140)

(1) 原告歸屬說

適法性 推定說을 주장하는 일부견해141)는 無效인 課稅處分에 관해서
는 公定力은 인정되지 아니하나 그 무효원인이 예외적인 것이므로 원고
가 입증책임을 부담하여야 한다고 하고, 法律要件分類說에 입각한 일부
견해142)는 課稅處分의 無效原因이 예외적으로 인정되는 것이고 權利障
碍事由이므로 원고가 입증책임을 부담하여야 한다고 하며, 具體的 事案
說143)이나 憲法秩序歸納說144)에 선 일부 견해는 無效原因이 한정되고

---

140) 다음의 學說 소개는 鄭萬朝, "行政處分의 無效確認訴訟에 있어서의 立證責任," 『司
    法行政』, 통권 309호(1986. 9), 22면 이하를 참조하였다.
141) 田上穰治, 『行政法總論(再全訂版)』 (東京: 有斐閣, 1980), 112면(鄭萬朝, 상게논문, 22
    면에서 재인용).
142) 姜仁崖, 전게서, 472면; 朱壽昌, 전게논문, 540면; 瀧川叡一, "裁量處分の無效確認訴
    訟における無效事由の主張, 立證責任," 『民商法雜誌』, 제57권 4호, 131면.

출소기간의 적용이 없으므로 원고에게 입증책임을 부담시키는 것이 正義
와 衡平에 합치된다고 한다.

(2) 被告歸屬說

適法性擔保說[145)]을 주장하는 일부 견해는 處分의 法適合性에 대하여
취소소송보다 강한 의문과 불신이 표명되어 있으므로 과세관청에게 입증
책임을 부담시켜야 한다고 한다. 법률요건분류설의 입장에서 無效原因은
권한행사규정에서 特定 要件事實의 不存在에 불과하므로 無效原因에 대
한 立證責任은 취소소송에서의 입증책임분배와 같은 원칙에 의해야 한다
는 견해가 있고, 具體的 事案說의 입장에서 違法의 重大性은 법률판단의
문제에 불과하고 입증책임은 違法事由와 그 明白性의 基礎事實에 관하
여만 문제가 되므로 취소소송에서와 달리 취급할 것이 아니라거나[146)] 처
분에 관한 문서나 증거서류의 보존기간까지 특히 租稅賦課處分의 경우에
는 更正處分이 가능한 기간 내에서는 피고에게 입증책임을 부담시키는
것이 公平하다는 견해[147)]가 있다. 또한 憲法秩序歸納說[148)]을 주장하는
일부 견해는 행정처분의 위법을 다투는 것은 행정처분의 취소와 무효의
경우에 동일하므로 取消訴訟에서와 같이 피고에게 입증책임을 부담시키
고 있다.

143) 池田敏雄, "裁量處分の無效確認訴訟における主張, 立證責任," 『法學協會雜誌』, 85권,
    4호, 131면.
144) 市原昌三郎, 전게논문, 472면.
145) 關根榮響, 전게논문, 50면.
146) 兼子仁, 『行政爭訟法』 (東京: 岩波書店, 1984), 249면(鄭萬朝, 전게논문, 24면에서 재인용).
147) 山村恒年, "行政爭訟," 『現代行政法大系』, 5권, 213면.
148) 宮崎良夫, 『行政訴訟の法理論』 (東京: 弘文堂, 1984), 294면; 崔世英, 전게논문 500면
    도 이와 가깝다.

(3) 結　論

原告負擔說이 多數說이고 이는 제소기간에 의한 시간적 제한이 없어서 처분 후 장기간이 경과된 후에도 無效確認訴訟이 가능한데 그 경우까지도 行政廳에게 처분의 위법성이 중대하고 명백하지 아니하다는 점의 입증책임을 부담시키는 것은 正義와 公平에 반하는 결과가 된다는 것에 귀착된다는 것을 주된 근거로 한다. 대법원 판례는 課稅處分에 重大하고도 明白한 瑕疵가 있다는 이유로 그 당연 무효를 주장하는 자는 이에 대한 입증책임을 부담한다는 입장을 견지하고 있다.[149]

第3節 租稅訴訟에서의 主要事實과 證明度 問題

법원이 심리의 대상에 대해서 그 인부를 판단하는 데에 필요한 자료의 수집에 관한 기본원칙으로서는 辯論主義와 職權探知主義가 있다. 민사소송에서는 변론주의를 취하고 있고 변론주의 아래에서는 당사자는 主要事實을 주장하지 않으면 법원은 判決의 基礎로 삼을 수 없고,[150] 그 결과로서 자기에게 유리한 법률효과의 발생이 인정되지 않게 된다. 이 主要事實에 대해서 당사자 간에 논쟁이 있는 경우에 立證責任이 問題로 된다.[151]

이러한 주요사실은 조세소송의 입증의 대상이고 主要事實이 다르면 立證의 對象도 다르게 되기 때문에 조세소송에서 입증책임에 대해서 중대

---

149) 大判 1984. 2. 28, 82누154; 大判 1984. 4. 24, 83누501; 大判 1992. 3. 10, 91누6030.
150) 大判 1983. 2. 8, 82다카1258.
151) 高須要子, "課稅訴訟에 있어서 主要事實," 『稅務弘報』, 30권 13호, 148면 이하.

한 영향을 미치게 된다. 따라서 조세소송의 대부분은 租稅法의 解釋適用에 관한 다툼이라기보다는 課稅要件事實의 存否에 관한 다툼이므로 主要事實을 고찰할 필요가 있다고 본다. 한편, 입증책임을 논함에 있어서는 우선 要件事實에 대하여 입증이 되지 않았음을 전제로 하여 그로 인한 不利益을 누구에게 歸屬시킬 것이냐 하는 問題와 입증책임을 부담하는 者가 정하여졌음을 전제로 어느 程度까지 입증을 하면 그 책임을 다한 것으로 인정하고 不利益을 면하게 하여 줄 것인가를 다 함께 해결하지 않으면 안 된다. 전자가 立證責任의 分配에 관한 問題이고 후자가 證明度(立證의 程度)問題인바152), 여기서는 조세소송의 특수성에 기인하는 證明度에 관한 問題를 논의하고자 한다.

일반적으로 입증책임을 다하였다는 의미는 법원이 要證事實 그 자체의 存否에 대하여 확신을 갖게 되었다는 것이므로 그 입증은 법원에 확신을 줄 정도로 하지 않으면 안 된다. 그런데 租稅法律關係는 일반행정법률관계에서 볼 수 없는 특수성 때문에 課稅處分(實額課稅이든 推計課稅이든 不問)에 대한 입증책임이 누구에게 귀속하느냐의 문제보다도 일반적인 立證責任分配原則에 따라 입증책임을 부담하는 자가 어느 程度의 立證을 하면 그 입증책임을 다한 것으로 볼 수 있느냐 하는 것이 더욱 어렵고 중요한 문제로 논의되어 왔다.

즉 과세관청은 조세법이 정하는 바에 따라 수많은 納稅義務者들을 상대로 대량적, 반복적으로 課稅處分을 하는 반면, 그 과세요건사실을 뒷받침해주는 納稅資料들은 모두 납세의무자가 직접 지배하는 생활영역 내에 있으므로 납세의무자는 쉽사리 그 자료의 존재를 입증할 수 있지만, 과세관청은 납세자의 협력이 없는 한 스스로 모든 稅務資料를 있는 그대로 찾아낸다는 것은 극히 어려운 일이고 그중에서도 특히 必要經費, 損金 등 所得控除事由에 대하여는 과세관청의 독자적인 실체파악이 거의 불가능에 가까운 것이라 할 것이다. 이와 같은 경우에 일반 행정소송에서 요

---

152) 李文載, 전게논문, 679면-680면.

구되는 정도의 입증을 요구한다면 이는 과세관청에게 사실상 불가능한 立證을 强要하는 것이 되고, 결국 租稅法律關係의 特殊性을 무시한 부당한 결과를 초래하고 말 것이다. 따라서 피고 과세관청이 課稅處分의 適法性에 대한 입증책임을 부담한다 하더라도 必要經費, 損金 등 소극적 사유에 해당한 사실에 대하여는 이에 대한 立證의 程度를 輕減시키고 나아가 事實上의 推定理論을 활용하여 문제를 적정하게 해결하려는 이론이 학설, 판례를 통하여 전개되어 왔다.[153]

이하에서는 조세소송에서의 주요사실을 일본의 학설과 판례를 중심으로 고찰하고, 證明度의 意義 및 完全한 立證과 一應의 推定을 살펴보고 課稅要件事實에 대한 證明度를 논의한 다음 租稅訴訟에서의 證明度를 고찰하기로 한다.

1. 租稅訴訟에서의 主要事實

가. 主要事實의 意義 및 效果

(1) 民事訴訟에서 主要事實

민사소송에서 주요사실은 權利의 發生·消滅·變更 等의 법률효과를 판단하는 데에 직접 필요한 사실 즉 要件事實, 直接事實[154]을 말하고, 間接事實은 이 주요사실의 존부를 추인하는 데에 도움을 주는 사실[155] 즉

---

153) 李文載, 상게논문, 697면; 吳錫洛, 전게서, 303면 및 307면 내지 308면; 權五鳳, 전게논문, 327면.
154) 大判 1983. 12. 13, 83다카1489.
155) 兼子一, 전게서, 199면; 三ケ月章, 『民事訴訟法(제3판)』 (東京: 弘文堂, 1995), 159면.

證憑156)을 말하며, 법률상의 취급에 대해서 큰 차이가 있다.157) 그리고
통설·판례는 더욱 중요한 차이를 협의의 변론주의의 적용의 유무로 보고
있다. 狹義의 辯論主義로는 ① 재판의 기초로 되는 사실은 당사자가 제
출한 것에 한하고 법원은 직권을 가지고 裁判資料인 事實의 蒐集을 해서
는 안 된다는 것, ② 당사자 사이에 다툼이 없는 사실에 대해서 法院은 이것
에 반대하는 認定은 할 수 없다. 즉 自白으로 拘束된다고 하는 것이며 辯論
主義는 主要事實에 대해서만 적용되는 것이다.158)

(2) 裁判上의 自白

일반적으로 自白이란 당사자의 일방이 자기에게 불이익한 主張事實을
相對方에게 인정하는 것이지만 이 陳述이 口頭辯論 또는 準備節次에서
행해진 경우가 裁判上의 自白이다(민사소송법 제261조). 자백의 대상으로
되는 것은 具體的 事實에 한하여 法規, 經驗則, 法規의 解釋 等은 대상
으로 되지 않는다. 구체적 사실 중 주요사실에 대해서만 성립하고 間接事
實에 대해서는 자백의 효력이 생기지 않는다. 裁判上의 自白은 법원 및
당사자를 구속한다. 법원은 자백사실을 그대로 裁判의 基礎로 하지 않으
면 안 되며 그것과 모순된 사실을 인정할 수 없다. 자백을 한 당사자는
원칙적으로 自白을 撤回할 수 없지만 例外的으로 자백의 내용이 진실에
반하고 착오에 기인해서 자백한 경우에는 撤回가 허락된다. 상대방이 撤
回에 同意한 경우 및 詐欺·脅迫 등 형사상 벌을 주어야 할 타인의 행위
에 의하여 자백을 하게 된 경우에도 철회가 허락된다.159) 裁判上의 自白

---

156) 大判 1994. 11. 4, 94다37868.
157) 主要事實과 間接事實의 구별의 내용으로 통설에 의해 설명되고 있는 것은 ① 변론주
    의의 적용범위, ② 자백의 구속력, ③ 변론에서 당사자가 주장해야 할 사실, ④ 판결로
    적시해야 할 사실, ⑤ 상고이유 내지 재심사유인 판단유탈로 되는 사실이며 이것들은
    어떤 것도 주요사실에 한하게 되어진다. 小林秀之, "主要事實과 間接事實의 區別,"『
    判例タイムズ』, 438호, 6면.
158) 田尾桃二, "主要事實과 間接事實에 관한 二, 三의 疑問,"『裁判法의 諸問題』, 271면.
159) 李時潤, 전게서, 548면 내지 555면 참조.

은 변론주의의 토대로 된 것이기 때문에 職權探知主義에 있어서는 적용
이 없다.160)

또한 자백의 대상이 訴訟物自體인 경우에는 請求의 抛棄·認諾으로 소
송의 종료원인으로 된다. 訴訟物인 權利主張의 前提로 되는 권리 또는
법률관계에 대해 자백한 경우를 權利自白이라 한다. 권리자백의 취급에
대해서는 논쟁이 있지만, 당사자가 내용을 충분히 이해하고 행한 권리자
백에서는 事實의 自白과 같은 拘束力을 인정해야 한다고 생각된다.161)

(3) 行政訴訟(租稅訴訟)에서 主要事實

행정소송(조세소송)에서도 일반적으로 狹義의 辯論主義의 適用이 있다
고 본다. 왜냐하면 행정소송법 제8조는 이 법에 특별한 규정이 없는 사항
에 대하여는 법원조직법과 민사소송법의 규정을 준용한다고 규정하고 있
기 때문이다. 행정소송법 제26조는 法院은 필요가 있다고 인정할 때는 職
權으로 證據調査를 할 수 있는 취지를 규정하고 있지만, 동조는 法院이
당사자가 주장하고 있지 않는 사실에 대해서도 판단해야 하는 職權探知
主義를 인정한 것이 아니라 釋明權(민사소송법 제126조)을 행사해서 辯
論主義를 보충하는 취지의 규정이라고 해석되고 있다.162) 따라서 행정소
송(조세소송)에 있어서도 辯論主義의 適用이 있게 되어 裁判上의 自白에
대한 민사소송법의 규정(동법 제261조·제139조)이 그대로 적용된다. 즉
이러한 행정소송(조세소송)에 있어서도 辯論主義가 적용되어 그것을 主要
事實에 대해서만 인정되기 때문에 주요사실에 대해서 자백이 성립되면 당해
사실은 法院 및 當事者를 구속하고 법원은 이것에 반한 사실을 인정할 수 없
으며, 당사자도 자유롭게 이것을 撤回하는 것이 허락되지 않는다.163)

---

160) 上原敏夫·池田辰夫·山本和彦, 『民事訴訟法』(東京: 有斐閣, 1995), 138면.
161) 白石信明, "租稅訴訟の立證責任をめぐる諸問題について," 『稅務大學論叢』, 27집(1996),
    235면; 大法院 1984. 5. 29. 宣告 84다122 判決.
162) 園部逸夫 編, 『注釋行政事件訴訟法』(東京: 有斐閣, 1996), 78면.
163) 白石信明, 전게논문, 235면.

나. 租稅訴訟에서 主要事實의 意義

(1) 課稅要件事實

과세요건에서 주요사실인 것을 課稅要件事實이라 한다. 과세요건사실 이란 納稅義務의 成立要件인 것이며, 국가가 개인 또는 법인에 대해 一定額으로 租稅債權을 취득하기 위해서 필요한 모든 法律要件事實이고, 일반적으로 납세의무자, 과세물건, 과세물건의 귀속, 과세표준 및 세율을 들고 있다. 그중 要證事實(立證의 對象)과의 관계에 있어서 법률상 당연히 또는 명백하다고 보이는 경우를 제외하고 협의의 조세채권의 발생요건의 의미로 보면 그것은 課稅所得의 存在이다. 즉 課稅標準은 과세물건의 수량적 표현이고 所得稅·法人稅에 있어서는 일정기간 내의 소득의 금액이며 그것이 조세소송에 있어서 협의의 주요사실을 구성한다.164)

(2) 訴訟物·立證責任과의 關係

租稅訴訟(課稅處分取消訴訟)에 있어서 소송물을 어떻게 해석하는가에 대해서는 爭點主義와 總額主義와의 대립이 있다. 단지 쟁점주의·총액주의의 의의는 일의적이 아니라 訴訟物(審理의 對象)과 관련해서 이용되는 경우와 취소소송의 심리방법과 연결되어진 攻擊防禦의 問題로서 이용되는 경우가 있다.165) 심리의 대상과 관련시킨 경우의 爭點主義는 課稅官廳이 課稅處分에 있어서 인정한 이유의 적부(具體的 違法事由)가 소송물이다. 이것에 대해서 총액주의는 課稅處分自體의 理由가 아니고 납세자의 실제의 소득이 課稅官廳의 認定額을 상회하는 것인지 아닌지가 소송물이다. 쟁점주의에 있어서는 所得金額을 알아내기 위한 구체적인 처분이

---

164) 松澤 智, "課稅要件事實,"『租稅法講座』, 3권, 331면; 渡辺伸平, 전게논문, 96면; 金子 宏, 전게서, 131면.
165) 松澤 智, 전게서, 48면.

유에 관련된 事實의 存否가 쟁점으로 되는 것이므로, 당사자가 쟁점으로
주장하고 있는 법률상의 사실에 변론주의를 적용하고 이것을 주요사실로
해석할 수 있다. 그런데 통설은 租稅訴訟(課稅處分取消訴訟)의 소송물에
대해 총액주의를 취하고 있다. 총액주의는 客觀的인 租稅債務(課稅標準
및 稅額)의 存否를 소송물로 하는 것이지만 租稅債務는 개개의 구체적인
거래사실에 기인하여 발생하는 것이며, 최종적인 세액에 이르기까지 여러
가지의 會計上, 稅法上의 節次를 거치므로 이러한 절차가 어느 단계에
어떤 사실을 가지고 要件事實로 이해해야 하는가에 따라 主要事實의 選
擇方式이 달라진다고 생각된다.[166]
　이러한 주요사실은 租稅訴訟의 立證의 對象이고 주요사실이 다르면
立證의 對象도 다르게 되기 때문에 조세소송에서 입증책임에 대해서 중
대한 영향을 미치게 된다.

다. 實額課稅에 있어서 主要事實

(1) 主要事實에 관한 學說

　예를 들면 소득세의 課稅處分取消訴訟의 主要事實에 대해서는 總額主
義를 전제로 이론상 ① 세액, ② 총소득금액, 퇴직소득금액 및 산림소득금
액(과세표준), ③ 각종소득의 금액, ④ 수입금액 및 필요경비, ⑤ 감정과목
마다의 금액, ⑥ 개개의 구체적 거래사실 등의 6개의 견해로 나눌 수 있
다고 되어져 있다.[167] 이 중 학설상 주로 주장되고 있는 것은 ②, ④, ⑥
이고 이하에서 각설을 살펴보기로 한다.

---

166) 白石信明, 전게논문, 237면.
167) 平石雄一郞, "課稅訴訟에 있어서 主要事實의 範圍," 『稅理』, 26권 5호, 2면; 高須要
　　子, 전게논문, 149면.

(가) 所得說

이 견해는 課稅標準인 所得金額만이 主要事實이고 다른 사항은 間接
事實에 불과하다고 한다. 즉 소득세법에 의하면 所得稅는 원칙적으로 당
해 연도분의 課稅總所得金額에 일정한 稅率을 곱함으로써 과세된다. 그
리고 납세자가 課稅標準으로 된 所得(課稅總所得金額)을 취득한 사실은
과세권의 권리근거사실이기 때문에, 과세관청 측의 입증책임에 속한다. 所
得稅는 그해에 있어서 總收入金額에 대해 과세해야 할 것이 아니라, 그
해의 總所得金額이 과세처분의 권리근거사실로 된다(必要經費는 이 課稅
總所得金額을 산출하는 계산의 과정에 불과하다). 이 점에서 總收入金額
이 과세처분의 권리근거사실로 되고, 必要經費가 권리소멸사실로 된다고
설명하는 견해와는 다르다.[168] 납세자가 必要經費의 證據를 제출하는 것
은 입증책임을 토대로 한 것이 아니라, 과세권의 권리근거사실인 과세표
준으로 되는 總所得金額을 논쟁방법(반증)으로서 必要經費의 證據를 제
출할 필요가 생기는 데 불과하다. 이에 반해 各種所得控除의 要件事實은
독립한 법조의 요건사실이고, 또한 과세처분의 권리 장애 내지 멸실 사실
로 되기 때문에 납세자 측의 입증책임에 속한다.[169]

(나) 收入 · 經費說

이 견해는 收入金額 및 必要經費의 각 금액이 主要事實이라고 한다.
즉 課稅標準은 과세물건의 수량적 표현이고 所得稅·法人稅에 있어서는
일정기간 내의 소득의 금액이며 그것이 課稅處分取消訴訟에 있어서 狹
義의 主要事實을 구성한다. 그러나 그것은 실액과세와 추계과세에 의해
내용을 다르게 해 實額課稅에 있어서 주요사실의 내용은 어떤 年度分(專
業年度)에서 納稅者에 귀속하는 課稅所得의 存在를 조성하는 구체적인

---

168) 齋藤秀夫, "稅務訴訟의 立證責任에 대해서," 『裁判官特別研究叢書』, 43호, 26면에는
　　필요경비가 소득공제의 경우와 유사하다는 점을 이유로 납세자 측에 입증책임이 있다
　　고 한다.
169) 村上博已, 전게서, 353면.

法律要件事實(課稅要件事實)을 말하고 그것은 각각의 收益의 存在 및 損費의 不存在라고 하게 된다. 즉 소득세법에 대해서 말하면 一定期間에 總收益金額에서 必要經費를 공제한 금액이 과세소득이므로 따라서 收入金額, 必要經費가 課稅要件事實(主要事實)이라고 말하게 된다.170)

(다) 具體的 事實說

이 견해는 課稅標準인 所得金額은 계산의 결과이고 구체적 사실이 아니라 所得金額의 算出에 필요한 개개의 所得發生原因事實이 주요사실이라고 한다. 즉 所得金額은 계산의 결과이고 구체적인 사실이 아니므로, 이론상으로 논쟁되는 한 개개의 소득발생원인까지 거슬러 주장해야 한다고 해석해야 한다. 따라서 과세요건을 행한 課稅所得의 存在를 조성하는 구체적인 法律事實은 개개의 收益의 存在 및 損費의 不存在이다. 그리고 그 수익 및 손비는 추상적인 각종의 존재형태가 예상된다. 예를 들면 販賣收益에 대해서는 그 代金債權의 發生要件을 이루는 매매계약의 존재가 되는 동시에 또한 收益의 發生要件事實이 된다.171)

(2) 主要事實에 관한 判例

實額課稅에서 무엇이 主要事實인가를 명시한 判例는 거의 없다(最判 昭 38. 3. 3. 訟月 9권 5호 668면은 "所得金額의 存在 및 그 金額에 대해서 과세결정청이 입증책임을 지는 것은 말할 것도 없다"라고 한다. 또한 판례자체는 실액과세와 추계과세를 구별하지 않는 것과 같다). 主要事實을 명시한 판례로서는 ① 과세처분취소소송에서 裁判上의 自白의 대상으로 될 수 있는 주요사실은 所得金額이나 개개의 收入·經費의 金額이 아니라 그 발생원인인 구체적 사실이라고 하는 것(廣島高松江支判 平成 5. 6. 30, 稅資 195호, 738면)이 있을 뿐이고 具體的 事實說을 취하고 있

---

170) 松澤 智, 『新版租稅實體法』 (東京: 中央經濟社, 1999), 331면, 346면.
171) 渡辺伸平, 전게논문, 96면.

다. 또한 주요사실에 관한 판례는 어떤 변론주의의 적용 내지 재판상의
자백의 성립의 가부의 관점인 것이며, 예를 들면 ② 事業所得에 대해 각
대부마다 利子額에 대해서 법원의 인정액이 과세관청의 주장액을 넘을
경우에도 辯論主義에 의해 課稅官廳主張額에 의하지 않을 수 없다는 것
(大阪地判 昭和 40. 7. 3, 稅資 41호, 822면), ③ 讓渡所得에 대해 설비
비, 개량비에 대해서 그러한 사실이 없다고 판명한 것이어도 課稅官廳이
자인하고 있는 이상, 변론주의에 의해 과세관청의 자인에 의해 所得認定
을 시킬 수밖에 없다는 것(大阪地判 昭和 41. 5. 9, 稅資109호, 13면)이
있다. 이러한 판례는 必要經費·收入金額 또는 이것을 구성하는 거래의
금액에 대해서 변론주의를 적용하거나 또는 自白의 成立을 인정한 것이
므로 변론주의의 적용은 주요사실에 한정된다고 하는 통설에서 보면 收入
·經費說 또는 具體的 事實說의 견해일 것이라고 생각된다.[172]

(3) 結 論

과세요건사실인 所得金額은 관념적인 수액의 결론이고 추상적인 개념
이기 때문에 직접 인식할 수 있는 사실이 아니다. 따라서 조세소송에서
주요사실을 생각하는 경우에는 一般條項 내지 白紙條項(民法 제2조의
권리남용·신의성실, 동법 제103조의 선량한 풍속 기타 사회질서, 동법 제
750조의 과실 등)에서 주요사실의 방식을 참고해야 할 것이다. 그리고 종
래의 다수설은 법규의 구조를 중시하는 입장에서 주요사실을 『信義誠實』
『過失』 등의 價値判斷 그것의 레벨로 해서 그 판단을 이끌어 낸 개개의
구체적인 사실은 間接事實에 불과하지 않다고 해석하고 있는 듯하다. 그
러나 主要事實을 어디서 취할 수 있는가는 當事者의 攻擊防禦의 면에서
기습의 방지·변론권의 보증과 재판의 實踐的 目的·機能과의 양 관점에
서 종합적으로 고찰해서 구체적으로 결정해야 할 것이고[173] 事實提出에

172) 白石信明, 전게논문, 240면-241면.
173) 山木戶克己, "自由心証과 擧証責任," 『大阪學院大學法學研究』, 제1권 1, 2호, 107면.

대한 당사자와 법원의 부담의 분담을 어떻게 해야 하는가는 소송절차의
문제이므로 當該事件의 勝敗에 의해 법규상 중요한 사실만이 아니라 經
驗則上 社會常識, 紛爭의 解決에 중요한 사실을 포함한다고 해석해야 한
다.174) 그러면 一般條項 等의 경우『信義誠實』『過失』등을 구성하는 具
體的 事實이야말로 소송의 승패에 의해 중요한 사실로 되며, 따라서 주
요사실로 된다고 해석해야 할 것이다(通說).175)

　이상과 같이 一般條項 등의 경우 주요사실에 관한 방식을 참고로 해서
實額課稅에 있어서 주요사실을 생각해 보면, 所得金額은 總收入金額(益
金)에서 必要經費(損金)를 공제한 계산의 결과이고, 구체적인 사실은 아
니므로 개개의 所得發生原因事實을 주요사실로 해석해야 할 것이다. 따
라서 原則的으로 實額課稅에 있어서 주요사실은 具體的 事實說이 타당
하다고 본다. 그러나 개개의 소득발생원인사실이라 해도 所得의 種類에
따라서는 엄밀히 정도의 차이가 있고, 사업소득 등에서는 納稅者에 대해
기습하지 않는 한도로 거래의 상대방이나 內容 또는 기간마다에 어느 정
도 포괄적인 主張(收入·經費說)을 택하는 것도 사실의 특정을 해치지 않
는다면 좋은 경우일 것이다.176)

　　라. 推計課稅에 있어서 主要事實

　　(1) 主要事實에 관한 學說

　추계과세에 있어서 주요사실은 ① 所得金額自體가 주요사실이고 추계
를 조성하는 사실은 間接事實에 불과하다고 하는 說(所得說)177) ② 추계

174) 田尾桃二, 전게논문, 277면.
175) 竹下守夫ほか 編,『注釋民事訴訟法(3)』(東京: 有斐閣, 1995), 64면.
176) 佐藤繁, "課稅處分取消訴訟의 審理,"『新實務民訴講座』, 10권, 68면.
177) 松澤 智, "課稅要件事實,"『租稅法講座』, 3권, 332면; 同, 전게서, 362면.

의 적법요건인 推計의 合理性을 뒷받침하는 事實(추계방법의 합리성, 기초 자료의 정확성 및 납세자의 적용의 합리성)이 주요사실을 구성한다고 하는 설(具體的 事實說)[178]로 나누고 있다.

구체적 사실설은 추계과세는 개개의 所得發生原因事實(실액과세의 주요사실)을 토대로 과세할 수 없기 때문에 間接的인 方法(推計의 合理性)에 의해 과세하는 것이지만, 實額課稅 · 推計課稅라고 해도 소득인정의 차이에 불과하기 때문에 추계의 합리성을 뒷받침하는 사실은 개개의 所得發生原因事實에 해당하는 것으로 주요사실을 구성하는 것이고, 현재의 유력한 설이다.

(2) 主要事實에 관한 判例

推計課稅에서도 실액과세와 같이 무엇이 주요사실인가를 명시한 判例는 거의 없고, ① 추계과세에서 주요사실은 所得金額의 논쟁이고 이것을 계산하기 위한 과정인 收入金額, 必要經費(本件에서는 雇人費)는 모두 間接事實에 불과하다고 하는 것(大阪高判 昭和 40. 5. 6, 行集, 27권 8호, 1454면),[179] ② 差益率을 적용해서 산정한 결과인 賣上金額을 주요사실로 하는 것(大阪地判 昭和 40. 5. 11, 行集, 16권 6호, 1015면)[180], ③ 課稅處分取消訴訟(本件은 推計課稅)에서 주요사실은 소득을 구성하는 收入金額 및 經費에 대해서 自白이 된 경우도 당사자는 이것에 구속되지 않는다고 하는 것(名古屋地判 平成 2. 11. 30, 行集, 41권 11. 12호, 1921면), ④ 同業者率 및 同業者率에 의한 算出金額은 추계과세를 뒷받침하는 사실은 아니므로 自白의 對象으로는 되지 않는다는 것(東京地判 平成 元. 8. 29, 稅資, 173호, 500면)이 있는 데 불과하다. 이러한 추계과

---

178) 佐藤繁, 전게논문, 68면; 渡辺伸平, 전게논문, 113면.
179) 原審의 大阪地判 昭和 1950. 1. 29. 行集, 26권 1호, 63면도 雇人費는 主要事實이 아니다라고 했다.
180) 東京地判 昭和 1935. 2. 18. 行集 , 11권 2호, 276면은 差益率에 관한 主張은 自白의 對象으로 되는 事實上의 主張이 아니다라고 한다.

세에서 주요사실에 대해 명시한 판례는 거의 없고 있어도 所得說, 收入·
經費說, 具體的事實說의 각설이 있고 판례는 일정하지 않다.

(3) 結 論

추계과세와 실액과세는 所得認定의 方法이 間接證據에 의한 것인가
直接證據에 의한 것인가라는 사실인정의 방법의 차이에 불과하고 課稅處
分으로서는 기본적으로 동일한 것이라고 보는 것이 通說·判例의 立場이
므로, 推計課稅에 있어서 주요사실에 대해서는 實額課稅의 경우와 같이 구
체적 사실인 推計의 合理性을 뒷받침하는 사실을 주요사실이라고 해야 할
것이다(具體的 事實說).
그러나 추계과세에 대해서 實額反證이 있는 경우에는 납세자가 實額反
證에 대해서 입증책임을 부담하게 되고, 납세자는 實額의 主張이 진실의
소득금액에 합치하는 것에 대해 立證(本證)을 해야만 하기 때문에 所得
金額을 주요사실로 해석해야 한다(所得說). 즉 實額反證은 과세관청이
입증한 추계의 소득금액에 대해 납세자가 實額의 所得金額을 입증하는
것이기 때문에 실액반증의 경우에는 推計의 合理性을 뒷받침하는 사실은
입증의 대상이 아니라(이것은 課稅官廳의 立證事項이다) 오히려 소득금
액자체가 立證의 對象이라고 본다.[181] 위와 같이 해석한다면 實額反證의
問題에 대해서 납세자는 자기에게 유리한 필요경비만을 실액으로 입증한
것으로 충분하지 않고 總收入金額에 대해서도 實額으로 입증해야만 하게
된다.

---

181) 白石信明, 전게논문, 244면 내지 245면.

2. 證明度 問題

가. 證明度의 意義

소송에 있어서의 證明度(입증의 정도)는 법의 적용자가 특정의 내용에 관하여 어느 정도의 심증을 획득하도록 법적으로 요청되는가, 즉 爭點이 된 事實을 인정하기 위하여 法的으로 要請되는 心證의 程度를 말한다. 이에 대하여 證據評價란 증명이 성공리에 행하여졌는가 어떤가, 즉 법 적용자가 구체적 사례에서 特定의 主張事實을 증명하였다고 볼 수 있는 가를 판단하는 것이다.[182] 따라서 증거평가는 事實問題임에 대하여, 증명 도는 法規에 의하여 규정되어지지 않으면 안 되고 어떠한 증명도가 어느 법영역에서 타당한가라는 一般的 抽象的 價値判斷의 問題로서 法律問題 이다. 또한 입증책임은 실체법에 의하여 규정될 수 있음에 대하여 증명도 는 절차법에 의하여 규정될 수 있다는 점에 관하여 다툼이 없다.[183]

한편 心證度는 법의 적용자가 具體的 事例에 있어서 특정의 내용에 관하여 실제로 어느 정도의 심증을 얻고 있는가에 관한 것으로 法的으로 要請되는 證明度를 상회하는 것도 있고 하회하는 것도 있을 수 있는 事 實問題라고 한다.

證明度는 입증책임과 구별되는 것이지만 양자는 상호 밀접한 관련성을 가지고 있다. 입증책임은 要件事實의 存否不明의 상태에만 작용하고 要件事實이 존부불명이냐 아니면 증명되었느냐의 판단은 證明度에 따라 다르기 때문에 증명도를 낮추면 그만큼 확정하여야 할 사실이 존부불명이 될 가능성은 줄어들고 입증책임이 적용될 가능성도 줄어들게 되기 때문이다. 그런데 證明度를 輕減함으로써 입증책임이 활동할 여지가 없도록 할

---

182) 木村弘之亮, 『租稅證據法の研究』 (東京: 成文堂, 1998), 130면.
183) 木村弘之亮, 상게서, 136면.

수 있고, 특히 입증책임에 따른 擬制的 事實確定을 부정적으로 보고 법의 적용자가 具體的 特殊性과 蓋然性을 참작하여 법적으로 요청되는 증명도와 관계없이 사실인정을 하도록 하는 방법도 생각해 볼 수 있다. 그러나 이는 立證責任과 證據評價의 問題를 혼동한 것으로 바람직하지 않다고 본다.[184]

나. 完全한 立證과 一應의 推定

租稅賦課處分의 適法性 및 課稅要件의 存在에 관하어 피고 과세관청이 입증책임을 부담하는 것으로 해석함이 通說인바, 그 입증책임의 정도가 문제된다.

證明度를 가급적 개연성(推計), 우월적 개연성(疎明), 확실성에 접한 개연성(標準的 證明度), 명백성(證明度의 上昇) 등 4단계로서 나누어, 확실성에 접한 개연성을 標準的 證明度로 보고 그 이외는 例外的으로 법률이 可及的 蓋然性, 優越的 蓋然性, 明白性으로 증명이 있다고 정한 경우에 한정된다고 하는 견해가 있다.[185]

그러나 입증책임의 정도는 完全한 立證과 不完全한 立證으로 나누는 견해가 다수설이다.[186] 즉 立證責任의 程度는 이를 완전한 입증과 불완전한 입증으로 나눌 수 있는데 입증은 법관의 심증형성을 위하여 행하는 것이므로 法官의 心證形成을 確實한 것으로 하는 程度의 立證을 "完全한 證明(嚴格한 證明)"이라고 한다. 다시 말하면 법관에게 확신을 갖도록 하는 정도로 증명하는 것을 완전한 입증이라 한다.

이에 반하여 法官의 心證形成을 確實한 것으로 함에 이르지 못한 程

---

184) 木村弘之亮, 상게서, 136면.
185) 木村弘之亮, 상게서, 158면.
186) 吉良 實, 전게논문, 28면; 姜仁崖, 전게서, 430면; 曺平烈, 전게논문, 41면; 崔善雄, 전게논문, 114면.

度의 立證을 불완전한 입증이라 하는바, 불완전한 입증 중에서 특별한 사정(反證)이 없는 한 입증사실의 존재를 경험칙상 긍정할 수 있는 정도의 蓋然性이 있는 立證을 "일응의 推定"이라고 한다.[187]

또한 推計課稅의 경우에는 처분의 적법성을 의심할 여지가 없는 정도의 증명, 證據의 優勢에 의한 證明, 一應의 證明으로 구분하기도 한다.[188]

요컨대, 조세소송에서 사실인정을 위하여 어느 程度의 證明度가 필요한가라는 문제에 적용될 證明度는 대략 법관에게 확신을 갖도록 하는 證明度와 經驗則에 의한 사실상 추정을 통하여 요증사실이 입증될 수 있을 정도의 증명도로 구분할 수 있을 것이다.

다. 課稅要件事實에 대한 證明度

(1) 實額課稅의 경우

實額課稅의 경우에 과세요건의 존재에 관한 피고 과세관청이 부담하는 立證責任의 程度는 민사소송의 경우와 마찬가지로 原則的으로 완전한 입증을 요하는 것으로 볼 것이다.[189]

따라서 실액과세의 경우에는 피고는 課稅要件의 存在 및 그 處分의 適法性에 관하여 법관의 심증형성에 있어서 확신을 가질 정도로 완전한 입증을 하여야 할 것이며, 피고의 입증정도가 이에 미치지 못할 때에는 原告의 청구가 인용되어 當該 課稅處分은 取消되어야 할 것이다.

그러나 일정한 事實의 存否가 다툼이 있는 경우에 그 존재가 명백히 됨으로써 有利한 判斷을 받게 될 당사자가 그 존재를 쉽게 主張·立證할 수 있음에도 불구하고 특별한 사정없이 그 존재를 일응 합리적으로 증명

---

187) 吉良 實, 상계논문, 28면; 田中勝次郞, 전계논문, 14면.
188) 金炯善, "推計課稅訴訟에 있어서의 立證責任," 『司法論集』, 제9집(1978), 716면.
189) 姜仁崖, 전계서, 430면; 松澤 智, 전계서, 75면.

하지 않는 경우에는 반대로 그 사실이 존재하지 않는 것으로 經驗則上 追認될 것으로 해석된다. 그러므로 이 경우에는 事實上의 推定에 의하여 立證責任의 程度가 緩和된다고 할 것이다. 예컨대 일정한 직업과 수입이 없는 자가 財産을 取得한 경우에 資金의 出處를 밝히지 않는 한 그 재산을 증여받은 것으로 事實上 推定을 받게 될 것이다.

(2) 推計課稅의 경우

추계과세처분의 근거요건사실에 대한 입증책임이 피고 과세관청에게 있다는 通說, 判例의 견해에서도 그 必要로 하는 證明度에 관하여는 견해가 나누어져 있다.

(가) 學 說

① 處分의 適法性을 의심할 여지가 없는 정도까지 證明함을 요한다는 說

이 설은 推計課稅라고 하더라도 과세처분이고, 그것은 국민의 재산권에 대한 국가권력의 행사인 점에서 刑事法에 있어서의 刑罰權의 行使와 공통되고 유사한 면이 있으므로 형사소송에 있어서와 같은 程度의 證明을 요한다고 하고, 형사재판에서 被告人이 無罪의 推定을 받는 것과 같이 納稅義務者 側의 주장에 일종의 正當性의 推定이 인정되어야 한다는 것을 그 이유로 삼고 있다는 것이다.

그러나 이 설에 대하여는 刑罰은 그 전제로서 사람은 죄를 범하여서는 안 된다는 것을 의무화하고 있음에 대하여, 조세에 있어서 納稅義務는 헌법상의 요청이고 따라서 형사소송과 租稅訴訟과는 本質을 달리하므로 그러한 견해는 타당하지 않다는 批判이 있고,190) 오늘날 이 설을 취하는 견해는 없다.

---

190) 松澤 智, 전게서, 373면.

② 證據의 優勢에 의한 證明으로 족하다는 說

이 견해는 항고소송과 민사소송과는 소송구조가 유사하다는 것을 이유로 하여 일반적으로 民事訴訟에 있어서 요구되고 있는 程度의 證明度를 요하고 그것으로 족하다는 것이다. 왜냐하면 推計課稅에 있어서 최종적으로 필요로 하는 證明度에 관하여 일반 민사소송의 경우와 달리 해석할 필요는 없기 때문이라고 한다.[191]

또한 課稅標準이 불확정한 경우에 관해서 推計計算을 가지고 하는 間接的 方法에 의하는 것과 통상의 계산을 가지고 하는 직접적 방법에 의하는 것과의 사이에 證明責任의 分配를 구별할 근거가 없으므로 추계의 방법에 의하는 경우의 課稅標準의 認定은 경험칙의 적용에 의한 事實上의 推定으로 해석하고 반증으로 그 推計所得의 認定을 동요시켜서 그것을 배척할 수 있다고 해석하는 견해[192]도 이 설에 속한다고 볼 수 있다.

③ 一應의 證明으로 족하다는 說

이 설은 요구되는 증명도를 推計課稅의 경우에는 더욱 輕減하여야 한다고 하고 그 이유로서 추계과세의 본질상 그러하다고 하고 혹은 立證의 難易 등을 고려한 공평의 견지에서 그렇게 해석하는 것이 타당하다고도 한다. 즉 추계과세의 경우에 賦課處分의 適法性의 要件事實에 관하여 피고 과세관청이 부담하는 立證責任의 程度는 이른바 "一應의 推定"으로서 족한 것으로 해석된다.[193]

推計課稅의 本質은 실액과세(근거과세)가 불가능한 경우에 例外的으로 추계에 의한 결과가 眞實의 所得金額에 합치하는 蓋然性이 있는 것을 인정되면 그 추계의 결과를 가지고 일응 眞實의 所得金額으로 추인하여 과세하는 방법이므로, 그 추계의 과정이 일반적으로 합리적이고 타당한 것으로 인정되고 법원이 그 推計의 結果를 가지고 眞實의 所得金額과

---

191) 森川正晴·元村和安 共著,『稅法學研究』(東京: 靑林書院, 1972), 220면.
192) 村上博已, 전게서, 359면.
193) 姜仁崖, 전게서, 431면; 松澤 智, 전게서, 74면; 吉良 實, 전게논문, 28면−29면.

합치하는 蓋然性이 있는 것으로 심증을 가지면 그 목적을 달성하는 것이
므로 推計課稅의 立證은 一應의 推定으로 족하다 할 것이다.[194]

이와 같이 推計課稅는 蓋然性의 原則에 의하여 결정하는 과세방법이
므로 추계과세의 경우에 完全한 立證을 要求하는 것은 推計課稅 自體를
否定하고 眞實의 所得金額을 입증하도록 하는 결과가 되어 불합리하다.

이 설에 대하여는 一應의 證明이라고 하는 것은 증거제출의 필요를 생
기게 하는 기준이고 최종적으로 필요로 하는 증명도 그 자체는 아니며 그
것에 달할 때까지의 中間段階임에 불과한 것이라는 批判[195]과 또한 立證
責任의 轉換은 원칙적으로 법규에 기하지 않으면 안 되는 것이기 때문에
일응의 입증의 경우에 전환할 수 있는 것은 입증책임이 아니고 證據提出
責任에 불과하므로 立證責任의 轉換이라는 표현은 타당하지 않다는 비
판[196]도 있다.

④ 結 論

추계과세에서 요구되는 證明度는 立證의 難易 등을 고려한 소송당사자
의 公平의 견지로부터 課稅處分 등 세무행정청의 행위가 합리적이라고
인정되는 경우에는 立證責任을 轉換하여 납세자가 반증을 들어 과세관청
이 위법하다는 것을 주장함을 요한다고 보는 것이므로 위 학설 중 "一應
의 證明으로 족하다는 說"이 妥當하다고 본다. 판례도 그렇게 보는 것이
다음에서 보는 바와 같이 주류라고 할 수 있다.

(나) 判 例

일본의 다수의 下級審判例[197]는 과세표준으로 되는 所得의 입증책임이

---

194) 松澤 智, 전게서, 374면; 南博方, "證明責任," 『租稅判例百選』(1968), 115면.
195) 森川正晴·元村和安 共著, 전게서, 220면 내지 221면.
196) 村上博巳, 전게서, 12면.
197) 名古屋地方裁判所 昭和 28. 10. 8. 判決; 福岡地方裁判所 昭和 30. 12. 5. 判決; 大阪
高等裁判所 昭和 31. 4. 7. 判決; 仙台地方裁判所 昭和 34. 9. 18. 判決. 이상 租稅法
判例研究會編輯, 『判例租稅法』, 直接稅③, 5604면 내지 5606면.

과세관청인 피고에게 있다는 전제에서 推計에 의한 所得이 진실의 소득
에 합치하지 않는 사실을 납세자인 原告 側이 입증할 때까지는 그 推計
所得을 一應 원고의 소득으로 인정하는 것 같다.

이들 판례 중에는 推計所得의 입증을 다투는 자의 입증은 所得額의
不存在의 입증책임에 기하는 것이 아니고 反證의 提出責任에 기하는 것이라
고 하는 견해도 있고, 推計에 의하여 산출된 所得額이 진실의 소득액으로 推
定되는 경우에는 이것을 다투는 納稅者에게 입증책임이 있는 것이라고 하는
견해도 있다.[198]

우리 대법원은 "課稅標準이 될 所得金額 즉, 본 건에 있어서는 판매대
금에 관하여 과세권자가 주장하는 課稅標準額의 존재를 합리적으로 수긍
할 수 있는 一應의 立證이 있는 경우에는 그 과세처분은 정당할 것이요
위와 같은 合理的으로 수긍할 수 있는 證據와 반대된 가격으로 販賣함에
있어서의 정당한 사유가 있는가의 여부의 점에 대한 주장과 입증은 그 相
對方 側에서 하여야 한다고 해석하여야 할 것임에도 불구하고……중략……
被告의 立證이 없다 하여 피고의 주장을 배척하였음은 稅法에 있어서의
입증책임에 관한 법리를 오해한 違法이 있다"고 판시함으로써,[199] 一應의
立證이 있는 경우에는 事實上의 推定이 아니라 法律上의 推定이 되는
것으로 본 것 같고 따라서 反證 또는 採證法則違反의 문제가 아니라 立
證責任이 轉換되는 것과 같은 표현을 하고 있는 것이 주목된다.

한편, 大法院은 "民事訴訟法의 규정이 준용되는 행정소송에 있어서 立
證責任은 原則的으로 민사소송의 일반원칙에 따라 당사자 간에 분배되
고, 抗告訴訟의 경우에는 그 특성에 따라 당해 처분의 적법을 주장하는
피고에게 그 適法事由에 대한 입증책임이 있다 할 것인바, 피고가 주장
하는 당해 處分의 適法性이 合理的으로 수긍할 수 있는 一應의 立證이
있는 경우에는 그 處分은 정당하다 할 것이며, 이와 상반되는 主張과 立
證은 그 相對方인 원고에게 그 責任이 돌아간다고 할 것이다"고 판시함

198) 村上博巳, 전게서, 359면.
199) 大判 1967. 5. 23, 67누22.

으로써200) 앞의 判例와 동일한 態度를 보이고 있다.

(다) 獨逸 租稅訴訟에서의 證明度

獨逸의 경우 나치시대에는 表見證明의 理論이 조세법영역에 있어서 급속히 전개되어 조세소송에서 객관적 입증책임을 명백히 한 租稅判例는 모습을 감추었고, 證明度는 推計와 表見證明에 의하여 경감되었다. 따라서 당시의 學說201)과 判例는 증명도는 진실의 완전한 증명은 아니고 蓋然性을 고려한 證明으로 족하고, 조세소송은 原則的으로 민사소송과 같은 立證責任도 證明規則도 알지 못한다고 하였다. 이러한 경향은 戰後에도 답습되어 獨逸 聯邦財政法院判例202)는 조세소송은 민사소송과 달리 일반적으로 어떠한 입증책임을 알지 못하고 조사가 모든 기대가능성을 다한 후에 確實性에 접한 蓋然性에 도달할 수 없는 경우에 가급적 개연성을 가지는 事實關係로부터 출발하지 않으면 안 된다고 하면서, 職權探知主義를 채택하는 조세소송에서 민사소송과 같은 立證責任의 存在를 부정하고 證明度의 問題로 이를 해결하려는 입장이었다.

그러나 1965년 獨逸 財政法院法下에서 학설의 대다수는 原則的으로 確實性에 접한 개연성을 가지고 事實關係를 확정하지 않으면 안 되고 納稅義務者가 자기의 협력의무를 위배하는 것에 의하여 입증을 방해한 경우에 한하여 과세관청이 證據評價의 方法에 의하여 확실하지 않지만 적어도 우월적으로 蓋然的이라는 事實關係를 기초로 할 수 있다는 견해를 따르고 있다. 이에 의하면 법률적합성의 관점에서 租稅行政節次 및 訴訟節次에 있어서 標準的 證明度는 확실성에 접한 개연성으로 설정하고 例外的으로 推計課稅 등 협력의무위반의 경우 立證妨害의 法理로 간주하여 증명도를 優越的 蓋然性으로 끌어내리게 된다고 한다.203) 이에 의하

---

200) 大判 1984. 7. 24, 84누124.

201) E. Becker, *Kommentar zur Reichsabgabenordnung*, 7. Aufl. (1930), §258 RAO Anm. 2. (木村弘之亮, 전게서, 148면에서 재인용).

202) BFH Urt. v. 26. 6. 1963 1963 I 384 / 60, HFR 1964, 167(木村弘之亮, 상게서, 150면에서 재인용).

면 獨逸 租稅判例의 動向은 가급적 개연성으로부터 確實性에 접한 蓋然性으로 이행되었다고 한다.

(라) 證明度의 緩和에 관한 論議

租稅法律關係는 대량적·반복적으로 일어나고 課稅資料의 대부분이 납세자가 지배하는 생활영역에 있으므로 課稅官廳의 立證이 상대적으로 쉽지 않다는 점을 고려하여 立證의 程度를 緩和시켜야 한다는 주장이 나오게 된다.

종래 일본의 많은 학설은 필요경비, 손금 등의 所得金額 計算上 消極的 事由를 포함하여 課稅標準에 관한 입증책임을 과세관청이 부담한다고 해석하여 왔지만, 그 立證의 程度까지 상세히 논했던 것은 드물고 다만 一應의 立證으로 족하다고 해석하는 정도였다. 그러다가 1967년 어느 法律實務家[204)]가 필요경비와 같은 課稅所得의 存在에 관련한 事實은 대부분 납세자 측이 직접 지배하는 생활현상 중에서 발생하는 점, 따라서 納稅者가 그러한 사실을 용이하게 입증할 수 있는 점, 게다가 과세관청은 不存在의 立證을 하여야 하지만 일반적으로 不存在의 立證은 存在의 立證보다도 용이하지 않다는 점, 특히 必要經費 등의 소득공제사유는 납세자에게 명백히 유리하다는 점 때문에 必要經費, 所得控除事由의 不存在의 입증에 관해서는 많은 경험법칙적인 事實上의 推定이라는 것을 고려하여야 한다고 하면서, 一定한 事實의 存否가 다투어지는 경우, 사물의 성질에 의하여 그 存在를 主張, 立證하는 것이 명백히 유리하고 용이하다고 볼 수 있는 측이 그 존재를 一應 合理的으로 나타내지 않는 한 不存在를 推定하는 것으로 생각하여도 좋다고 하는 견해를 피력하였다. 그 후 위 견해에 영향을 받은 것으로 보이는 일련의 판례가 나오고 필요경

---

203) Tipke, "In dubio pro fisco?," *Steuerkongreß-Report* (1967), S.53; List in Hübschmann / Hepp / Spataler, *Kommentar zur Abgabenordnung und zur Finanzgerichtsordnung*, 8. Aufl. (1951 / 81), § 96 FGO Anm. 19. (木村弘之亮, 상게서, 149면에서 재인용).

204) 渡辺伸平, 전게논문, 108면.

비, 손금 등 所得金額計算上 消極的 事由에 관하여 立證의 必要性의 程度를 緩和하여야 한다는 논문이 나오는 등 실무상 상당한 영향을 주었다.

그리하여 입증책임분배에 관하여 具體的 事案說을 취하고 있던 다른 법률실무가[205])는 1) 확정신고서의 所得金額未滿의 所得金額을 주장하거나 신고서의 기재사실과 다른 사실을 주장하는 경우와 2) 세법이 특히 恩惠的, 政策的인 理由에 기하여 稅額의 특별한 減額事由를 설정하고 있는 경우에는 납세자에게 입증책임을 부담시키고, 그 이외에 납세자에게 입증책임을 부담시킬 수는 없지만 課稅官廳의 立證責任을 緩和하여야 하는 경우로 다음과 같은 것을 들고 있다. 1) 納稅者가 不服申請節次에 있어서 자기에게 유리한 사실을 전부 주장하고 있다는 것이 事實上 推定되므로, 납세자가 불복신청절차에서 주장한 것과는 다른 자기에게 유리한 새로운 사실을 주장하는 경우에는 위 사실상의 추정을 동요시킬 만한 程度의 立證을 요하므로 그 程度의 立證이 없으면 그러한 사실이 존재하지 아니한 것으로 인정하여야 한다. 2) 經驗法則的으로 보아 그 不存在를 사실상 추정할 수 있는 異例의 事實, 예를 들면 상속재산의 평가에 영향을 미칠 擔保權의 存在, 讓渡不動産의 取得에 소요된 借入金의 利子, 개인회사의 대표자가 會社로부터 금원을 借用하면서 利子를 지급하였다는 事情 등에 관하여 그 존재를 주장하는 원고가 그 推定을 동요시킬 정도의 立證을 하여야 한다. 3) 납세자가 과세관청이 인정하는 금액을 초과하는 多額의 必要經費, 損金이 存在한다고 주장하면서 무엇인가 구체적으로 그 내용을 지적하지 않고 그 存在를 추측케 할 程度의 立證도 없기 때문에 課稅官廳이 필요경비, 손금의 부존재에 관하여 검증의 수단을 가지고 있지 않는 경우에는, 그것이 보완되지 않는 한 경험칙에 비추어 상당하다고 인정할 수 있는 범위에서 架空經費라고 취급하여야 한다. 4) 과세관청은 必要經費, 損金의 額에 관하여 一應의 立證을 하고 있지만, 납세자 측은 과세관청이 주장하는 必要經費, 損金의 額數에 관하여 다툴

---

205) 紙浦健二, 전게논문, 49면.

뿐 어떠한 이유로 다투는 것인가 그 근거에 관하여 具體的인 主張, 立證을 하지 아니하는 경우에 과세관청은 그 程度의 立證으로 立證責任을 다하였다고 보아 과세관청이 主張하는 金額을 정당하다고 보아야 한다고 주장한다.

우리나라에서도 1) 원고가 納稅申告節次나 不服節次에서 주장하지 않은 사실을 訴訟節次에서 주장하는 경우 2) 원고가 經驗則上 異例에 속하는 事實의 存在를 주장하는 경우 3) 과세관청이 調査, 認定한 金額 이상의 多額의 必要經費가 所要되었다고 주장하면서 그 具體的 內容을 밝히지 않는 경우에는 事實上 推定을 통한 一應의 立證으로 족하고 立證의 必要는 원고에게 돌아간다고 논하고 있다.206) 또한 課稅要件事實에 관계된 증거의 대부분이 納稅者의 수중에 있음을 고려하여 경험칙에 의한 事實上의 推定과 立證必要의 轉換을 통하여 課稅官廳의 立證의 程度를 緩和시켜야 한다는 견해207)도 主張되고 있다.

그러나 위 理論에 대하여 다음과 같은 批判이 가능하다. 먼저 위 이론의 근거 중 不存在의 立證이 존재의 입증보다 어렵다는 점은 要證事實의 性質로부터 오는 것으로 조세소송에서만 나타나는 현상은 아니고, 立證資料가 납세자의 支配領域에 있다는 점, 납세자에게 유리하다는 점 등은 必要經費와 같은 課稅要件事實에 한정되는 것이 아니라 모든 課稅要件에 걸쳐 발생한다. 또한 證明度를 緩和하여야 할 경우와 그렇지 않는 경우의 구별에 관한 明確한 基準이 없다. 그리고 맹목적으로 證明度緩和를 主張하는 것은 租稅法律主義와 관계에서 바람직하지 못하다.

따라서 租稅法律關係의 特殊性과 입증책임분배의 지배원리인 공평의 원칙에 따라 證明度가 緩和되어야 한다는 측면과 租稅法律主義, 課稅處分의 法律適合性에 따라 엄격한 증명이 요구되는 측면을 모두 고려하여 租稅訴訟에서의 證明度를 決定하여야 한다.

---

206) 李文載, 전게논문, 700면; 尹昇榮, 전게서, 264면.
207) 丁仁鎭, 전게논문, 105면, 135면.

라. 租稅訴訟에서 要求되는 證明度

(1) 學 說

實額課稅의 경우에는 일응의 입증으로 족하다는 견해보다는 法官에게 確信을 갖도록 하는 정도의 입증을 요한다는 견해[208]가 優勢하다. 다만 必要經費와 같은 消極的 課稅要件에 대해서는 一應의 立證으로 족하다고 하거나 앞에서 본 바와 같이 事實上의 推定을 통하여 證明度를 緩和시키는 경향이다.[209]

推計課稅의 경우에는 推計課稅制度 自體가 진실한 소득금액을 파악할 수 없는 경우에 대한 대비책이므로 그 處分의 適法性을 다투는 소송에서 蓋然性을 넘어 완전한 증명을 요구하게 되면 推計課稅制度 自體를 부정하는 것이 된다는 이유로 一應의 立證으로 족하다고 하는 것이 通說이다.[210]

(2) 大法院 判例

推計課稅에서 證明度를 직접 언급한 대법원판례는 없고, 實額課稅의 경우에 대법원은 당초 과세표준이 될 所得金額인 물품판매대금에 관하여 과세권자가 주장하는 課稅標準額의 存在를 合理的으로 수긍할 수 있는 一應의 立證이 있는 경우에는 그 과세처분은 정당하고, 그와 反對되는 價格 즉 時價 이하로 販賣함에 있어서 정당한 사유가 있다는 점의 主張,

---

208) 姜仁崖, 전게서, 430면; 權五鳳, 전게논문, 330면; 曺平烈, 전게논문, 41면; 崔善雄, 전게논문, 115면.
209) 吳錫洛, 전게서, 282면; 李文載, 전게논문, 700면; 崔善雄, 상게논문, 116면.
210) 權五鳳, 전게논문, 331면; 吳錫洛, 상게서, 287면; 姜仁崖, 전게서, 431면; 尹昇英, 전게서, 267면; 李文載, 전게논문, 704면; 李信燮, "推計課稅의 要件과 推計方法의 合理性, 그 立證責任, 推計調査 決定時의 代表者賞與處分," 『大法院判例解說』, 통권 9권 (1988 하반기), 291면; 曺平烈, 전게논문, 42면; 崔善雄, 상게논문, 119면; 崔長洛, "推計課稅," 『司法研究資料』, 제9집, 248면.

立證은 相對方이 하여야 한다고 판시하였으나,211) 과세관청이 하여야 할 立證의 程度는 實額課稅에 있어서는 法官에게 確實한 心證形成을 가능하게 할 것을 요한다고 판시하기도 하였다.212)

한편 대법원은 일반적으로 稅金賦課處分取消訴訟에 있어서 課稅要件事實에 관한 입증책임은 과세권자에게 있다 할 것이나, 구체적인 소송과정에서 經驗則에 비추어 課稅要件事實이 추정되는 사실이 밝혀지면, 상대방이 문제로 된 당해 사실이 經驗則 適用의 對象適格이 되지 못하는 사정을 입증하지 않는 한, 당해 課稅處分을 충족시키지 못한 違法한 處分이라고 단정할 수 없다고 판시하여213) 피고가 입증책임을 부담하는 課稅要件에 대한 證明度를 "一應의 證明"으로 보았다.

(3) 結 語

민사소송의 裁判上의 證明은 논리적으로 반대사실의 존재는 있을 수 없고 실험결과에 의하여 확인될 수 있는 정도의 이른바 科學的 證明이 아니고, 진실에 대한 고도의 개연성으로 만족하는 歷史的 證明이다. 따라서 法官의 心證은 사회의 통상인이 일상생활에서 그 程度의 判斷을 하였을 때에는 의심 없이 안심하고 行動할 程度의 確信에 이를 程度이면 된다.214) 조세법률 관계도 개인의 사경제활동을 규율대상으로 하고 있고 租稅訴訟에서의 입증도 그러한 經濟活動의 存否가 대상이 되는 경우가 대부분이므로 민사소송에서의 입증과 달리 볼 수 없다. 따라서 租稅訴訟에서의 證明度는 민사소송과 마찬가지로 法官에게 合理的 疑心을 일으키지 않고 確信할 程度의 立證이어야 한다. 다만 조세법률 관계의 특성상 公平의 原則에 의거하여 과세관청의 立證의 困難을 덜어주어야 하는

---

211) 大判 1967. 5. 23, 67누22.
212) 大判 1989. 10. 24, 87누285.
213) 大判 1967. 5. 23, 67누22; 大判 1984. 7. 24, 84누124; 大判 1997. 10. 24, 97누2429; 大判 1998. 3. 24. 97누9895; 大判 1998. 7. 10. 97누13894.
214) 姜玹中, 전게서, 600면.

측면에서 立證責任이 緩和 내지 輕減되어야 한다. 그러나 조세법률 관계
는 국가가 公權力을 發動할 수 있는 우월적 지위에 있고 法治行政과 租
稅法律主義가 적용되는 特殊性이 있으므로, 公平의 原則에 따른 立證責
任의 緩和 내지 輕減에는 반드시 일정한 限界가 있어야 한다. 이러한 측
면에서 證明度에 관한 대법원판례도 어느 하나를 판례의 주류적인 입장
이라거나 상호 모순된다고 단정할 수 없고,215) 오히려 具體的인 事案마
다 公平의 原則에 근거하여 證明度가 緩和되는 경우도 있고, 조세법률주
의의 원칙에 근거하여 租稅法規가 규정하는 不確定槪念을 이루는 事實
에 관하여 嚴格한 證明度가 요구되는 경우가 있을 것이다.

그러므로 조세소송에 있어서 입증의 정도는 嚴格한 證明을 원칙으로
하되 개별적·구체적인 사건에서는 例外的으로 立證의 程度를 緩和 내지
輕減하여야 한다. 아울러 公平을 유지하기 위한 立證의 程度에 대한 緩
和 내지 輕減이 함부로 인정되는 것을 統制하도록 유형화된 判例가 모아
져야 할 것이다.

---

215) 丁仁鎭, 전게논문, 104면.

第2章 主要國家의 租稅訴訟에 있어서 立證責任

　　租稅訴訟에 있어서 立證責任이 피고 측인 과세관청에게 있느냐, 아니면 원고 측인 납세자에게 있느냐의 문제는 각국의 理念的·歷史的 背景에 따라 다르다.

　　독일, 일본을 비롯한 현행 우리 租稅法에는 立證責任에 관한 명문의 규정은 없고 學說과 判例를 통하여 이를 해결하고 있다. 통설과 판례는 民事訴訟法上의 法律要件分類說에 입각하여 권리발생요건사실에 대하여는 課稅官廳이, 權利障碍要件事實 또는 權利消滅要件事實에 대하여는 납세자가 立證責任을 지는 것으로 본다. 물론 판례는 이와 같은 원칙을 엄격하게 적용하는 경우에 생기는 不合理를 극복하기 위하여 판례는 원칙에 대한 예외를 인정하여 왔다.

　　이에 반하여 미국은 원칙적으로 납세자에게 立證責任을 부담시키고 있고 이를 租稅法院規則 제142조에 규정하고 있다.

　　이와 같이 미국의 立證責任原則은 납세자에게 있다는 것과 이를 租稅法院規則에 명문으로 규정하고 있는 점이 우리나라의 입증책임이 원칙적으로 課稅官廳에게 있는 점과는 판이하게 다르고 매우 흥미를 끄는 대목이다.

　　따라서 본 장은 이러한 점에 착안하여 租稅訴訟에서의 주요국가의 입증책임을 검토보기로 하되, 먼저 미국의 입증책임에 있어서는 納稅者權利保護와 租稅爭訟制度, 납세자의 권리로서의 法院選擇權을 살펴본 다음, 조세사건에 관하여 판례를 중심으로 조세징수체계에 있어서 立證責任原

則과 그 제한을 논의하며, 미국의 현행 조세체계의 立證責任原則의 배후에 숨어 있는 分配의 原理를 분석하고 검토하기로 한다. 특히 미국의 立證責任은 納稅者立證責任原則이고 租稅法院規則에 명문으로 규정하고 있는 점이 우리나라와 상이하므로 이에 초점을 두고 자세하게 검토하기로 한다. 다음으로 獨逸과 日本의 立證責任槪要를 훑어보고, 학설과 판례를 살펴본 뒤 결론을 맺기로 한다.

第1節 美國에서의 立證責任

1. 納稅者權利保護와 租稅爭訟制度

가. 納稅者權利保護와 租稅爭訟制度

(1) 內國稅入廳과 納稅者의 權利保護

미국의 의회는 1986년 稅制改革法에 관련된 조세행정절차상의 개정을 주축으로 한 기술적 租稅立法을 1988년 11월 10일에 제정했다.[216]

---

216) この納稅者權利章典に言及している文獻としては, 次のものを參照されたい. 碓井光明, "アメリカ合衆國の包括的納稅者權利章典(Omnibus Taxpayer Bill of Rights) について," 『稅硏』, 5권 30호(1990), 47면 以下; 高橋重長, "アメリカ合衆國の聯邦稅徵收手續" 『稅務大學校論叢』, 20권(1990), 431면 이하; 及び文のものとしては, Gerald A. Kafka, "Taxpayer Bill of Rights Expands Safeguards and Civil Remedies," *The Journal*

이 법은 納稅者權利章典이라고 호칭되었듯이 納稅者의 權利保護에 관한 중요한 규정을 가지고 있다. 구체적으로는 內國稅入廳(세무서)이 수행하는 租稅行政節次 중 면접, 조사 및 징수과정에 있어서 여러 가지 절차에 대해서 납세자의 권리확충 및 보호를 목적으로 여러 가지의 규정을 정비한 것이라 할 수 있을 것이다.

그 내용은 ① 納稅者의 權利[217] ② 押留 및 先取特權 ③ 납세자에 의한 節次 ④ 租稅法院 管轄 등 4가지로 구성되어 있다. 본 장과의 관련에서는 ①의 항목이 특히 중요하다고 생각하지만 여기에서는 관련규정 자체를 자세히 검토할 수는 없고 관련된 절차규정의 정비가 內國稅入廳의 租稅行政遂行에 어떻게 반영되어 있는가를 內國稅入廳이 실시하고 있는 納稅者의 權利保護에 관한 租稅行政活動을 개관하는 것에 의해 정리해 보기로 한다.

內國稅入廳은 納稅者의 權利保護에 대한 實效性을 확보하기 위해 이하와 같이 租稅行政을 수행하고 있다.

(가) 申告書의 作成에 관한 無料情報와 援助提供

납세자는 租稅法規定에 근거하여 內國稅入廳에서 納稅申告書의 작성에 대한 정보 및 원조를 받을 권리를 가지고 있다.[218] 內國稅入廳은 납세신고서의 작성에 관계된 기본적 지도와 여러 가지 이용 가능한 정보를 납세자에게 제공하고 있다. 구체적인 정보에 대한 100가지가 넘는 변화를 모은 많은 항목에 관해 납세자에게 유용한 정보를 모은 刊行物 중 하나로 무료납세 서비스가이드 Publication 910이 있다.

---

of Taxation (January 1989) 4; Saubert O'Neil, "The New Taxpayer Bill of Rights," *Taxes Vol.67*, No.4. 等を指摘てきる.

217) IRC§7521 [Procedurt Involving Taxpayer Interviews], IRC§7811 [Taxpayer Assistance Order].

218) 1967년 にアメルカ議會は, 5 USC §552 において, 行政節次法[the Administrative Procedure Act: APA) の 1部として成文化された情報自由法(a Freedom of Information Act: FOIA) を制定した. e. g., Senate Comm on the Judiciart, 93th Cong., 2nd Sess., Freedom of Information Act Source Book: Legislative Materials, Cases, (Comm. Print 1974).

이 간행물은 內國稅入廳이 납세자에게 제공하는 무료서비스이나 납세자에게 유용한 정보를 게재한 모든 간행물을 안내하는 카탈로그이다. 납세자는 무료전화에 의해 필요하다고 생각하는 간행물이나 납세지도 등의 정보제공을 받을 수 있다.

납세자에 대한 정보제공에 의한 그 밖의 원조형태로서는, 조사를 목적으로 하는 것이 아니라 納稅制度를 目的으로 납세자나 租稅行政官이 개별방문하는 형태나, 의문이 생기기 쉬운 문제의 해결법을 테이프에 녹음해 전화로 내보내기도 하는 형태 그리고 업종별로 필요한 정보를 수집한 비디오테이프의 대출에 의한 정보제공형태 등 여러 가지 정보제공형태에 의한 납세자서비스를 채용하고 있다. 또한 內國稅入廳은 지방의 자원봉사자의 협조를 얻어 所得稅 원조나, 연배자 및 납세자상담프로그램을 통해 저소득자나 연배자의 납세신고서의 작성에 대해 무료로 원조하고 있다. 납세자가 도구나 과거의 자기 납세신고서를 필요로 할 경우에는 소액의 수수료를 지불하는 것만으로 Form 4506 Bequest for Tax Form을 따라 희망하는 과거의 납세신고서에 대한 복사본을 얻을 수 있다. 그러나 납세자가 소득액 면세점의 收稅額이라는 하나의 항목만을 필요로 하면 관할구역의 세무서에 나가거나 또는 전화나 편지에 의해 무료로 그 항목만을 알 수도 있다.219)

이와 같이 미국에서는 OECD 국가가 채택하고 있는 納稅者의 權利保護의 基本原則 ①번 정보를 받고 원조를 받으며 청문을 받을 권리가 구체적으로 內國稅入廳에 의해 보호되고 있는 것을 알 수 있다. 또한 납세자의 장전의 규정에 의해 절차법적으로도220) 납세자의 情報獲得權이 확립·정비되어 內國稅入廳의 租稅行政에 반영되고 있는 것을 여기에서 알 수 있다.

---

219) House Comm on Ways and Means. 101st Cong., 2d Sess., *Overview of the Federal Tax System* (1990), p.253 [hereinafter cited as Overview of the Federal Tax System]. E. g., Michael I. Saltzman, *IRS Practice And Procedure* 2. 02(1981), Ronald A. Cass S. Diver, *Administrative Law* (1987), p.950.

220) 5 R U. S. C. § 552.

(나) 內國稅入廳의 調査結果에 대한 不服申請權

納稅者가 內國稅入廳의 租稅調査官의 조사결과에 대해 동의하지 않을 경우에는 그 결과에 불복하는 것을 제소할 수 있다. 조사과정에 있어서 調査官은 납세자가 가지는 訴訟權에 대한 정보를 납세자에게 고지할 의무를 갖는다.

Publication 5. Appeal Rights and preparation of protest for unagreed cases는 납세자가 提訴할 경우에 무엇을 해야 하는가에 따라서 정확한 해설을 자세히 하고 있다. 납세자는 다음과 같은 소송시스템에 의거해 租稅에 관한 불복을 提訴할 수 있다.

① 租稅不服審判所

납세자는 우선 租稅不服審判所(Appeals Office)를 통해 內國稅入廳의 租稅調査結果에 대해 不服을 提訴할 수 있다. 대부분의 경우에는 납세자와 租稅行政廳의 견해의 차이는 이 제소시스템의 과정에서 해결될 수 있다. 이 시스템이용은 비용의 지출을 필요로 하지 않는다. 또한 납세자가 만족할 수 있는 형태로 해결할 수 없을 경우에는 그 문제를 법원에 제소할 수 있다.

② 法院에 提訴[221]

납세자가 우선 처음에 논쟁의 대상이 되고 있는 稅金을 支拂해야 하는지 말아야 하는지에 대해 그 사례를 租稅法院, 請求法院 또 地方法院 어느 곳에나 제소할 수 있다. 이들 법원은 內國稅入廳으로부터 완전히 독립되어 있다. 납세자가 추가로 세를 부담해야 될 때 동의하지 않으면 일반적으로는 그 세액을 납부하지 않을 경우는 租稅法院에 그 사안을 提訴할 權利를 해당 납세자는 가진다. 內國稅入廳이 납세자에게 追徵稅를 납부해야 하는 취지를 공식적으로 通知書를[222] 통해 우송한 뒤 90일 내에 납세자는 租稅法院에 提訴할 權利를 갖는다.[223]

---

221) 租稅訴訟에 관한 體系的인 중요한 文獻으로는 다음에 지적하는 것들이다.
   Marvin J. Garbis. Paula M. Junghans. Stephen C. Struntz, *Federal Tax Litigation, Civil Practice and Procedure*(1985); Marvin J. Garbis, Stephen C. Struntz, Ronald B. Rubbin, *Tax Procedure and Tax Fraud*(1987).

222) IRC §6212(a).

이 不足稅額의 통지서 고지는 法律이 정하는 절차이고, 법률이 명문에
서 例外를 정할 경우 이외는 생략할 수 없고 같은 통지서의 고지를 소홀
히 해서 그 후에 이루어진 행정절차수행에 의한 處分은 無效가 된다고
해석된다. 만일 납세자가 쟁점이 되는 세액을 완납하는 경우에도 還給請
求를 신청할 수 있다. 그러한 경우에 內國稅入廳이 신청을 却下하거나,
6개월 이내에 환급에 관계된 행정절차를 밟지 않으면 납세자는 이 사안을
請求法院이나 또는 관할 地方法院에 提訴할 수 있다.224)

③ 訴訟費用의 回收

법원은 대부분의 分爭事案의 논점에 대해서 납세자의 주장을 인용하거
나 內國稅入廳 측에 커다란 不公正이 존재한다는 점이 입증될 경우에는
訴訟費用이나 行政費用을 납세자에게 되찾도록 허용한다. 이 조치에 의
해서 납세자는 內國稅入廳에서 이용 가능한 納稅者救濟手段의 전부를
자기의 權利保護를 위해서 이용하는 것이 가능하다.

Publication 556 Examination of Returns, Appeal Rights and claims for
Refund가 더욱 완전해진 爭訟權의 이해를 납세자에게 부여하는 정보를 제공
한다.225)

(2) 올바른 稅額만을 支佛할 權利

納稅者는 租稅法의 規定에 적정하게 해석해서 법의 허용범위 안에서
最少의 稅額만을 지불한다는 納稅計劃을 행할 權利를 가진다. 납세자는
租稅法을 비교·확인하여 올바르다고 할 수 있는 세액만을 납세할 권리를
가진다. 內國稅入廳의 租稅行政의 目的은 모든 납세자에게 公正하게 租

---

223) IRC §6212(c), (6213) (靑山武道, "アメリカ合衆國の租稅徵收制度,"『租稅法硏究』, 15
　　호, 34면 とされているように手續上重要な意義を有する.
224) House Comn. on Ways and Means, 101st Cong., 2d Sess., Overview of the Federal
　　Tax System, p.257.
225) Ibid., p.258.

稅法을 適用하는 것에 있다.226)

더구나 租稅法에 근거한 납세액의 사정에 대해서는 사정과정이 租稅行政節次227)에 따라 잘 정비되어 있고 그 위에 租稅徵收節次도 법에 의해 자세히 규정되어 있는 점은 특히 주목할 만하다.228)

(3) 프라이버시의 權利

납세자는 內國稅入廳에 대해서 자기의 개인적인 재정상의 정보의 기밀성 유지를 요구할 權利를 가진다. 內國稅入法 제6103조는 [納稅申告書와 納稅申告情報의 機密性과 開示]라는 제목을 붙여 법률규정에 의해 인정된 자 이외는 누구도 납세자의 納稅申告書 및 申告情報를 누설하는 것을 금지하고 납세자의 機密維持에 만전을 기하고 있다.229)

납세자는 자기에 관한 정보를 內國稅入廳이 요구하는 이유를 알 權利를 가지며, 납세자가 內國稅入廳에 준 정보가 어떻게 사용되는가에 대해 정확히 알 권리도 당연히 가진다. 또한 이곳에 의한 정보제공의 요구에 납세자가 응하지 않을 경우에 받게 되는 不利益을 납세자 자신이 알 권리를 가진다.

다음에 납세자의 정보화가 문제로 부상한다. 즉 內國稅入廳은 法律에 의거하여 납세자에 관한 정보를 租稅當局에 제공할 수 있다. 또 엄격한 법규정 아래에서 관련된 정보는 司法省이나 다른 行政機關에도 제공할 수 있다. 그 위에 租稅條約의 규정에 따라서 외국정부에 대해서도 관련된 정보는 제공·가능하다.230) 여기에서 중요한 점은 情報提供의 抑制는 법규정이 인용한 범위에 있어서라고 하는 점에 있다.

---

226) *Ibid.*, p.254.
227) Michael I. Saltzman, op. cit., pp.10-1~10-41.
228) IRC §6211 以下 參照.
229) E. g., Report to the Administrative Conference on administrative Procedures of the Internal Revenue Service, S. Doc. No.94-266, 94th Cong., 2d Sess. (1976), pp.835-843.
230) I. R. C §6103의 規定의 法的構造에 대하여는 Michael I. Saltzman, op. cit., pp.4-46. 을 參照. E. g., Staff of Joint Comm. on Taxation. 94th Cong., 2d Sess., General Explanation of the Tax Reform Act of 1976 (Comm. Print 1976), p.315.

이상이 미국 納稅者의 權利保護에 관한 주요한 초석이었다고 생각한다. 이외에 문제 삼을 필요가 있는 논점이 두세 개 남겨져 있다. 예를 들면 적절한 租稅徵收制度의 집행에 의한 납세자의 權利保護問題, 納稅額의 査定에 필요한 租稅調査의 適切한 節次遵守에 의한 權利保護의 문제 등을 여기에서 정리할 필요가 있었다고 생각하지만, 커다란 문제영역을 가진 논점으로 문제의 존재만을 지적하는 것으로만 그치고자 한다.231)

나. 租稅爭訟制度

租稅法律主義의 요청을 중핵으로 하여 납세자의 權利를 保護하기 위한 법제도로서 租稅爭訟制度를 들 수 있는바, 여기에서는 미국에 있어서의 租稅爭訟制度를 개관해 보기로 한다.232)

우선 미국의 납세자가 租稅에 관한 사항에 대해서 內國稅入廳의 견해에 동의하지 않을 경우에는 內國稅入廳 내부의 Appeals Office233)에 提訴하든지 그렇지 않으면 법원에 제소하여 문제의 해결하는 救濟制度가 존재하고 있다.

內國稅入廳의 세무조사의 종료에 의해 그 調査結果 通知書가 우선 납세자에게 告知되게 된다. 납세자는 그 조사결과를 검토한 뒤 이의가 없을 경우에는 소위 Form 870에 서명하도록 요구된다.

---

231) 金子宏, "アメリカにおける稅務調査,"『日稅硏論集』, 9권(1989), 3면; 水野忠恒, "行政調査論序說－アメリカ合衆國における租稅調査および行政調査制度の概觀,"『雄川一郎先生獻呈論集』, 行政法の諸問題中(東京: 有斐閣, 1990), 469면; 高橋重長, 전게논문, 431면 以下.

232) 미국에 있어서 稅爭訟制度에 대하여는 Marvin J. Garbis, Paula M. Junghns & Stephen C. Struntz, *Federal Tax Litigation* (1985), Michael D. Rose, John C. Chommie, *Federal Income Taxation* (1988)이라는 두 권의 책에 많이 쓰여 있다.

233) 그 Appeals Office는 조세행정청내부의 기관에 있기도 하고, 행정심사과정의 위치에도 있는 경우도 있다. 그러므로 우리나라의 國稅審判所에 해당되고 2000. 1. 1.부터 國稅審判院으로 개칭된다.

署名을 했을 경우에는 그 納稅額을 조속히 納付하게 되고 또 그 서명과 동시에 Tax Court로의 提訴의 길은 막히게 된다. 이것에 대해 조사결과에 不服이 있는 납세자는 30-day Letter[234]의 發送을 세무서에 要求하게 된다.

납세자는 관련 30-day Letter를 受領한 후 다음 세 가지 행위의 選擇權을 가지게 된다. 즉 첫째는 30-day Letter를 완전히 무시한다. 둘째는 수령 후 30일 이내에 통지를 받은 세액을 납부한다.

셋째는 30일 이내에 管轄國稅局의 Appeals Office에 不服申請한다. 납세자는 위 중 어느 하나의 行爲를 選擇하게 된다. 그리고 첫 번째의 30-day Letter를 무시한다든지, 또는 Appeals Office의 재결에 역시 不服일 경우에는 90-day Letter[235]가 납세자에게 발송되게 된다. 이 Letter를 수령한 납세자는 ⓐ 通知額을 납세하든지 ⓑ 납세를 완료한 뒤 聯邦地方法院 또는 聯邦請求法院에 還給請求訴訟을 제소하든지 ⓒ 납세하지 않고 90-day Letter를 수령한 후에 90일(납세자가 외국에 있을 경우에는 150일) 이내에 租稅法院에 제소하든지 어느 쪽이든 選擇權을 가지게 된다.[236] 그런데, 이 기간에 있어서는 內國稅入廳은 租稅賦課 및 徵收를 하는 것이 법에 의해 禁止되어 있는 것[237]에 주목할 필요가 있다. 이상이 소위 租稅行政機關내부의 行政不服審査機關 및 법원에로의 訴訟節次過程의 개관이다. 일반적으로는 납세자와 內國稅入廳 모두에게 國稅局의 조세불복심사기관인 Appeals Office의 단계에서 분쟁을 해결할 수 있도록 최선의 노력이 요구된다. 그 이유는 분쟁해결의 과정에서의 시간과 비용

---

234) 그 30-day Letter는 Preliminary Notice라고 불리는 경우도 있다. 세무서의 신고서조사 부문의 조사결과에 문제가 생기는 경우 일을 납세자에게 공식적으로 통지하고, 납세자는 그 수령 후 30일 이내에 대응을 하지 않는다는 의미로 30-day Letter로 불리고 있다. 상세한 것은 E. g., Marvin J. Garbis Stephen C. Struntz Ronald B. Rubin, *Tax Procedure and Tax Fraud, Case And Materials* (1987), p.68.

235) 그 90-day Letter는 a Notice of deficiency(不足稅額通知書)라고 불린다. 그 점에 대하여는 IRC§6511 [Limitation on Credit of Return]을 參照.

236) Tax Court에 出訴의 절차에 대하여는 IRC§6213 [Restrictions Applicable to Deficiencies; Petition to Tax Court] 에 詳細히 規定되어 있다. 高橋重長, 전게논문, 450면 以下 參照.

237) IRC § 6212 (C).

의 최소화를 꾀하는 것에 있다. 법원에 제소했을 때는 Appeals Office에서의 분쟁해결에 비교해 많은 시간과 비용을 소모하게 된다.238)

租稅爭訟制度의 槪觀

1) 內國稅入廳의 課稅節次過程: 稅務調査의 終了

---

① 납세결과를 납세자에게 통지하고 Form 870에 동의·서명을 요구.
② 납세자가 조사결과에 불복하는 경우에는 30-day Letter를 발송.
③ Appeals Office에서 심사하여 재결.
④ 납세자가 Appeals Office의 재결에 동의하지 않거나 30-day Letter를 무시하는 경우에는 90-day Letter(不足稅額通知書)를 발송.

---

2) 납세자의 대응 과정: 어느 쪽이든 행위를 선택

(1) 同意했을 경우(署名)
  ⓐ 통지액을 납세한다
  ⓑ Tax court(租稅法院)에로의 제소가
    불가능하게 된다
	(2) 不同意했을 경우(서명거부)
	    Appeals Office에로의 불복신청준비

↓

30-day Letter 수령 후 30일 이내에 Appeals Office로 불복신청

ⓐ 결재에 의해 불복, 해결된 경우 Form 870에 서명	ⓑ 불복이 해결되지 않을 경우 사법 법원에 제소준비

↓

90-day Letter를 수령한 납세자는 다음 어느 쪽이든 선택할 수 있다.
ⓐ 납세하지 않고 90일 이내에 Tax court에 제소
ⓑ 납세하고 地方法院에 還給請求訴訟을 제소
ⓒ 납세하고 請求法院에 還給請求訴訟을 제소
ⓓ 소송하지 않고 납세한다.

자료출처: House Comm. on Ways and Means lolst Cong. 2dsess overview of the Federal Tax system 257 (1990).
　(주): 표의 작성에 있어서는 高僑中長, "아메리카 합중국의 연방세징수수속," 『세무대학교 논문집』, 20권, 456면의 도표를 참고로 하고 있다.

---

238) Michael I. Saltzman, op. cit., pp.2-9.

여기까지 개관에서 알 수 있듯이 미국에서 있어서 租稅爭訟制度는 법원의 제소에 커다란 특색이 있다고 생각한다. 즉 납세자는 자기의 意思에 기초해 조세에 관한 불복을 삼중으로 법원에 제소하는 것이 가능하다는 점이다. 그래서 이하에서는 납세자의 法院選擇權에 어떤 法的 制限이 있는가와 납세자가 제소 시에 법원의 선택과정에 있어서 어떤 결정요인이 존재하느냐는 점의 두 가지 점에 대해서 정비해 두고자 한다.

이 두 가지 점을 명백히 함은 미국의 租稅裁判制度의 특색을 명백히 하기 위해서 가장 유효하다고 생각하기 때문이다.

그래서 첫 번째는 법원의 選擇權에 관한 法的 制限에 대해서인데, 납세자는 모든 사안을 租稅法院, 聯邦地方法院, 請求法院 중 어디든지 提訴할 수 있는 것이 아니라 법적으로 아래와 같은 제한이 가해져 있다.

우선 조세법원에로의 제소에 대한 法的 制限에 대해 정리하면 다음과 같다. 조세법원은 所得稅, 財産稅, 贈與稅, 遺産利得稅, 그리고 特定消費稅[239]도 포함된 조세사안에 대해 裁判管轄權을 갖는다. 이외의 다른 세목, 예를 들면 普通消費稅나 雇傭者稅와 같은 세목에 관한 쟁송사안에 대해서는 관련 租稅法院은 裁判管轄權을 가지지 않는다는 제한이 가해져 있다.

두 번째는 租稅法院의 제소는 다음 어느 경우에든 가능하다. 즉 國稅廳長이 納稅額에 부족이 있을 경우,[240] 또는 稅額計算의 정비가 필요하다는 취지를 결정했을 경우나 또는 법적 稅額不足通知書를 발행했을 경우나 어느 쪽이든 단계를 거쳐 租稅法院에 제소할 수 있다.[241] 다만 당해 통지서에 의해 부족세액을 납부했을 때는 租稅法院으로의 제소방법은 완전히 닫히게 된다는 것에 특히 주의를 요한다.

세 번째는 內國稅入法典에 규정된 기한 내에 提訴해야 한다는 제소기

---

239) 特定의 消費稅에 관한 紛爭事案은 IRC의 Chapters 41, 42, 43, 44의 規定에 관해서 일어난 事案이다. 詳細한 것은 다음 文獻을 參照. Marvin J. Garvis Stephen C. Struntz & Ronald B. Rubin, op. cit., p.171.

240) Marvin J. Garbis, Paula M. Junghns & Stephen C. Struntz, op. cit., pp.1-21.

241) IRC§6213 [Restrictions Applicable to Deficiencies; Petition to Tax Court].

간의 제한이 있다.

다음에 聯邦地方法院 및 請求法院으로의 제소에 관한 法的 制限은 아래와 같다.242)

첫째는, 兩 法院으로의 提訴는 납세자에게 필히 조세의 還給請求訴訟만으로 한정되어 있다는 점이다. 이 점이 租稅法院으로의 제소와 크게 다른 점이다. 부족세액통지서의 내용에 따라 부족세액을 납부한 뒤 제소하게 된다는 점이고, 양 법원에 대한 訴訟節次는 일치한다고 할 수 있다. 그런데 양 법원에 대한 제소에 있어서는 분쟁사안의 세목을 묻지 않고 모든 조세에 관한 還給訴訟을 심리한다는 점에는 주의를 할 필요가 있다고 생각한다.

둘째는, 租稅法院과 같이 제소기간이 IRC에 의해 법정되어 있다는 점이다. 따라서 법정기한 내에 있어서 提訴는 수리되지만 초과한 경우에는 제소가 不可能하게 된다.243) 납세자는 조세를 둘러싼 不服을 함에 있어 위와 같은 法的 制限은 있지만 세 가지의 법원에 제소하는 것에 의해 해소할 수 있다. 그 제소대상에 따른 법원의 選擇權은 납세자에게 委任되어져 있다. 그래서 이하에 있어서는 납세자가 어느 법원에 제소하는가의 意思決定要因에 대해서 검토를 하고자 한다.244)

우선 納稅者에게 있어서 어느 법원을 선택하는 것이 가장 유리한가에 대해서 결정하기 위해서는 각각의 법원의 특징과 訴訟節次에 대해 이해할 필요가 있다. 세무서에 의해 통지된 不足稅額에 대한 支拂能力이 없

---

242) Michael D. Rose, John C. Chommie, op. cit., pp.798-800; Marvin J. Garbis, Paula M. Junghns, Stephen C. Struntz, op. cit., pp.2-3~2-9.
243) 聯邦地方法院의 提訴有效期間은 申告書提出後 3년 以內이고, 稅額支拂後 2년 以內라고 IRC에 규정되어 있다. IRC§6511 [Limitation on Credit of Return]을 參照.
244) 納稅者가 租稅訴訟을 提起하는 法院을 선택하는 데 있어서 考慮하여야 할 考慮要因에 대하여는 다음과 같은 많은 文獻이 있다. Marvin J. Garbis, Paula M. Junghns, Stephen C. Struntz, op. cit., ch. 2; "Mistake and Forum Shopping in Suits for Refund of Federal Tax," 114U. Pa. L. Rev. (1966), p.1244; Keir, Argue & Aeery, Tax Court Practice, ch. 3; Michael D. Rose, John C. Chommie, See, op. cit., ch. 13; Bittker Mcmhon, Federal Income Taxation of Individuals (1988), pp.2-46.

는 납세자는 租稅法院에 提訴해야 한다. 먼저 진술했듯이 聯邦地方法院 및 請求法院은 부족세액을 납부한 뒤 還給請求訴訟을 제소할 裁判機關이라는 특색을 가지고 있기 때문에, 우선 支拂能力缺如가 납세자에게 있어서 考慮要因이라고 할 수 있다.[245]

두 번째의 考慮要因은 어느 법원에 납세자에게 있어서 가장 유리한 判例를 축적하고 있는가 하는 점이다. 법원 각자가 독자적인 판례를 축적하고 있고 과거의 판례를 검토해 자기의 爭訟事案에 있어서 유리한 판례를 가진 법원에 제소하는 것은 납세자에게 있어서는 유익하다고 생각된다.

請求法院은 과거의 모든 請求法院 및 聯邦巡廻裁判區(the Federal Circuit)의 抗訴法院(the Court of Appeals)의 판례에 구속된다. 또 聯邦地方法院은 이곳이 설치되어 있는 연방순회재판구의 항소법원의 판례에 구속된다. 다른 연방순회재판구의 항소법원의 판례에는 반드시 拘束되는 것은 아니다. 租稅法院은 국가적인 관점에서 租稅法을 해석하지만 제소한 동일 裁判區의 항소법원의 판례에도 기본적으로는 따른다.[246] 또한 각 법원의 事案審理를 다루는 裁判官 등의 구성도 중요한 고려요인으로서 받아들일 수 있다. 聯邦地方法院은 陪審에 의한 審理를 인정하고 있지만 租稅法院 및 請求法院은 이를 인정하고 있지 않다. 租稅法院의 재판관은 조세문제의 전문가로 구성되어 있지만, 地方法院의 재판관은 租稅法의 전문가가 아니다.[247] 따라서 납세자는 IRC의 규정에 관련되어 있는 기술적인 조세문제를 제소할 경우에는 租稅法院에 제소하는 방법이 유리하다고 생각한다.

네 번째의 고려요인은 재판과정에 있어서 납세자의 立證責任의 범위의 문제이다.[248] 租稅法院에 대한 提訴에 있어서는 납세자는 租稅行政廳에 의해 제시된 不足稅額의 算定過程에 있어서 違法事項만을 지적해 증명

---

245) Michael D. Rose, John C. Chommie, op. cit., p.792.
246) Ibid., p.793.
247) Ibid., p.794.
248) Bittker Mcmhon, op. cit., pp.5-46.

하는 것만으로 충분하다.[249] 그러나 還給請求訴訟이 되는 양 법원에 제소된 때에는 납세자는 옳다고 생각하는 세액의 산정과정을 증거자료로 제시하면서 입증해 가야 한다. 또한 租稅法院의 訴訟節次는 다른 양 법원에 비해 간단하고 재판과정도 비공개이다. 이러한 점도 하나의 고려요인이라 생각된다.

다. 結 語

여기까지 納稅者의 權利를 보장하는 법적 제도로 租稅爭訟制度를 들면서 특히 우리나라가 영향을 받고 있는 미국에 초점을 두면서 미국의 租稅爭訟制度를 살펴보았던바, 이를 종합 정리해 보면 아래와 같이 결말을 맺을 수 있다.

첫째로, 미국의 租稅爭訟制度는 不服申請前置主義를 채택하지 않고 직접 조세법원에 제소할 수 있는 제도를 채용하고 있다. 이 점은 우리나라의 제도와도 다른 것으로 다른 OECD 국가와도 다른 점이다.

둘째로, 미국의 納稅者에게는 租稅紛爭의 해결을 위해 법원을 선택할 권리가 주어져 있다는 점을 지적해 두고자 한다. 제소할 경우 납세자에게 유리하다고 생각되는 법원에 대한 절차상의 제한은 있지만 납세자의 자유로운 의사에 의해 제소하는 것이 가능하고, 특히 이 점이 매력적이고 주의를 끈 분야이다.

셋째로, 租稅法院의 존재를 지적해 두고자 한다. 이 법원은 연방지방법원, 청구법원에 비해 訴訟節次가 간단하고 立證責任의 부담도 가볍고 裁判官도 租稅專門家에 의해 구성되어 있는 점에서 납세자에게 있어서 유익한 기관이라 할 수 있다.

우리나라의 租稅爭訟制度와 비교해 보면 미국의 조세쟁송제도가 納稅

---

249) 租稅法院의 提訴절차 및 立證責任의 範圍에 대하여는 다음 文獻에 상세히 설명되어 있다. E. g., Rules of Practice & Procedure, United States Tax Court (1990).

者의 權利保護觀點에서 운용되고 있다는 점이다.

조세법의 기본원칙이며 납세자권리의 중핵인 租稅法律主義는 租稅爭訟制度가 어떻게 잘 기능하는가에 의해 비로소 담보되는 것이다. 따라서 우리나라에 있어서도 比較法制度의 시점에서 여러 외국의 租稅爭訟制度 특히 미국의 租稅爭訟制度를 검토해 우리나라의 租稅爭訟制度의 충실에 대해 연구·노력에 만전을 기하여야 한다고 생각한다.

2. 納稅者의 權利로서의 法院選擇權

국가가 조세에 의존하는 정도가 크면 클수록 納稅者의 權利保護에 대한 요청이 커지는 것은 당연한 것이라고 생각한다. 납세자의 협력이 없으면 원활한 租稅行政은 꾀할 수 없고 行政費用의 감축도 바랄 수 없게 되기 때문이다. 그래서 선진국은 최근에 이르러 納稅改革의 중요한 시점으로서 納稅者의 權利保護를 위한 법절차상의 정비를 받아들이고 있으며 이것에 주목할 가치가 있다.[250]

납세자의 권리보호가 조세쟁송제도에 의해 실질적으로 담보되어 있는 것은 주지한 대로이다. 따라서 납세자의 權利保護의 充實度는 그 나라의 租稅爭訟制度를 검토·평가하는 것에 의해 측정할 수 있다고 말할 수 있을 것이다.[251]

이와 관련하여 선진국 중에서 가장 우리나라의 租稅制度에 큰 영향을 주고 있다고 생각되는 미국의 租稅爭訟制度를 앞에서 소개했다.[252]

---

250) OECD, Taxpayer's Rights and Obilgations, A Survey of The Legal Situation in OECD Countries (1990), p.7.

251) Ibid., p.12.

252) 增田英敏, "アメリカ合衆國における租稅爭訟制度," 『稅務弘報』, 39권, 13호(1992), 102면.

그런데 미국에서는 종전부터 Forum Shopping(법원 어부)이라 호칭되는 納稅者의 행동이 흥미 있는 것으로 소개되어 왔다.[253] 이 행동은 납세자가 자기의 租稅法上의 권리구제를 바라고 출소할 경우에 자기에게 유리하다고 생각되는 법원을 선택해 제소하는 것이다. 관련된 Forum Shopping이 되는 행동은 납세자가 가진 法院選擇權을 자기에게 유리하게 행사하는 행위라 할 수 있을 것이다.

그래서 이하에서는 관련 Forum Shopping이 형성된 배경을 제도적으로 명백히 해 납세자가 法院選擇權을 행사하는 데 있어서 고려요인에 대해서 정리하는 것을 목적으로 한다.

가. 納稅者의 法院選擇權行使의 意義

미국의 租稅訴訟制度의 가장 큰 특색은 납세자가 자기의 의사에 기초해서 자기에게 유리하다고 생각되는 법원을 선택해 그 법원에 제소할 수 있다는 것이다.

선택할 수 있는 법원은 租稅法院, 地方法院, 請求法院의 세 종류의 법원이다. 각각의 법원이 다른 訴訟節次를 가지고 또한 다른 배경을 갖는 재판관을 조직해 다른 裁判體系를 형성하고 있다. 납세자는 자기의 판단에 기준해서 자기에게 유익하다고 생각되는 법원에 제소할 수 있다. 관련된 提訴法院의 선택권을 납세자에게 인정하는 訴訟制度에 관해서는 찬반 양론이 존재한다. 의회에 있어서도 쟁송제도 전체의 개혁과 병행해서 검토될 의제의 하나라고 생각하지만, 현시점에 있어서는 납세자에게 유리한 제도로서 존속하고 있다.[254]

---

253) Crampton, "Forum Shopping," *31 Tax Lawyer*, 1978, p.321; Ferguson, "Jurisdictional Problems in Federal Tax Controversies," *48 Iowa L. Rev.* (1963), p.312; Hamburger, "Choice of Forum for Litigation: The United States Tax Court," 32 *NYU Inst. on Fed Tax* (1974), p.1315.

254) 本章의 內容は, Marvin J. Garbis, Paula M. Jung Hans & Stephen C. Struntz, *Federal*

그런데 위 세 종류의 법원은 각기 다른 訴訟節次를 가지고 組織構成
도 다르기 때문에 판결에도 다른 점이 발생하는 것도 사실이다. 예를 들
면 같은 분쟁사례에 있어서 동일한 입장에 있는 납세자가 內國稅入廳을
상대로 어떤 사람은 租稅法院에 제소한 경우와 어떤 사람은 地方法院에
제소했을 경우에 결과가 전혀 다른 것을 종종 볼 수 있다.[255]

이 점을 간접적으로 제시한 자료로 각 법원의 납세자와 IRS 勝訴率構
成을 지적할 수 있는데 그 내용을 아래와 같고 흥미롭다.[256]

	租稅法院	地方法院	請求法院
납세자의 승소율	7%	31%	46%
IRS의 승소율	51%	56%	46%
부분적으로 양자의 주장을 인정한 비율	42%	13%	8%

出訴事案의 차이나 통계의 작성방법을 여기에서 음미하지는 않겠으나
어느 쪽이든 각 법원의 특징을 파악하고 가능한 자료를 분석하는 것은 확
실하다. 그래서 納稅者는 각 법원의 특징을 면밀히 검토해 자기에게 유리
하다고 생각되는 법원에 제소하는 경향을 볼 수 있고 이 제도를 유리하게
이용하는 납세자는 증가하고 있다. 이 경향을 國際的 租稅回避를 목적으
로 租稅條約을 찾아다니는 Treaty Shopping에 비해 Forum Shopping라고
부를 만큼 미국의 납세자에게 있어서는 관련된 法院選擇權 행사에 관심
을 보이고 있다.[257]

이와 같이 納稅者가 선택할 수 있는 법원이 세 종류에 달하고 각각의
법원이 독자의 조직을 가지고 각 법원이 독립된 判例의 축적체계를 가지

Tax Litigation: Civil Practice and Procedure (1985), [hereinafter cited as Federal Tax
Litigation]에서 많이 발췌하였다.
255) Freeland v. comm'r TC Memo. 66, 283(1966), aff'd 393 F2d 573(9th Cir 1968), Morse
v. United States, 371 F2d 474, 482(ct. c11967).
256) Cliff Robertson, Fight the IRS and Win (1988), p.60.
257) Crampton, op. cit., p.321; Ferguson, op. cit., p.312; Hamburger, op. cit., p.1315.

고 있는 것은 납세자의 주장을 받아들이는 폭이 그만큼 넓고 納稅者의 權利救濟를 위한 제도가 넓다는 의의를 찾아볼 수 있다고 생각한다. 그것은 거꾸로 시종일관한 先例拘束性을 가질 수 없다는 의구심을 인정할 수도 있으나 여기에서는 적극적으로 이 제도의 의의를 해석해 두고자 한다.

나. 法院의 種類, 特徵, 訴訟節次

납세자는 IRS와 조세를 둘러싼 爭訟을 租稅法院, 地方法院, 請求法院 중 어느 쪽이든 提訴할 수 있다는 것은 앞서 진술한 대로다.

그런데 어느 법원을 선택할 것인가를 고려하는 것은 납세자에게 있어서 극히 중요한 문제가 된다. 앞서 말한 대로 각 법원은 訴訟節次, 裁判官의 背景, 裁判의 迅速性, 判例體系 등에서 독자적인 특색을 갖고 있기 때문에 납세자는 자기의 사안의 성질을 충분히 고려한 뒤 어느 법원에 제소하는 것이 가장 유리한가를 결정할 필요성이 생기는 것이다. 그래서 이하에 있어서 각 법원의 制度 및 訴訟節次上의 特色을 개관해 보기로 한다.

(1) 租稅法院

租稅法院(U. S. Tax Court)[258]은 미국 憲法 제1조 규정에 기초해 설치된 것이다.[259] 그 목적은 납세자가 조세에 관한 분쟁에 대해서 그 대상이 되는 세액을 미리 납세하는 것을 요구받지 않고 제소할 수 있는 유일한 법원이고, 이것이 이 법원의 최대의 특색이다.[260]

租稅法院은 法院長을 포함시켜 19명의 裁判官에 의해 조직되고 그 멤버는 15년간을 任用期間의 단위로 議會의 承認을 거쳐 대통령에 의해

---

258) IRC 제7441조부터 제7448조까지 상세히 규정되어 있다.
259) IRC § 7441 [Status] (1992), See U. S. CONST. art I.
260) Michael D. Rose, John C. Chommie, op. cit., p.793.

임명된다. 본부는 워싱턴 DC에 설치되어 있는데 법원장은 납세자의 지출이나 편리성을 고려해 이 법원의 개정일시와 장소를 명령할 수 있다.[261] 따라서 각각의 재판관은 정기적으로 미국의 주요도시의 대부분을 순회하게 된다. 이 법원은 內國稅入廳長(The Commissioner)의 寡少申告의 更正決定에 불만을 가진 납세자가 경정을 요구하면서 기한 내에 出訴한 訴訟을 受理하는 裁判管轄도 담당하는 법원이다. 따라서 審理對象은 租稅入廳長은 항상 피고가 되어 대치하게 된다.[262] 내국세입청장은 IRS의 最高審理室의 所屬辯護士가 되어 代理된다.[263]

조세법원은 지방법원이나 청구법원과 달리 변호사의 자격을 가지지 않는 자를 納稅者(原告)의 代理人으로 선임하는 것을 인정하고 있다. 공인회계사나 다른 사람이라도 法院의 審査를 거쳐 허가를 얻으면 법정에 出廷해 납세자의 訴訟代理를 하는 자격을 가지는 것이다.

이 制度도 租稅法院의 특색의 하나라고 할 수 있다. 또 租稅法院은 陪審審理制度를 채용하지 않은 것도 특징의 하나라고 할 수 있다. 따라서 訴訟節次는 事實認定 및 根據法規를 결정하는 재판관의 소송지휘에 모두 委任할 수 있게 된다.[264]

조세법원의 소송절차는 배심원제도를 채용하고 있지 않은 다른 법원의 소송절차와 유사하다. 또 구체적인 訴訟節次는 다음과 같다.

① 원고(납세자) 측의 冒頭陳述
② 피고(세입청장) 측의 모두진술
③ 사실에 대한 양자의 합의
④ 원고 측의 證據提示

---

261) IRC § 7446 [Times and Places of Session] (1992).
262) Michael D. Rose, John C. Chommie, op. cit., p.794.
263) 增田英敏, "アメリカ租稅行政組織の構成と納稅者の權利保護," 『稅経通信』, 제46권 11호(1991), 1면의 內容參照.
264) Marvin J. Garvis, Stephen C. Struntz, Ronald B. Rubin, *Tax Procedure and Tax Fraud* (1987), p.172 [hereinafter cited as Tax Procedure and Tax Fraud].

⑤ 피고 측의 증거제시
⑥ 피고 측의 反證

이들 절차를 거쳐 피고 측이 最終辯論을 하고 그 후 원고 측도 최종변
론을 하고 결심을 맞게 된다. 주의해야 할 점은 法定되어 있는 경우 또는
租稅法院이 決定한 경우를 제외하고 보통의 경우 立證責任은 納稅者 側
에 있다는 점이다. 내국세입청장의 寡少申告決定은 正當하다는 추정을 일
차적으로 해석하고 있는 것이다. 따라서 납세자 측의 관련추정에 충분한
증거를 제시해 반증하지 않음에 따라 內國稅入廳長이 결정한 세액계산의
근기에 대해서 租稅法院은 재검토를 하지 않는 것이다. 또한 납세자의 立
證範圍는 寡少申告額의 결정이 租稅法의 해석에 違反하여 違法인 것을
입증하는 것으로 한정되므로 올바른 세액까지 입증할 필요는 없다.265)

租稅法院의 특색으로 특히 이 법원의 判決過程이 독특하다는 점을 지적
해 놓고 싶다. 즉 전술의 訴訟節次를 거친 뒤 擔當裁判官은 자신의 의견
을 요구하기 위해서 法院長에게 자기의 의견을 써서 보낸다. 그리고 법원
장은 租稅法院의 판결을 구성하는 담당재판관의 의견을 채용하든지 또는
당해 사안을 소속법원의 재판관전원으로 심의하는 大法廷에서 심의하든지
하나를 채용하게 된다. 이것을 租稅法院의 특색의 하나로 지적할 수 있다.
이 법원에서 敗訴한 측은 聯邦抗訴法院에 抗訴할 權利를 가지고 있다.266)

(2) 地方法院

地方法院(U. S. District Court)은 연방사법제도상 가장 일반적인 提訴
法院이라 할 수 있다. 이 지방법원은 조세법원이나 청구법원과 대조적으
로 미국의 소위 地方紛爭事案도 審理하는 것이 가능하다. 地方法院의

---

265) Michael D. Rose, John C. Chommie, op. cit., p.796. see also, Tax Court Rule 142(a).
    151.
266) Marvin J. Garbis, Paula M. Junghns, Stephen C. Struntz, op. cit., pp.2-2~2-4.

지리적인 배치는 거의 각 주에 하나의 地方法院을 배치했을 정도이다. 따라서 이 법원은 각 지방의 실정을 충분히 파악한다고 평가된다. 마찬가지로 裁判官도 워싱턴의 재판관보다도 지방의 기업이나 직업사회에 긴밀하고 지방상황에 정통하고 지방의 비법률가에게도 지지를 얻는 것이 가능하다고 평가된다. 지방법원은 最高法院이나 抗訴法院의 判例에 구속되는 것에도 주목해 둘 필요가 있다.

이 법원은 조세의 還給請求를 요구하기 위한 법원이다.267) 따라서 還給請求訴訟을 제소하기 위해서는 우선 첫째로 납세자는 IRS가 사정한 不足納稅額을 납부해야 한다. 따라서 부족납세액을 全額納付하는 것이 불가능한 납세자는 이 법원에 提訴할 수 없다는 제약을 받는다.268)

또한 이 地方法院은 租稅訴訟에 있어서 陪審審理를 채용할 수 있는 유일한 법원이다. 따라서 분쟁사안의 사실이 아마추어의 양심적인 판단에 의해 결정될 수 있는 유일한 법원이라 할 수 있다. 租稅法院이나 請求法院에서 심리된 紛爭事案보다도 이 법원에서 審理된 事案 쪽이 보다 넓은 시야에서 검토될 수 있다고 생각한다. 특히 陪審審理의 경우에는 법 해석의 기술적 正確性은 實際性이나 平等性의 관점이 강조되는 것보다 상대적으로 약해질 수 있다. 한편 그 반면에 증거에 관한 여러 규정은 엄격히 해석된다고 할 수 있다.

地方法院의 租稅還給請求裁判의 일반적인 피고는 미국 정부이다. 사법성의 租稅部門所屬의 변호사가 租稅還給請求裁判에 있어서는 피고인 정부를 대표한다. 다만 the Southern District of New York과 두 개의 캘리포니아 지방법원에 있어서는 補助聯邦檢察官이 租稅事件을 정부에 대리해서 담당한다. 이 사실은 法院選擇에 영향을 주게 된다. 조세부분의 변호사는 주로 法廷專門辯護士이고, 그들의 최대의 관심은 조세의 문제보다 오히려 소송자체에 있다. 따라서 사실심리에 대한 접근은 법정전문변호사의 전통적 접근이 되는 경향이다. 즉 법정에 있어서 성공기회는 뭐

---

267) 조세의 환급청구를 구하는 주요한 법원은 地方法院이 있다.
268) Michael D. Rose, John C. Chommie, op. cit., p.798.

라고 말하는 것에 특히 주의를 기울여야 한다. 그들은 소송도중 사실을 충분히 심리하지 않는다. 따라서 화해를 원하지만 租稅行政廳의 수준에서 교착상태에 빠져있는 납세자는 지방법원에서의 소송이 租稅法院이나 IRS의 不服審判所로의 제소보다도 화해하기 어려운 경향이 현저하다. 또 訴訟提起에서 판결을 얻기까지의 기간은 일반적으로는 請求法院보다 지방법원 쪽이 짧다고 한다.269)

마지막으로 납세자의 立證責任의 범위에 대해서 언급해 두고자 한다. 우선 납세자인 원고가 배심심리를 요구할 수 있는 지방법원의 소송은 聯邦民事訴訟規則에270) 의해 통제를 받는다.

원고로서의 소송에 따르면 요구할 수 있는 것이다. 이 점은 租稅法院에서는 납세자가 IRS의 사정의 違法事項을 입증하면 충분한 것에 대해 立證責任의 범위는 약간 넓다고 할 수 있다. 그러나 還給金額을 계산하는 방법으로 정당하다고 생각되는 납세액을 입증할 필요가 있는 것은 당연하다고도 할 수 있다.271)

(3) 請求法院

請求法院(U. S. Claims Court)은 1982년에 舊請求法院(the U. S. Court of Claims)을 대신해서 신설된 聯邦 第一審法院(an Article I trial Forum)이고 法定法院(Legislative Court)이다. 이 법원은 의회의 조언과 승인에 기초해 대통령에 의해 임명된 16명의 裁判官에 의해 조직되어 있다. 또 그 본부는 워싱턴 D. C에 위치한다. 이하에서는 이 법원의 특색을 몇 가지 지적해 보기로 한다.272)

우선 이 법원의 訴訟節次상의 특색은 訴訟當事者나 證人의 편리성에

---

269) Marvin J. Garbis, Paula M. Junghns, Stephen C. Struntz, op. cit., pp.2-6.
270) 田中英夫, 『英米法辭典』 (東京大學出版會, 1991), 339면.
271) Michael D. Rose, John C. Chommie, op. cit., p.800.
272) Pavenstedt, "The United States Court of Claims as a Forum for Tax Cases(in two parts)," 15 Tax L. Rev., 1. (1959-1960), p.201.

커다란 주의를 갖는 절차를 채용하고 있는 점이다. 예를 들면 裁判官은 사정이 허락되는 범위에서 몇 곳의 지역에 나가서 證據審理를 하고 그 위에 증인의 사정을 고려해 동일 사건에 대해서 수회에 걸쳐 법정을 여는 조정도 하고 있다. 이것은 광범위한 영역에 걸친 증인을 한번에 동일 장소에 소환하는 것은 곤란한 경우가 허다하게 있는 것을 시간과 장소의 면에서 편리성을 제공하는 절차를 준비하고 있다. 이곳의 판결은 구청구법원의 判例에 구속된다. 많은 租稅還給請求訴訟이 이 법원에 넘겨지지만 租稅法院보다도 사안에 있어서 전문성은 租稅法院보다도 떨어진다. 그러나 이 법원의 재판관은 앞서의 地方法院의 재판관에 비교하면 租稅法 영역에 전문적 지식을 가지고 租稅訴訟에 숙련되어 있다고 생각된다.

이 請求法院은 提訴한 納稅者의 지리적 사정을 고려해 그 거주지 등에서 法定을 연다는 배려를 하고 있으나, 그래도 地方法院에 비교하면 地域法院의 색채는 희박하다. 裁判官은 워싱턴을 본부로 하고 있는 까닭에 地方法院의 재판관보다 지역사정에 정통하지 않다. 또한 동 법원은 陪審審理制를 채택하지 않고 있는 까닭에 납세자와 동등한 입장인 실제적인 판단이 제시되기 어려운 특징을 갖는다.

즉 이 법원은 租稅法院에 비교해 납세자의 證據採用이 보다 관대한 경향을 볼 수 있다. 그 외에 이 법원은 租稅法院과 비교해 租稅法 해석에 대한 자세가 유연하다고 생각된다. 이곳의 訴訟審理는 분쟁사안에 대해 공평한 관점에서 적극적으로 판단을 하달하려고 하므로 기술적 수정이나 증거에 대한 여러 제한을 경시하는 경향을 볼 수 있다는 지적을 자주 볼 수 있다.[273]

다. 法院選擇權行使에 대한 法制度的 制約

납세자가 모든 租稅紛爭事案을 전술한 세 종류의 법원 중 어느 곳이든

---

273) Marvin J. Garbis, Paula M. Junghns, Stephen C. Struntz, op. cit., pp.2-8~2-9.

자유롭게 提訴할 수 있는 것은 아니다. 그 제소에 있어서는 법적 제약이 존재한다. 법원은 법정된 관할범위 안에서 사안을 수리하는 것이다. 그래서 여기에서는 법정된 裁判管轄權에 기초해 납세자의 法院選擇權 행사에 대한 법적 제약을 검토하기로 한다.

우선 조세법원의 재판관할권에는 다음 세 가지의 법적 제약이 존재한다.[274]

첫째로, 租稅法院은 所得稅, 財産稅, 贈與稅, 偶發利得稅(windfall profits tax) 및 IRS의 41, 42, 43, 44 장에 규정되어 있는 消費稅에 관한 분쟁을 수리한다. 租稅法院은 보통의 소비세나 雇傭者稅 등의 분쟁사안을 수리하지 않는다.

둘째로, 租稅法院은 內國稅入廳長에 의한 부족납세액의 존재결정이나 세액계산의 수정결정, 법정의 不足納稅額通知書의 발행이 있는 것을 요건으로 제소를 수리한다. 따라서 납세액을 지불한 뒤에 납세자가 納稅額還給을 요구하는 소송은 수리할 수 없게 된다.

셋째로, 提訴期限의 制約이다.[275] 상기의 두 개의 요건을 만족하고 있을지라도 제소기한을 초과한 提訴는 受理할 수 없다. 제소기한을 초과한 납세자는 납부세액을 납부한 뒤 還給請求訴訟을 제기할 수 있다.

地方法院과 請求法院은 모든 內國稅入稅의 還給請求를 제소할 수 있는 裁判管轄權을 가진다. 그러므로 납세자는 양 법원에 稅의 형태와는 무관하게 還給請求訴訟을 제기할 수 있다. 그러나 양 법원도 과세연도에 있어서 IRS가 결정한 납세액의 전액을 납부한 뒤 제소가 가능하게 되듯이 납세자의 제소에 경제적인 제약을 부여하고 있다.[276]

---

274) 租稅法院의 裁判管轄權에 대하여는 IRC § 7442 [Jurisdiction]에 그 一般的 規定이 나열되어 있다.

275) 提訴期限에 대한 規定은, IRC § 6213, IRC § 7502, 상세히 나열되어 있다. 특히 IRC § 6213은, 包括的인 提訴期限에 관한 規定이 중요하다. 또한 裁判管轄의 法的 制約에 대하여는 다음의 文獻을 참조. See. Michael D. Rose, John C. Chommie, op. cit., pp.794-795.

276) 이 經濟的인 制約을 反映한다고 생각되는 資料에 있어서는, Commissioner of Internal Revenue. Annual Report 41. 42(1979)이다.

租稅法院은 조세사안에 관한 宣言的 判決訴訟 중 어떤 형태에 관해 排他的 管轄權을 가지고 있다. 예를 들면 조세법원만이 퇴직계획의 最初資格取得이나 連續的 資格取得의 문제나 IRC 제367조(a)(1)에 관한 內國稅入廳長의 결정의 타당성 문제, 그리고 정부발행채권의 지위문제에 관한 선언적 판결소송에 대해서는 배타적 관할권은 가진다고 규정되어 있다.[277]

라. 法院選擇權行使에 있어서 考慮要因

지금까지의 각 법원의 제도상의 특색을 전제로 여기에서는 납세자가 어느 법원에 제소하는 것이 가장 유리한가를 판단하기 위해 필요한 고려요인에 대해서 검토해 보기로 한다. 관련된 고려요인에 대해서는 經濟的인 要因, 法的 要因, 訴訟節次的 要因의 세 가지 면에 관점을 좁혀서 정리해 가기로 한다.[278]

(1) 經濟的 要因

納稅者의 法院選擇權 행사에 관해서는 납세자의 財政負擔能力을 중요한 고려요인의 하나로 드는 것에 대해 이론이 없을 것이다. 地方法院 및 請求法院은 租稅還給請求訴訟만을 수리하는 법원이지만, 분쟁대상이 되는 조세(소득세, 재산세, 증여세 등)의 과세연도에 있어서 不足納付額을 완납하는 것이 가장 기본적인 提訴要件이 된다. IRS에 의해 결정된 부족납부세액을 완납하는 것이 불가능한 납세자는 필연적으로 租稅法院만으로 限定되게 된다.

---

277) Marvin J. Garbis, Paula M. Junghns, Stephen C. Struntz, op. cit., pp.2-10을 參照.
278) 提訴法院의 考慮要件에 있어서 包括的인 整理가 되어 있는 文獻은 다음 文獻이다. Boris Bittker, *Fedeal Taxation of Income Estates and Gifts*, Vol.5, 1981, pp.112~115 et seq.; *Tax Litigation*, pp.2~9 et seq.

그런데 財政的으로는 부족납부세액을 납부하는 것이 가능해도 그 세액을 납부하지 않고 조세법원에 제소해 판결을 마치는 기간을 이용해 해당 자금을 다른 목적으로 이용하는 납세자를 볼 수 있다. 그러나 조세법원에 제소한 납세자가 패소했을 경우에는 납세자는 IRC의 규정에 의해 결정된 이자율에 부족납부세액에 관한 延滯利子를 지불할 것이 요구된다.279) 더욱이 IRC 제6213조(b)(4)의 규정은 90day-Letter 발행 후에 不足納付稅額을 납부한 납세자는 조세법원에 提訴할 權利를 상실하지 않고 앞서의 延滯利子의 부담을 免除받게 된다.280)

(2) 法的 要因

提訴法院의 決定에 있어서 가장 중요한 考慮要因은 제소할 豫定法院이 해당 분쟁사안에 대해서 어떤 판례체계를 가지고 있는가 하는 점이다. 법원의 판결을 강하게 구속하는 것은 先例로서의 판례임은 말할 필요도 없을 것이다. 그러나 앞서 지적했듯이 납세자가 선택·가능한 세 곳의 법원은 재판관의 구성이나 조직이 전혀 다르고 先例로서의 判例體系도 독자성을 가지고 있다. 따라서 납세자는 자기의 분쟁과 유사한 선례를 검색해 자기에게 유리한 선례를 가진 법원에 제소할 것이고, 그렇게 할 때 勝訴確率이 높아지는 것은 확실하다. 이러한 의미에서 선례로서의 법원의 동향은 법적으로 가장 중요한 考慮要因이라 할 수 있다. 그런데 1982년 10월에 창설된 請求法院은 연방순회법원 및 最高法院이라는 抗訴法院의 판결에 의해 그 판결에 수정이 가해지지 않는 한 구청구법원에 축적된 선례로서의 판례에 구속되게 된다. 地方法院은 최고법원의 판례에 구속됨과 동시에 동일 地域管轄巡廻抗訴法院의 판례에 구속되게 된다. 그러나 1982년 10월 1일 창설된 연방순회법원을 포함해 그 밖의 巡廻法院의 判例는 考慮되지만 拘束된다고는 할 수 없다.

---

279) IRC § 6621, § 6622.
280) Michael D. Rose, John C. Chommie, op. cit., p.793.

조세법원은 그 判決이 항상 각 巡廻區의 抗訴法院의 검토를 받고 실제적으로 國家的 法院으로서의 역할을 다할 중요한 기능을 가진 법원이다. 租稅法院의 재판관은 다른 그곳의 법원의 재판관에 비해 租稅法에 관해서보다 專門的 知識을 가진 재판관에 의해 조직되어 있으므로 IRC를 국가적인 차원에서 보고 해석하는 경향이 있다. 따라서 租稅法院이 각 항소법원의 판례에 구속되지 않고 독자의 판결을 하기 때문에 불복하는 訴訟當事者의 불필요한 抗訴를 배제하는 효과를 가져오는 것이다.[281]

조세법원의 재판관이 租稅法에 대해 전문적인 지식을 가진 전문가인 것에 대해 地方法院의 재판관은 양자의 중간에 위치한다고 되어 있다. 이 재판관의 租稅法에 대한 熟練度의 차이는 그 판결에도 반영되는 것은 확실하다.[282]

(3) 訴訟節次上의 考慮要因

소송절차상의 고려요인으로서는 배심심리제도의 채용가부, 제소절차의 차이, 입증책임범위의 차이, IRS측의 대리인소속 차이, 출소가능기한의 차이 그리고 소송비용의 차이 등을 지적할 수 있다. 여기에서는 특히 중요한 요인인 출소기한의 문제에 대해서 구체적인 예를 들어 언급해 두고자 한다.

租稅法院으로의 提訴는 그 소송기간 중 새로운 出訴를 인정하는 출소기한의 기간 진행이 중지되므로, IRS는 소송기간 중에 새로운 증거를 이용해 법원에 새로운 不足納付稅額의 추구를 가능하게 한다.

예를 들면 제소 시에 부족납부세액이 1만 6천 달러였던 것이 出訴資格의 消滅時效가 성립하지 않으므로 IRS는 새롭게 1백2만 6천 달러의 追徵額을 제소했다는 구체적인 케이스가 존재했다. 다른 두 개의 법원에 제소할 때는 소송기간 중에는 출소기한의 기간의 진행이 중지되지 않으므로

---

281) Golsen v. Comm'r, 54TC70(1970).
282) Boris Bittker, op. cit., pp.114-115.

새로운 추가적 제시의 간구는 극히 制約받게 된다. 앞서의 구체적 사례에 있어서도 租稅法院 이외의 법원에서는 소멸시효를 맞아 追加訴訟은 없었다고 한다.283)

이와 같은 납세자가 提訴法院을 선택하는 데 한해서는 각 법원의 訴訟節次상의 특색이 중요한 고려요인이 된다는 것을 확인해 두고자 한다.

마. 結 語

法院選擇權 행사에 있어서 고려요인은 미국의 납세자의 法院選擇權 행사의 커다란 특징이다 할 수 있으며, 여러 가지 의논되어온 Forum Shopping 의 제도적 배경을 명백히 하는 것에 있다. 따라서 法院選擇權 행사에 있어서 고려요인을 정리해 보면 다음 두세 가지로 요약할 수 있다.

우선 Forum Shopping이 되는 행동은 納稅者의 權利保護의 관점에서 보면 긍정할 수 있는 행동이라고 생각한다. 왜냐하면 납세자가 자기의 租稅法上 權利를 主張할 경우에 제소할 수 있는 법원이 세 종류가 존재하고, 각각의 법원은 조직과 判例體系 또한 절차상으로도 독자적의 특징을 가지고 있다는 것은 우리나라와 같이 하나의 체계의 재판제도에 의존하고 있는 경우와 비교하여 그 의존의 혜택은 실질적으로 넓어진다고 생각된다. 또한 先例拘束性이 강한 司法의 장에 있어서는 독자의 判例體系를 가진 법원에 自己의 意思에 기초하여 提訴할 수 있다는 法院選擇權이 제도적으로 보장되어 있는 것은 역시 납세자에게 있어서 유리하다고 할 수 있다.

그러나 동종의 紛爭事案에 대해서 복수의 견해가 先例로서 존재하는 것은 一括性이 결여될 염려와 경향이 있고, 납세자를 포함해 租稅行政廳 의 행정수행에 혼란을 초래한다는 危險性을 내포하고 있다는 것도 지적

---

283) Dupont v. Comm'r 118F2d544(3dCir). Lewis v. Reynolds, 284 US 281 (1932).

해 둘 필요가 있다고 생각된다.

그렇다고 하더라도 納稅者가 租稅賦課·徵收의 違法性을 다투어야 하는 장소가 복수로 존재하고 자기에게 유리한 法院을 연구한 뒤 선택할 수 있다는 제도상의 기회를 주고 있다는 점에 대해서는 깊이 硏究·檢討하여야 할 필요성이 있다.

우리나라의 경우 租稅訴訟을 할 수 있는 法院이 限定되어 있어 납세자가 미국에서 같이 Forum Shopping을 할 수는 없지만, 一般行政訴訟에서 行政審判任意主義를 채택하고 있는 것과 같이 租稅訴訟에서도 租稅審判前置主義를 租稅審判任意主義로 바꾼다면 결국 기능면에서는 납세자에게 일종의 爭訟選擇權을 부여하는 효과를 거둘 수 있지 않을까 생각된다.

3. 租稅徵收體系上의 立證責任과 制限

법원은 立證責任分配에 대한 기초원리에 대하여 외견상으로는 무관심을 보여 왔고, 단지 역사적 호기심의 문제인 것으로 보아왔다. 이러한 기대 밖의 경향은 조세징수에 있어서 立證責任의 중요성 때문에 租稅徵收者를 포함하는 많은 사건에서 조금 왜곡되어 왔다. 먼저 租稅訴訟節次에 대한 개관은 立證責任의 역할이 어떠한 것인지 이해하는 데 도움이 될 것이고,[284] 納稅者立證責任原則과 그 제한에 관하여 살펴보기로 한다.

---

284) Leo p.Martinez, "Shifting the Burden of Proof in Tax Cases," *Hastings Law Journal* (January 1988), p.255.

가. 聯邦租稅節次

미국의 租稅訴訟은 세 가지 법원에서 발생한다. 請求法院, 聯邦地方法
院, 그리고 租稅法院이 그것이다. 납세자는 법원의 선택에 관하여 효과적
으로 결정할 수 있다.[285] 그러므로 납세자는 신중한 고려 끝에 창조적인
법원쇼핑을 할 수 있다. 聯邦租稅缺陷에 근거하여 부과된 것에 반대한
납세자는 두 개의 다른 소송과정 중의 하나를 추구할 수 있다. 첫째로,
納稅者는 실제로 적정하게 부과된 조세를 납부하지 않고 租稅法院에 訴
를 提起함으로써 결함에 대항할 수 있다. 최종적으로 납세자는 適定租稅
를 납부하고 그 후에 국가에 대하여 還給을 구하는 소송을 請求法院이나
적절한 聯邦地方法院에 제기할 수 있다. 다음 항에 논의되는 바와 같이,
법원의 선택은 立證責任과 非說得의 위험 사이에 한계를 긋는 데 영향을
줄 것이다.[286]

나. 納稅者立證責任

일반적으로, 納稅者는 어떠한 租稅爭訟에서도 立證責任을 부담하므로
納稅者立證責任原則(The Taxpayer's Burden of Proof)이 지켜지고 있다.
그러나 그 범위는 법원에 따라 다르다. 원고는 租稅法院에서 국세청장의
부과가 違法하다는 것을 證明해야만 한다. 還給訴訟에서 납세자는 고도
의 立證責任을 진다. 즉 납세자는 부과가 위법하다는 점과 아울러 환급
될 정확한 세액을 입증하여야 한다.[287] 이러한 分離取扱의 발달은 부분적

---

285) Marvin J. Garbis, Paula M. Junghns & Stephen C. Struntz, *Federal Tax Litigation*, ¶2.
01-2. 07 (1985), pp.2-1∼2-17; M. Saltzman, *IRS Practice And Procedure* ¶9. 04[2]
(1981), pp.9-18∼9-22; Whitfield & McCallum, "Burden of Proof and Choice of Forum
in Tax Litigation," *20 Vand. L. Rev.* (1967), p.1179, pp.1179∼1182.

286) Whitfield & McCallum, op. cit., p.1179.

287) Taylor, 293 U. S. at 514-515; Lewis v. Reynolds, 284 U. S. 281, 283 (1932);

으로는 연방법원에 있어서 普通法上의 立證責任分配原則의 적용뿐만 아
니라 租稅法院과 그 선임자인 租稅訴願局(the Board of Tax Appeals)의
설치에 그 연원을 찾을 수 있다.

(1) 適法性의 推定

일반적으로 民事事件과 더불어 수많은 요인들이 立證責任의 分配原則
을 조세사건에 영향을 끼쳤다. 분배원칙을 깊이 논의하기 전에 서곡의 이
해가 필요하다. 조세법원이나 還給訴訟에서 납세자의 책임에 부가되는 중
요한 요소는 미국 聯邦稅入廳長의 賦課나 혹은 缺損決定에 適法性이
推定(Presumption of Correctness)된다는 점이다.[288] 租稅缺損에 대한 국
세청장의 결정은 적법성이 추정된다. 비록 適法性推定 자체가 증거를 갖
지 못한다 할지라도, 納稅者가 자신의 입장을 지지하기 위한 유력하고도
관련된 증거를 제출할 때까지 適法性이 추정된다. 만일 납세자가 그러한
증거를 제출하면 適法性推定은 사라지고, 그 사건은 납세자에 대한 立證
責任 아래 현출된 證據에 의하여 判決되어야만 한다.

상당수의 법원은 국세청장의 적법성 추정에 대한 성공적인 반박을 미
국 연방세입청에 대한 입증책임전환으로 해석하여 왔다. 이러한 전제는
납세자에게 입증책임을 부담시키는 매우 발달된 원칙과 정면으로 일치하
지 않는다. 이러한 외관상의 출발에 대한 하나의 설명은 立證責任에 관
한 兩面性 있는 정의의 혼란이 될 수 있다. 國稅廳長의 適法性에 대한
성공적인 반박이 提出責任을 국세청에 전환시키는 반면에, 立證責任은
전환되지 않고 納稅者에게 남는다.[289]

Compton v. United States, 334 F. 2d 212, 216 (4th Cir. 1964); Forbes v. Hassett, 124
F. 2d 925, 928 (1st Cir. 1942); F. Burnett & G. Kafka, *Litigation Of Federal Tax
Controversies* (1986), ch.2 p.15.

288) Welch. 290 U. S. at 115; Neils Bement Pond Co. v. United States, 281 U. S. 357,
361 (1929); Cohen v. Commissioner, 266 F. 2d 5, 11 (9th Cir. 1959); Dairy Home
Co. v. United States, 180 F. Supp.92, 95 (1960).

(2) 租税法院에서의 立證責任

오늘날의 租税法院 바로 전임자인 조세소원국은 1924년 税入法(the Revenue Act 1924)에 의하여 창설되었다.[290] 訴願局 설치의 중요한 동기는 우선 부과된 適定税金을 납부하지 않고서도 부과된 租税債務를 다툴 수 있는 법원을 납세자에게 제공하기 위한 것이었다. 1924년 税入法은 실행과 절차를 지배하는 規則制定權을 소원국에게 명백히 부여하였다. 이러한 당국의 허가 아래 소원국은 규칙 제20조에 납세자에게 立證責任을 부담하도록 하는 규정을 두게 된 것이다.[291] 立證責任이 납세자에게 있는 반면에, 이 원칙은 1928년 税入法에 의한 租税逋脫의 경우에는 立證責任이 정부에게 轉換된다고 규정하여 緩和된 형태로 존속하여 오게 된다.[292]

租税法院은 1942년 税入法에 의하여 租税訴願局을 계승한다. 전임자와 같이 조세법원은 재판절차에 관한 광범위한 規則制定權을 부여받게 된다. 의회는 1969년에 조세법원을 행정부에서 독립시키고 그때부터 미국 聯邦憲法 제1조(article I of the Constitution)에 의하여 그 권위를 인정받게 된다.[293] 그 후부터 조세법원은 납세자에게 입증책임을 부담시키는 현

---

289) United States v. Rexach, 482 F. 2d 10, 16 (1st Cir.), cert. denied, 414 U. S. 1039 (1973); United Aniline Co. v. Commissioner, 316 F. 2d 701, 704 (1st Cir. 1963); Piper & Jerge, "Shifting the Burden of Proof in Tax Court," *31 Tax Law* (1978), pp.303, pp.313 & n. 47.

290) Revenue Act of 1924, ch. 234, § 900, 43 Stat. 253, 337 (1924); see Flora v. United States, 362 U. S. 145, 158-63 (1960); F. Burnett & G. Kafka, op. cit., pp.1-3 n. 11; Dubroff, "The United States Tax Court: An Historical Analysis," *40 Alb. L. Rev.* (1975), p.7.

291) Hearings on Revenue Act of 1928, H. R. 1, Comm. on Finance, 70th Cong., 1st Sess. 24-25 (1928) [hereinafter Senate Hearings]. Opposition to the rule surfaced in 1925 in hearings before the House of Representatives. Hearings on Revenue Revision, 1925, Before the House Comm. on Ways and Means, 69th Cong., 1st. Sess. 877 (1925) [hereinafter House Hearings].

292) Revenue Act of 1928, ch. 852, § 601, 45 Stat. 791, 872 (1928).

293) Tax Reform Act of 1969, § 951, Pub. L. 91-172, 83 Stat. 730. 法院 이름 역시 美國

행과 같은 규칙을 채택하였다. 즉 미국 租稅法院規則(Tax Court Rule) 제142조에서는 "明文으로 規定되거나 法院에 의하여 決定된 경우를 제외하고 立證責任은 原告에게 있다"고 規定되어 있다(Rule 142 a).[294]

납세자에 대한 立證責任分配原則이 때때로 違憲이라는 주장으로 提起되어 왔다. 예를 들면 **록웰 대 국세청장 사건**에서, 납세자는 租稅法院이 납세자에게 立證責任을 지우는 것(The Burden of Proof in the Tax Court)은 미국 憲法의 適法節次條項에 違背된다고 주장하였다. 法院(The Ninth Circuit)은 납세자의 주장을 論議할 價値조차 없는 主張이라고 하면서 의회는 租稅賦課處分의 適否를 다툴 수 있는 납세자의 권리에 거의 제한 없이 조건을 붙일 수 있다고 판시하였다.[295] 또한 다른 법원은 납세자에 대한 立證責任分配原則이 위헌이라는 의심이 들었다면, 미국 聯邦最高法院이 벌써 오래전에 이와 같은 慣行을 뒤집었을 것이라고 명백히 판시하였다.[296]

(3) 還給請求訴訟

聯邦法院에서 聯邦租稅의 還給을 청구할 수 있는 납세자의 권리는 租稅徵收官을 상대로 한 訴訟에서 유래되었다.[297] 미국 聯邦大法院은 1836년에 違法하게 부과되어 납세자의 이의하에 납부된 관세에 대하여 還給義務를 지닌 關稅徵收官을 상대로 소송을 제기할 수 있는 權利의 存在를 認定하였다.[298]

租稅法院으로 변경되었다. See S. REP. 91, No.552, 91st Cong., 1st Sess. 304 (1969).

294) Tax Court Rule 142(a)−(d), 60 T. C. 1057, 1133 (1973).

295) Rockwell v. Commissioner, 512 F. 2d 882, 887 (9th Cir.), cert. denied, 423 U. S. 1015 (1975).

296) May v. Commissioner, 752 F. 2d 1301, 1304 n. 2 (8th Cir. 1985); McCoy v. Commissioner, 696 F. 2d 1234, 1236-1237 (9th Cir. 1983).

297) Flora v. United States, 362 U. S. 145, 185-98 (1960) (J. Whittaker, dissenting) (citing Plumb, "Tax Refund Suits Against Collectors of Internal Revenue," 60 Harv. L. Rev. (1947), p.685, pp.688-689).

298) Flora, 362 U. S. at 185-86 (J. Whittaker, dissenting); Elliott v. Swartwout, 35 U. S. (10 Pet.) 137 (1836).

이러한 訴訟原理는 普通法上의 주고받았던 돈에 대한 계산에 기초를 두었다. 징수관을 상대로 한 이와 같은 소송은 낯선 租稅還給節次로 발전되었고, 피고인 징수관을 잘못 지정한 경우에는 납세자는 소송상의 어려움을 겪게 되었다. 1855년 請求法院의 탄생과 더불어 처음으로 美合衆國政府를 직접 상대로 하여 還給請求訴訟(Refund Suits)을 제기하는 것이 이론적으로 가능하게 되었다.299) 그러한 이론만으로 미연방대법원으로 하여금 환급청구소송이 위 청구법원의 관할이라는 결론을 내리기에는 부족했던 것 같다. 왜냐하면, 1868년 판결에서도 미연방대법원은 內國稅入法이 적용된 사건은 청구법원의 管轄權이 아니라고 판시하였기 때문이다. 그 후 미연방대법원은 초기 성문법이 아니고 1866년에 제정된 법에 의하여 租稅還給請求事件의 管轄權이 請求法院에 있다고 인정하였다. 1887에 이르러서야 미연방지방법원도 租稅還給請求訴訟의 管轄權을 갖게 되었다.300)

租稅還給請求訴訟에서의 납세자에 대한 立證責任分配原則은 普通法(Common Law)상의 立證責任分配의 유산을 그대로 이어받고 있다. 조세환급청구소송에서 立證責任分配는 보통법상의 돈에 대한 계산을 포함하는 소송에 대한 司法的 信賴에서 일어난다.301) 조세환급청구소송의 법령상의 기초는 金錢支佛引受訴訟에 놓여 있는 동일한 원리에 입각하고 있고, 일찍이 조세환급청구소송에서 초기표현으로 받아들여졌다. 普通法은 전통적으로 그러한 경우에 다른 사람이 가지고 있는 자금을 요구하는 사람에게 立證責任을 負擔시키기 때문에, 立證責任을 납세자에게 부담시키는 것은 당연한 결과이다. 그런 분배원칙에 담겨져 있는 뜻은 납세자가 자발적으로 정부에 조세를 납부해 왔다는 것이다. 즉 還給請求訴訟에서 납세자는 자발적으로 납부하였던 금액을 환급해 달라고 청구하는 것은 일

---

299) W. Cowen, p.Nichols, Jr. & M. Bennett, *The United States Court Of Claims, A History 1855-1978* (1978), pp.15-18 .

300) Act of Mar. 3, 1887, ch. 359, 24 Stat. 505. 그 法은 하나의 請求에 1, 000 달러를 초과하지 않는 범위 안에서 請求法院과 상호일치하는 裁判管轄權을 地方法院에게 주었다.

301) Stone v. White, 301 U. S. 532, 534-35 (1937); Lewis v. Reynolds, 284 U. S. 281, 283 (1932).

관성이 없으므로 이와 같이 외관상 일관되지 아니하는 듯이 보이는 자신의 행위에 관하여 立證責任을 져야만 한다는 것이다.[302]

이 경우에 還給請求訴訟에서 납세자에게 부담된 立證責任은 두 가지 義務를 지우게 한다. 첫째로, 납세자는 賦課가 違法하다는 점을 立證해야 하고, 둘째로, 납세자는 普通法上 받아야 할 금액에 기초해서 자신이 還給받을 정확한 金額을 立證해야 한다. 이렇게 정형화된 납세자의 立證責任義務는 이제 모든 還給訴訟을 지배하는 一般原則이다.[303]

(4) 租稅徵收訴訟

다른 가능한 소송은 內國稅入法典 자체에서 발생한다. 납세자는 內國稅入廳의 缺損納稅告知에 대하여 아무런 조치를 취하지 않을 수도 있다. 그러한 경우에 정부는 租稅納付를 강제하기 위하여 납세자를 상대로 소위 租稅徵收訴訟(Tax Collection Suits)을 제기할 수 있다. 미연방대법원이 이러한 租稅徵收訴訟에 있어서 立證責任을 직접 언급한 바는 없지만, 법원은 조세징수소송과 유사한 납세자의 租稅還給請求訴訟의 뒤에 놓인 정책은 동일하다고 시사하였다.[304]

이러한 결과는 타당하다. 첫째로, 租稅徵收訴訟의 성질에서 그 어느 것도 다른 소송과 다른 취급을 하도록 강제하는 것은 없다. 비록 미국연방정부가 소송의 제기자일지라도, 결손에 대한 納稅告知에 대한 不作爲 또는 不履行에 나아간 납세자를 일단 조세를 납부하고 還給을 구하는 납세자보다 더 우대하는 것은 허용되어서는 안 된다는 것이다. 둘째로, 租稅徵收制度의 목표가 能率性과 衡平性이라면, 納稅者에게 立證責任을 부담시키는 것이 이와 같은 目標達成에 이바지한다.[305]

---

302) See Elliott v. Swartwout, 35 U. S. (10 Pet.) 137, 153-56 (1836); Bull v. United States, 295 U. S. 247, 295-60 (1935); Taylor v. Commissioner, 70 F. 2d 619, 620 (2d Cir.) (L. Hand, J.), aff'd sub nom. Helvering v. Taylor, 293 U. S. 507 (1934).

303) Leo p.Martinez, op. cit., p.262.

304) IRC § 7401, 7403 (West 1987); M. Saltzman, op. cit., pp.14-45~14-51.

다. 立證責任原則의 制限

광범위하고도 일반적인 立證責任原則에도 불구하고, 조세소송이나 租稅還給請求訴訟의 어떤 문제에 관하여는 國稅廳長(commissioner)이 立證責任을 부담해야 하는 수많은 상황이 존재한다. 이것을 立證責任原則의 制限(Restrictions on the Burden of Proof Rule)이라고 하며 다음에 논의되고 있는 것은 內國稅入廳(Internal Revenue Service)이 입증책임을 부담해야 하는 주요 영역이다.306)

(1) 租稅逋脫의 경우

內國稅入法典(Internal Revenue Code) 제7454조에는 內國稅入廳長은 모든 訴訟節次에서 원고가 범한 租稅逋脫에 관한 問題(Cases Involving Fraud)를 입증을 하여야 한다고 규정되어 있다.307) 이러한 법규상의 立證責任分配規定과 아울러 조세법원의 규칙에도 租稅逋脫에 관한 立證責任을 국세청장에게 지우고 있다.

위 7454조에 "taxpayer"라고 하지 아니하고, "petitioner"라고 규정하고 있으므로 위 조항의 적용을 오직 納稅者가 租稅法院에 소를 제기하는 사건에만 적용하려는 견해도 있을 수 있다. 그러나 이와 같이 성문법의 영역을 제한하는 가능하고도 합리적인 해석방법에도 불구하고, 법원은 양자의 차이를 무시하거나, 위 조항에 의존하지 아니하고 판례법상의 원칙에 의지하여 동일한 결론을 내려 왔다. 양자의 차이점을 고려한 소수의 법원은 문제가 租稅法院에 놓여 있는 것이 아니고 미연방정부를 상대로 한 還給請求訴訟에 포함된다는 사실을 이유로 들면서 明文規定 뒤에 있는

---

305) Leo p.Martinez, op. cit., p.263.
306) E. g., Traxler v. Commissioner, 61 T. C. 97, 100 (1973), modified, 63T. C. 534(1975) (國稅廳長은 脫漏稅額에 대한 惡意의 告知에 대한 立證責任을 負擔한다); IRC § 6703(a) (1987) (國稅廳長은 어떤 罰則에 대한 立證責任을 負擔한다).
307) IRC § 7454(a) (1987).

정책(즉, 租稅逋脫을 주장하는 당사자에게 立證責任이 존재한다는 것)은 변하지 않는다고 결론을 내린다.[308]

관련된 것으로 納稅者가 불법한 賂物이나 사례비를 주었다고 주장하는 사건에서 그 같은 금전이 뇌물이나 사례비에 해당하는지에 관하여 內國稅入廳이 立證責任을 진다.[309] 미국 內國稅入法典에서는 이 같은 뇌물이나 사례비는 그것이 비록 적극적인 거래 혹은 사업상 관련된 것이라 할지라도 공제될 수 없다고 명백히 규정되어 있다.

(2) 財團管理人의 不法行爲의 경우

內國稅入廳長은 財團管理人이 행한 不法行爲라고 주장되는 事案(Cases Involving Wrongdoing by Foundation Managers)에는 그 점에 관하여 立證責任을 진다.[310] 租稅法院도 동일한 규칙을 가지고 있다. 이와 같은 경우의 행위는 租稅逋脫과 유사한 면이 있고, 특별한 제재도 따른다. 예를 들면, 내국세입법전상 사설재단에 관하여 정하는 규정은 不適格者와 사설재단가의 사이에 自己去來行爲를 할 때마다 일련의 特別稅를 부과한다.[311] 위 규정아래 자기거래행위는 사설재단으로부터 부적격자에게로 이전하는 자산뿐만 아니라 무자격자와 사설재단 사이의 판매, 교환, 대부계약을 포함한다.[312] "不適格者(일반적으로 관리인, 지휘자, 신탁인, 설립에 관한 권한을 가진 다른 사람으로 한정한다)"라는 개념은 재단관리인을 포함하여 사설재단에 실질적인 이해관계를 갖는 자이다. 그와 같이, 재단관리인과 다른 부적격자에 의한 비행기대차계약은 內國稅入廳에 의하여 금지된

---

308) Paddock v. United States, 280 F. 2d 563, 567-68 (2d Cir. 1960) (Friendly, J.); Carter v. Cambell, 264 F. 2d 930, 937-38 (5th Cir. 1959); Trainer v. United States, 145 F. Supp.786, 787 (E. D. Pa. 1956); see Lee v. United States, 466 F. 2d 11, 14 (5th Cir. 1972).
309) IRC § 162(c) (1987).
310) Ibid., § 7454(b).
311) IRC § 4941(a) (1986).
312) Ibid., § 4941(d) (1986).

자기거래로 간주된다. 마찬가지로 사설재단의 소유인 그림을 재단관리인이나 혹은 부적격자의 소유로 한 것은 特別稅가 부과될 수 있는 금지된 自己去來行爲이다.313)

(3) 積極的 抗辯과 反訴

조세법원에서 내국세입청은 적극적 항변, 새로운 주장사실 혹은 주장될 수도 있는 탈루세액의 증가에 관하여 立證責任을 진다.314) 이와 유사하게 미연방정부는 還給請求訴訟에 제기된 모든 積極的 抗辯(Affirmative Defenses)에 관하여 立證責任을 진다.315) 上訴法院의 판결은 租稅還給請求訴訟에서 제기된 새로운 문제에 대한 입증책임에 관하여 혼란을 빚고 있다. 하나의 케이스에서는 납세자에게 입증책임이 남아 있다고 주장한다. 그 이유로는 만일 새로운 문제가 납세자에게 부당한 고생을 하게 한다면 裁判法院은 그 경우도 끊임없이 결정해야 하기 때문이라고 한다. 다른 케이스에서는 비록 법원이 그 점에 관한 이론을 제출하지는 않지만, 새로운 문제에 관한 立證責任이 정부에 있다고 주장한다.316)

聯邦地方法院에 제소된 還給請求訴訟에서 정부에 의하여 제기된 反訴(Counterclaims)에 관하여는 여전히 납세자에게 立證責任이 있다.317) 이와 같은 불일치는 부분적으로 납부한 채로 여전히 全額納付原則을 충족시키면서 分割稅(예를 들면 特別消費稅)의 환급을 구하는 보편화된 관행으로 설명될 수 있다. 그와 같은 경우 미연방정부는 아직 납부되지 아니한 나

---

313) Rev., Rul. 74-600, 1974-2 C. B. 385.

314) Tax Court Rule 142(a), 60 T. C. 1057, 1133 (1973); see also Whitfield & McCallum, op. cit., pp.1183-87 (assessing impact of Rule 32 of the Tax Court Rules of Practice).

315) Crosley Corp. v. Untied States, 229 F. 2d 376, 381 (6th Cir. 1956); Powell v. United States, 123 F. 2d 472, 475 (9th Cir. 1941).

316) Service Life Ins. Co. v. United States, 189 F. Supp.282, 284 (D. Neb. 1960), aff'd, 293 F. 2d 72 (8th Cir. 1961).

317) Co-Efficient Foundation v. Woods, 171 F. 2d 691, 694 (5th Cir. 1949); Gilbert v. General Elec. Co., 59 F. R. D. 273, 275 (1973); IRC § 7422(e) (1987).

머지 分割稅에 대한 반소를 제기할 것 같다. 법원은 그러한 경우에 입증이 납세자의 절차적 계획에 의하여 영향을 받아서는 안 된다는 이론하에 立證責任이 납세자에게 있다고 판단해 왔고, 그 사실이 적절하게 법에 반영된 것이다.[318)

(4) 讓受人의 責任

內國稅入法典은 어떤 부류의 非納稅義務者를 광범위하게 단지 讓受人이라고 정의하여 이들에 대하여 일정한 의무를 부과하고 있다. 양수인에는 受贈者, 解散法人의 주주, 파산관재인 등이 포함된다. 내국세입법전이나 租稅法院規則 양자 모두 이와 같은 讓受人을 포함하는 사건에서 立證責任은 內國稅入廳이 부담한다고 규정하고 있다.[319) 그러나 이 立證責任은 오직 양수인이 讓受人으로서 責任(Transferee Liability)이 있는가에 국한되고, 원래 納稅義務者가 그 쟁점이 된 租稅에 責任이 있는가에 대하여는 그 범위가 미치지 않는다.[320)

(5) 留保利得稅

內國稅入廳은 租稅法院에서 留保利得稅(Accumulated Earnings Tax)의 課稅對象이 되는 유보소득의 適正性에 관하여 立證責任을 진다.[321) 이와 같은 상황에서는 內國稅入廳이 납세자에게 適定超過留保所得으로 조세상 불이익을 받게 된다는 사실을 통지하여야 한다.[322) 만일 이와 같은 통

---

318) Lesser v. United States, 368 F. 2d 306, 310 (2d Cir. 1966); M. Garbis, p.Junghans & S. Struntz, op. cit. (1985), pp.17-27~17-29.

319) IRC § 6902(a) (1987); Tax Court Rule 142(d), 60 T. C. 1057, 1133 (1973).

320) IRC § 6902(a) (1987); M. Saltzman, op. cit., pp.17-27~17-28.

321) IRC § 534(a) (1987); Tax Court Rule 142(e), 60 T. C. 1057, 1133 (1973); F. Burnett & G. Kafka, op. cit., ch. 9 p.3 n. 10.

322) IRC § 534(b) (1987).

지가 없으면, 내국세입청은 입증책임을 부담한다. 심지어 통지와 함께 명
문의 규정은 어떻게 하여 납세자가 內國稅入廳에게 立證責任을 돌릴 수
있겠는가에 대한 메커니즘을 제공한다.[323]

4. 立證責任分配의 原理

이 영역에서는 앞서 살펴본 一般原理의 견지와 조세에 대한 자발적 보
고체계의 유일한 필요적 견지에서의 현행 租稅體系의 立證責任分配의
배후에 있는 原理(Allocation of the Burden of Proof: Rationale)를 논의한
다. 그러나 조세법원은 연방지방법원이나 청구법원과는 독립적으로 발전·
기능하여 왔기 때문에, 왜 납세자가 立證責任을 부담하여야 하는가에 대
한 질문에 답하기 위해서는 실제로 두 가지 질문에 동시에 답하여야 한
다. 먼저 原告人 納稅者가 환급청구소송에서 왜 입증책임을 부담하는가
이고, 다음으로 조세법원이 납세자인 원고에게 왜 입증책임을 떠맡기느냐
이다.[324]

부차적으로 논의되어야 할 점은, 논의 중인 제한의 예외와 함께 普通法
(Common Law)이나 혹은 租稅法院, 즉 租稅法院規則 제142조에 의하여
立證責任이 왜 분배되어야 하는가 점이다. 성문법규정이 지배적인 租稅
法 영역에서 해석상 普通法이 중요하게 취급되는 사실은 조금 직관과는
상치되는 듯하다. 납세자에 대한 立證責任分配의 일반적 원칙이 입법적

---

323) F. Burnett & G. Kafka, op. cit., p.9-3 n. 10; Marvin J. Garbis, Paula M. Junghns &
    Stephen C. Struntz, op. cit., pp.12-10, 12-13. 納稅者가 稅金의 合當性을 마련하기 위
    한 근거를 30일 내에 제시한다면, 內國稅入廳은 立證責任을 부담한다고 規定되어 있
    다. IRC § 534(a)(2) (1987).
324) Leo p.Martinez, op. cit., p.267.

으로 창조되는 것은 예외이고, 반면에 一般原則 자체가 규정되지 않기 때문에 이것은 特別한 事實이다.

가. 普通法의 基礎

還給請求訴訟에서 원고에게 立證責任을 지우는 기반은 普通法(Common-Law)과 傳統(Tradition)이다. 입증책임을 언급하는 많은 판결은 왜 납세자가 立證責任을 부담하는가에 대한 주요한 이유로써 普通法의 유산을 인용한다.[325] 이러한 판례들에 따르면, 환급의 요구를 회복하기 위한 소송이 金錢訴訟의 本質 속에서 역사적으로 해오고 받아왔기 때문에, 납세자에게 立證責任을 지우는 것은 이러한 역사적 유산의 당연한 결과라고 한다. 이전항목에서 살펴본 바와 같이, 普通法上의 金錢計算(count for money)은 원고의 사용을 위하여 피고에게 주었던 돈을 원고에게 負債를 진 것으로 주장되고 받아들여졌다.[326] 그와 같이 원고는 자신에게 돌아가야 할 돈이 정부가 보유하고 있다는 점을 입증할 의무가 있다. 입증책임에 대한 보통법상의 원칙의 적용은 납세자에게 입증책임을 부담시키는 원칙과 일치하여야 할 것이다.

(1) 租稅上 爭點의 積極的 主張

쟁점에 관한 積極的 主張(The Affirmative of Tax Issues)을 하는 당사자가 입증책임을 부담한다는 애매모호한 원칙에도 불구하고, 租稅還給請求訴訟에 있어서 입증책임은 동일한 믿음을 갖는다. 예를 들면, 1877년 미연방 대법원은 聯邦輸入關稅의 환급을 구하는 소송을 제기하여 쟁점을 적극적으로 주장하는 당사자 즉 原告에게 立證責任이 있다고 判決하였다.[327]

---

325) Stone v. White, 301 U. S. 532, 534 (1937). In David v. Phinney, 350 F. 2d 371 (5th Cir. 1965).
326) Lewis v. Reynolds, 284 U. S. 281, 283 (1932).

1934년에 런핸드(Learned Hand)판사는 適法性推定이 賦課範圍를 넘어
서는 안 된다고 판단하면서 자의적인 부과에 대한 납세자의 항변을 받아
들이는 판결을 하였다. 핸드판사의 견해에 의하면, 消極的 主張을 하는
자에게 立證責任을 지우게 되면 절차에 관한 통상적 원칙을 뒤집게 되어
타당하지 않다고 한다.328) 그와 같이 핸드판사는 소극적 주장을 하는 자
에게 입증을 부담시키는 것을 싫어하는 보통법상의 격언을 충실하게 따랐
을 뿐만 아니라, 보통법상의 원칙이 租稅法에도 적용된다는 것을 암묵적
으로 시사하였다.

租稅還給請求訴訟에서 보통법상 원칙의 적용은 납세자의 두 부분에
걸친 立證責任의 부담 때문에 더욱 어렵다. 즉 납세자기 자신이 還給받
을 정확한 금액을 입증하여야 한다는 점은 적극적 주장에 관한 보통법상
개념과 일치한다. 어떤 금액을 국가로부터 返還받아야 한다는 점을 찾는
납세자는 적극적인 부분을 주장하는 것이다. 즉 당사자에 대한 立證責任
分配가 적절하고 최소한 보통법과 일치한다.

다른 한편으로는, 정부의 課稅決定이 자의적이거나 違法하다는 점은 소
극적 주장인데, 이 점에 관한 立證責任도 納稅者의 몫이라는 것이다. 이와
같은 딜레마에 대한 법원의 반응은 정부행위의 위법에 초점을 맞추는 것이
아니고, 오히려 過多納付한 금액이 존재한다는 점에 관하여 입증을 구하는
것에 초점을 맞추어 왔다.329) 이러한 결과는 하나의 요인에 의하는 것이 아
니고 여러 요소들의 조합-즉 그 어느 것도 우월한 것이 아닌-에 기초한
보통법상의 立證責任分配와 상호 일치한다. 이러한 경우에, 소극적 주장에
대한 입증책임분배는 싫어하는 내용 즉 정부행위의 불법성에 기초한 입증
책임에 비중을 둔다.330) 이러한 원칙은 租稅還給請求訴訟을 포함하는 수많

---

327) Arthur v. Unkart, 96 U. S. 118, 122 (1877).
328) Taylor v. Commissioner, 70 F. 2d 619, 621 (2d Cir. 1934), aff'd sub nom. Helvering
    v. Taylor, 293 U. S. 507 (1935).
329) Compton v. United States, 334 F. 2d 212, 216 (4th Cir. 1964).
330) E. g., Arthur v. Unkart, 96 U. S. 118, 122 (1877) (輸入稅에 대한 政府의 違法한 徵
    收에 대한 立證責任은 原告에게 있다).

은 租税事件에서도 적용되었다.

조세사건이 아닌 케이스에 있어서 普通法上 원칙과 함께, 특별한 문제에 관한 立證責任分配決定에 고려되는 요소들의 상대적 비중은 예정된 계획대로 발달하지 않았다. 어떤 의미에서 갈등이나 또는 왜곡된 결과에 이르는 요소들을 고려하는 소수의 판결은 일반적으로 정부를 좋아하고 다른 것에 대한 선호하는 원칙이나 또는 특별한 요인과 일치되는 비중에 대해서도 논의하지 않는다.

모든 租税事件이 절차적으로 유사하기 때문에, 租税事件에 있어서 立證責任에 영향을 주게 될 普通法上의 요소들과 일치하는 비중에 관하여 優先權의 순서개발을 기대하는 것은 변덕스런 관찰자인 것처럼 보인다. 그러나 좁은 의미에서는 租税事件에 있어서 요소들의 적용이 유사한 결과를 초래하기 때문에 요소들의 배열은 필요가 없다.

일반적으로, 무엇보다도 논의된 요소들은 일반적 원칙으로서 立證責任이 納税者에게 있다는 결론을 이끌어 낸다. 그 원칙에 대한 유일한 例外가 정부의 租税逋脱 또는 다른 違法行動의 주장에 관하여 존재한다.331)

(2) 原告로서 納税者

수많은 租税事件에 관한 판결문에서 단지 납세자가 원고(The Taxpayer as Plaintiff)라는 이유만으로 납세자가 입증책임을 져야 한다고 판결하고 있다.332) 심지어 **록웰 대 국세청장 사건(Rockwell v. Commissioner)**에서 법원은 "대부분의 사건에서 아주 옛날부터 입증책임은 원고에게 있다"라고 적고 있다. 租税還給請求訴訟에서 원고에게 입증책임을 지우는 것은 普通法上의 원칙과 합치한다. 왜냐하면 납세자가 소송의 提起者이기 때문이다. 租税還給請求訴訟에서 정부는 아무것도 - 국고 속에 문제의 돈을

---

331) Leo p.Martinez, op. cit., p.269.
332) Rockwell v. Commissioner, 512 F. 2d 882, 887 (9th Cir.), cert. denied, 423 U. S. 1015 (1975).

가졌다는 것-하지 않는 것에 동의한다. 납세자는 자신에게 유리한 판단의 기초를 창설하려고 현상을 변경하기를 바라는 당사자이다.333) 그와 같이 보통법에 의하면 납세자는 정당하게 입증책임을 부담해야 한다.

(3) 異例的인 事實

異例的인 事實(Least-Likely Scenario)을 주장하는 당사자에게 立證責任을 지운다는 보통법상의 원칙을 명시적으로 언급한 租稅還給訴訟은 아직 없다. 대부분의 사건에서 정부는 納稅義務의 賦課를 조작하지 않은 것 같다.334) 그와 같이 비록 항상 합리적인 것은 아니지만 조세부과는 납세자의 납세의무를 반영하는 것이 통상적이다. 따라서 납세자의 過多納付主張은 이례적인 사실로 볼 수 있고, 이 점에 관하여는 납세자가 입증책임을 부담하는 것이 적절하다. 확실히 이러한 영역에 있어서 보통법의 일치에 관한 고찰은 사건의 지지 없이는 必然的으로 이 이론을 발전시키는 것은 아니다.

(4) (相對方에 대한) 不利한 主張

內國稅入廳에 立證責任을 지우는 성문법상의 규정은 普通法上의 제도와 거의 일치한다. 普通法에 의하면, (상대방에게)불리한 주장(Disfavored Contention)을 하는 자가 立證責任을 진다. 미연방대법원은 미정부에 대하여 조세환급청구를 하는 납세자가 정부에 의한 不法行爲를 구하는 소송을 구하고 있으며, 그 결과(정부에 대하여 불리한 주장을 하고 있는) 납세자가 立證責任을 져야 한다는 점을 인정하였다.335) 다른 한편으로, 內

---

333) Rockwell v. Commissioner, 512 F. 2d 882, 887 (9th Cir.), cert. denied, 423 U. S. 1015 (1975).

334) Scar v. Commissioner, 814 F. 2d 1363 (9th Cir. 1987) (위법한 納稅者의 租稅환급에 기초한 부과).

335) Arthur v. Unkart, 96 U. S. 118, 122-23 (1877).

國稅入廳이 입증책임을 지는 어떠한 경우라도, 納稅者의 잘못이라고 주장되는 행위는 어떤 의미에서는 위법하거나 도덕적으로 비난받을 수 있는 행위로 성격 지워질 수 있다. 그와 같이 내국세입청에 입증책임을 지우는 것은 보통법상의 입증책임분배와 일치한다.

租稅逋脫을 포함하는 租稅事件에 있어서 정부에 대한 立證責任分配에 관한 성문법상의 규정은 근본적인 입증책임이론의 적용을 설명한다. 예를 들면, 입증책임에 대한 가설은 입증을 해야 할 당사자가 만일 입증을 하지 못한다면 패배한다는 것이다. 缺損賦課나 또는 시민의 租稅逋脫罰金을 포함하는 사건에서, 납세자나 정부가 각자의 입증책임을 다하지 못한다면, 납세자는 租稅缺損賦課責任의 문제에 대하여 패배할 것이고, 반면에 정부는 租稅逋脫罰金을 부과하는 문제에 있어서 패배할 것이다. **카터 대 캠벨 사건(Carter v. Campbell)**에서 법원은 그와 같은 정확한 결론을 내렸다.[336] 普通法上의 접근을 따르는—환언하면 한 당사자가 立證責任을 다하지 못한 데 대하여 지불하여야 할 대가—캠벨 법원은 그 문제 또는 최소한 위험에 처한 문제는 입증책임을 부담하는 당사자가 패배하여야 한다는 것이다. 특별히 그 법원은 租稅賦課缺損에 대하여 납세자의 입증책임에 대한 실패는 租稅逋脫 문제에 대한 정부의 입증책임을 부담케 하거나 경감시키지 않는다고 천명했다.[337]

이와 같은 사례에도 불구하고, 租稅逋脫을 포함하는 사건에서 정부의 입증책임은 불리한 주장을 하는 당사자에게 입증책임이 있다는 普通法에서 나오는 것이 아니고, 문제의 積極的 主張을 펼치려는 당사자에게 요구되는 원칙에서 나온다는 일부의 견해도 있다.[338] 그와 같이 租稅逋脫을 포함하는 사건에서 內國稅入廳에 立證責任을 분배시키는 것은 이러한 普通法上의 分配原則의 하나와 일치한다.

---

336) Carter v. Campbell, 264 F. 2d 930 (5th Cir. 1959).
337) Carter, 264 F. 2d pp.936-939.
338) K. Brewster & J. Ivins, *Holmes And Brewster'S Federal Tax Appeals* (1927), p.230 n. 43

(5) 納稅者만이 特別히 保有하고 있는 證據

自進申告納稅制度하에서는 납세자가 처음부터 자신의 納稅義務의 범위와 정도를 결정한다. 그러한 경우에 납세자는 일반적으로 객관적 증거를 가지고 있다. 內國稅入廳은 납세자에 의해 제출된 申告書나 情報報告書를 제외하고는 적극적인 사실을 입증하는 데에 열악한 지위에 놓여 있다는 것은 분명하다. 증거를 가지고 있는 당사자에게 立證責任을 부담시키는 普通法上의 분배원칙은 확실히 타당하다. 이러한 견해는 조세사건에서도 보편적으로 지지되어 왔다.[339]

앞서 언급한 바와 같이, 立證責任이 안내를 제공하고 혼란을 최소화하고, 체계를 세우는 데 대한 判決上의 必要問題로서 존재한다면, 관련된 정보를 가지고 있는 當事者(Evidence Uniquely Within the Taxpayer's Knowledge)에게 입증책임을 분배하는 것은 이러한 목적을 확실하게 달성케 한다. 불행히도 그 케이스가 이 점을 명백히 밝히지 못한다면, 그 케이스에 있어서 立證責任分配의 측면은 모호해진다.[340]

內國稅入廳은 이 문제를 立證責任原則에 대한 반대되는 어떤 변화로 강조해 왔다. 關聯情報에 관한 증거를 가지고 있는 당사자에게 立證責任을 지움으로써 자신에게 불리한 증거를 毀損할 可能性은 최소화되고, 그 같은 당사자가 자신의 기록을 수집할 책임이 있는 것으로 함으로써 입증책임을 다하기 위하여 드는 시간도 절약되게 된다. 租稅事件에서 입증책임을

---

339) E. g. Campbell v. United States, 365 U. S. 85, 96 (1961) (訴訟當事者는 반대 당사자의 지식의 범위 내에 있는 사실에 대해 立證責任을 負擔하지 않는 것이 一般的이다); United States v. Rexach, 482 F. 2d 10, 16 (1st Cir. 1973) (특히 納稅者가 關聯情報를 가지고 있을 可能性에 기초하여 納稅者에게 立證責任을 負擔시킨다).

340) Weise v. Commissioner, 93 F. 2d 921, 923 (8th Cir. 1938) (특별히 納稅者의 지배 및 知識의 범위 내에 事實과 證據가 있기 때문에 納稅者가 立證責任을 부담한다); Taylor v. Commissioner, 76 F. 2d 904, 906 (2d Cir. 1935) (A. Hand, J.) (納稅者는 關聯證據를 찾을 수 있는 보다 낳은 機會가 있기 때문에 立證責任을 부담한다); Carrano v. Commissioner, 70 F. 2d 319, 321 (2d Cir. 1934) (L. Hand, J.) (納稅者는 證據를 가지고 있는 爭點에 대하여 당연히 立證責任을 부담한다).

정부에 지우는 것은 이와 같은 목적을 달성하기 어렵다. 납세자는 자신에게 불리한 證據를 破棄·毁損하려는 유혹을 받게 될 것이며, 證據收集費用도 內國稅入廳의 證據發見의 어려움으로 인하여 증가하게 될 것이다.

(6) 明文規定에 따른 立證責任分配

內國稅入法典上의 규정만으로는 납세자에게 입증책임을 지우는 것을 충분히 설명할 수 없다. 납세자에게 입증책임을 지우는 것이 일반적인 원칙이라고 명백하게 확립된 판례에도 불구하고, 위와 같이 內國稅入法典 어디에도 이 같은 규정은 존재하지 않으므로 명문규정에 따른 立證責任分配(Allocation Based on Statute)는 없다. 다만, 간접적으로 立證責任原則이 입법연혁상 승인된 사항이라는 점이 시사될 뿐이다. 위 納稅者立證責任原則에 관한 간접적인 參照根據는 IRC 제7422(e)조의 立法沿革이다.

위 조문은 聯邦地方法院과 租稅法院이 같은 사건에 관하여 모두 管轄權을 갖는 경우 그 節次를 規定하고 있다. 그와 같은 경우에 위 조문은 정부의 反訴에 대한 입증책임은 지방법원이 관할권을 행사하는 경우라고 할지라도 납세자에게 있다고 규정하고 있다. 立法理由에 의하면, 위 조항의 취지는 납세자가 조세법원에 소를 제기하여 심리를 받는 경우와 마찬가지로 연방지방법원에서도 동일하게 납세자가 立證責任을 부담시키기 위한 것이라고 한다. 조세법원이 자신의 규칙에 의하여 납세자에게 입증책임을 부담시키고 있기 때문에 미국의회가 적어도 조세법원의 규칙을 참조하여 위 納稅者立證責任原則을 一般原則으로 받아들이고 있다고 보인다.[341]

명시적으로 정부에 立證責任을 지우는 IRC상의 조항에 관한 立法沿革에는 위 일반원칙에 대한 例外條項을 둔 근거가 무엇인지에 관하여 거의 언급이 없다. 이러한 입법조항은 정부가 입증책임을 지는 특정한 사안이 벌칙적인 성격을 지니고 있다는 점에 근거하는 것이며, 보다 광범위하게

---

341) Tax Court Rule 142(a); 60 T. C. 1057, 1133 (1973); see supra text accompanying notes 93-95.

납세자에게 입증책임을 부담시키는 立證責任分配原則이 존재한다는 것을 명백히 알지 못하는 것이다.[342] 동시에 議會가 (상대방에게) 불리한 주장 (즉 위와 같은 罰則的 또는 準罰則的 조항)을 하는 당사자에게 立證責任을 지우는 것을 正當하다고 인정하는 것은 일반적인 普通法上의 접근방법과 相互一致한다.

나. 租稅法院의 立證責任分配

納稅者에게 立證責任을 지우는 租稅法院規則 역시 普通法에서 유래한 것으로 租稅法院의 立證責任分配(Tax Court Allocation of the Burden of Proof)를 명문으로 규정하고 있다. 1925년에 조세법원의 전신이었던 租稅訴願局의 당초 피지명자의 한 사람이었던 제임스 아이빈스는 미연방 하원 청문회에서 다음과 같이 租稅訴願局이 채택한 納稅者立證責任의 論據를 證言하였다.

먼저, 租稅訴願局은 문명시대 이래 모든 법원이 채택하고 있는 慣行-訴를 제기하는 당사자인 원고가 立證責任을 부담하는 관행-을 따른다는 것이고,[343] 둘째로, 만일 조세소원국이 그러한 원칙을 갖지 않는다면, 납세자가 관련증거를 보유하고 있기 때문에 課稅權者는 입증책임을 이행할 수 없게 된다는 것이다. 租稅法院이 租稅法院規則 제142조에 대한 의존관계를 제외하고 立證責任分配原則을 설명한 사실은 없지만, 법원은 이 원칙이 부분적으로 납세자 측이 갖고 있는 관련사건에 관한 특별한 지식

---

342) S. REP. NO.960, 70th Cong., 1st Sess. 38 (1928) (proceedings involving civil fraud resemble penal suits); S. REP. NO.552, 91st Cong., 1st Sess. (1969), reprinted in 1969 U. S. Code Cong. & Admin. News, 2027, 2059 (재단관리인의 자기거래행위는 사법상 횡령과 관련된 절차와 상호일치한다).

343) House Hearings, supra note(307), pp.908-909; Nicholls, North, Buse Co. v. Commissioner, 56 T. C. 1225, 1233-34 (1971), acq. 1977-2 C. B. 2; Estate of Falese v. Commissioner, 58 T. C. 895, 897-99 (1972).

에 기초한 것임을 시사한 바 있다.344)

조세법원의 결정을 심사하는 법원은 조세법원규칙 제142조에 따라 명문규정의 不存在 또는 普通法上의 立證責任分配原則의 存在에도 불구하고 역시 납세자에게 입증책임을 부담시켜야만 한다. 위 제142조의 공포가 立證責任分配에 관한 普通法上의 전통과 조화를 이루기 때문에 이러한 상황은 심각한 문제를 일으키지 않는다고 한다. 실제로 골버트 대 재협상위원회345) 사건(Golbert v. Renegotiation Board)에서 법원은 그 원칙을 지지했다. 租稅法院의 그 규칙에 대한 공포가 자의적이거나 변덕스럽지 않는 한 그 법원은 그것을 준수하여야 한다. 골버트 법원에 따르면, 租稅法院救濟의 의회적 역사는 의회가 의도적으로 租稅法院으로 하여금 立證責任을 지배하는 규칙을 제공토록 한다는 견해-즉 입증은 원고에게 있다는 결정은 의회의 의도와 반대되는 것이 아니다-와 완전히 일치한다.346)

다. 租稅에 특유한 立證責任分配의 原理

예상대로 租稅還給請求訴訟에서나 租稅法院訴訟에서 납세자에게 立證責任을 분배하는 원칙에 관하여 조세제도의 특유한 성격을 반영하는 공통적인 원리(Unique Tax Allocation Rationale)가 역시 존재한다. 조세라는 이유로 정당화되는 이러한 논거는 필연적으로 어느 정도 상호 관련되어 있으며, 어느 하나로 독립적으로 존재하지 아니한다. 현재의 立證責任에 대한 분배에 대한 독립적인 정당화요소로서 適法性推定, 정부의 재정수입필요, 납세자의 증거보유 등을 다음과 같이 논의하기로 한다.

---

344) Church of Scientology v. Commissioner, 83 T. C. 381, 468 (1984); see Goodmon v. Commissioner, 761 F. 2d 1522, 1524 (11th Cir. 1985); Rager v. Commissioner, 775 F. 2d 1081, 1083 (9th Cir. 1985); Hawkins v. Commissioner, 713 F. 2d 347, 353 (8th Cir. 1983); S. & H., Inc. v. Commissioner, 78 T. C. 234, 242 (1982).
345) 254 F. 2d 416 (2d Cir. 1958).
346) 254 F. 2d 417 (2d Cir. 1958).

(1) 適法性의 推定

앞서 살핀 바와 같이 適法性의 推定(Presumption of Correctness)은 內國稅入廳의 脫漏稅額의 결정에서 일어난다.[347] 그 추정은 납세자가 자신의 주장을 뒷받침할 만한 상당하고도 관련성 있는 증거를 제시할 때까지 존속된다. 납세자가 그러한 증거를 제시하면, 이와 같은 추정은 사라지고 그 사건은 현출된 증거에 의하여 결정되어야만 한다.[348]

그 推定은 行政規則의 普通法上 추정에서 유래된 것이다.[349] 租稅訴願局은 이 추정을 명확히 염두에 두고, 이러한 상황에서 납세자에게 立證責任을 지우는 원칙을 채택한 것이다.

정부의 필요, 구체적으로 재정수입의 필요는 왜 稅額決定의 適法性이 추정되는가에 대한 가장 중요한 이유이다. 그와 같은 추정은 세입징수에 대한 편의를 제공한다. 법원은 略式行政節次에 의한 조세징수를 행하는 정부의 권리가 확립된 것이라고 하면서 그 이유를 사인의 財産權은 잠정적으로 정부의 필요에 양보하여야 하기 때문이라고 끊임없이 판시해 왔다.[350] 이러한 재정수입의 필요가 납세자에게 立證責任을 부담시키는 다음의 주요한 배경을 형성한다.

(2) 政府의 財政收入의 必要

가장 흔히 인용되는 것은 아니지만, 納稅者에게 입증책임을 지우는 근본적인 이유는 아마 일정한 재정수입에 대한 政府의 必要(The Government's

---

347) Welch v. Helvering, 290 U. S. 111, 115 (1933).
348) Barnes v. Commissioner, 408 F. 2d 65, 69 (7th Cir.), cert. denied, 396 U. S. 836 (1969); Compton v. United States, 334 F. 2d 212, 216 (4th Cir. 1964); A & A Tool and Supply Co., 182 F. 2d, p.304.
349) United States v. Rexach, 482 F. 2d 10, 16 (1st Cir. 1973), cert. denied, 414 U. S. 1039 (1975); J. Wigmore, Evidence § 2485 (J. Chadbourne Rev., 1981), p.625.
350) Phillips v. Commissioner, 283 U. S. 589, 595 (1931).

Need for Revenue)일지도 모른다. 過多納付한 租稅의 還給을 請求하는 불대 미국정부 사건(Bull v. United States)에서351) 법원은 아래와 같이 솔직하게 이러한 점을 논의하고 있다. "租稅란 政府의 생명유지를 위한 血液이며, 신속하고도 일정한 利用可能性이 절대적으로 必要하다. 따라서 우리가 기억할 수 있는 시대보다 훨씬 이전부터 통치자는 보다 철저한 徵稅手段에 의존하여 왔다. 判決과 같은 힘이 租稅賦課에 주어지며, 만일 부과된 세금이 납기에 납부되지 아니하면 行政公務員이 滯納額을 충당하기 위하여 체납자의 재산을 押留할 수 있다. 이처럼 債務의 强制履行을 위한 통상적인 절차가 조세분야에 있어서는 바뀌어져 있다. 납부가 변호보다 선행되어야 하며, 통상적으로 原告가 지는 立證責任이 納稅者에게 移轉되는 것이다"라고 判決하였다.352)

마찬가지로, 1931년 **캠프 스프링사 대 미국정부 사건(Champ Spring Co. v. United States)**에서,353) 법원은 왜 立證責任分配原則은 그렇게 적용되어야만 하는가를 설명한다. "그 사건에서 문제는 공평, 정의, 선의에 있어서 금전은 누구의 소유인가? 만일 원고가 피고에 대하여 금전에 대한 우월한 권리를 갖고 있다는 것을 제시하지 못한다면, 소유권을 되찾지 못할 것이다"라고 설명한다.354)

정부에게 立證責任을 지우는 것은 또한 납세자에게 납부지연과 태만을 조장하는 것으로 간주되어 왔으며, 그에 의하여 정부에게 未納付된 세금으로 생긴 세입부족을 메우기 위하여 금전을 차입하는 비용과 소송을 제기하여야 하는 비용을 부담시키는 결과가 된다. 租稅法院은 당연히 조세징수에 있어서 정부의 입증의 필요성이 해방되고 최소화되어야 한다고 판시해 왔다.355)

---

351) 295 U. S. 247 (1935).

352) Ibid. at 259-60; see Nichols v. United States, 74 U. S. 122, 129-130 (1868); United States v. Janis, 428 U. S. 433, 440-441, reh'g denied, 429 U. S. 874 (1976).

353) 47 F. 2d 1 (8th Cir.) 1931.

354) Taylor v. Commissioner, 70 F. 2d 619, 621 (2d Cir.), aff'd sub nom. Helvering v. Taylor, 293 U. S. 507 (1934).

이 모든 견해들은 정부의 재정수입의 필요성을 전제로 한 것이다. 그 전제는 모두 조세징수에서의 경제적 효율에 대한 중요성을 두고 있는 것이다. 따라서 법원은 조세사건에서 자발적으로 입증책임을 납세자에게 지우는 개념을 받아들인 것이다. 이와 같은 입증책임의 분배는 이처럼 경제적 효율성의 제고를 위하여 소수납세자의 불편함은 감수되어야 하는 것으로 받아들이고 있는 것이다.

그러나 현행의 立證責任分配原則에서 얻게 되는 절차적 편의는 公平性이라는 기본적인 개념에 우선할 수 없다는 유력한 주장도 있다. 이러한 논의에서 무시되는 것은 현행의 立證責任原則이 칭찬할 만한 목적에 이바지하고 있다는 점이며, 미국의 조세사건을 통찰해 보면 근본적인 공평성을 희생시키는 경우는 드물다는 것이다.[356]

(3) 特有한 知識: 納稅者의 證據保有

立證責任을 內國稅入廳에 전환시키는 데 가장 중요한 문제는 課稅權者가 필요한 증거를 가지고 있지 않기 때문에 그 입증책임을 이행할 수 없다는 실제적인 고려이다.[357] 自進申告納付制度 아래에서 납세자는 納稅義務決定에 관한 증거를 가진다. 납세자가 자신의 納稅義務에 관련된 사항을 잘 알고 있다면, 납세자에게 입증책임을 지우는 것이 지극히 공평하다.[358] 왜냐하면, 과세권자는 情況證據에 의존하여야 하고, 이러한 증거의 대부분은 納稅者로부터 나오거나 납세자의 記錄으로부터 나오는 것이기 때문이다. 公平을 유지하기 위해 立證責任이 內國稅入廳으로 이전해야 한다는 주장은 만일 납세자가 관련된 情報의 유일한 所有者(Unique

---

355) Church of Scientology v. Commissioner, 83 T. C. 381, 468 (1984).

356) Leo p.Martinez, op. cit., p.277.

357) Opposition to the rule surfaced in 1925 in hearings before the House of Representatives. Hearings on Revenue Revision, 1925, Before the House Comm. on Ways and Means, 69th Cong., 1st. Sess. 877 (1925), pp.908~909.

358) Ibid., p.887.

Knowledge: The Taxpayer's Possession of Evidence)라면 납세자가 그의 입장을 지지하기 위하여 필요한 最小限의 情報를 제출해야 한다는 것을 규정하는 것으로 강조되어야 한다.

이러한 安全裝置는 정부에게 전반적인 立證責任을 면제시키지 않은 채 납세자에게 提出責任을 부담시킨 것처럼 보인다. 그 규정은 근본적으로 두 가지 缺陷을 가지고 있다. 첫째로, 우리의 自進納稅申告制度 아래서는 일반적으로 唯一한 證據를 가진 자가 납세자이기 때문에 일정한 예외가 거의 모든 租稅事件에 適用될 것이다. 둘째로, 提出責任은 說得責任의 이전 없이 陪審員의 權限 속에 있는 문제로만 작용하기 때문에 이미 논의된 새로운 원칙 속에 어려움이 남게 될 것이다.

5. 小 結

미국의 聯邦稅는 自進申告納稅方式에 의하고 있으므로[359] 납세자들은 지정된 기간 내에 管轄稅務署에 申告書를 제출하고 세금을 납부하여야 한다.[360] 申告書들 중에서 신고서의 항목 간에 정상적인 관계가 없거나 신고서 내의 資料와 産業間·標準間에 모순되는 신고서만 선별하여 稅務調査를 하게 되고 조사가 완료되면 납세자와 관계공무원 간에 납부할 세액에 대한 협의가 있게 된다. 양자간에 합의가 성립되면 過誤納金에 환급을 받거나 不足稅額이 있으면 납세자가 이를 납부하면 된다. 이러한 일련의 課稅節次를 賦課主義 및 申告主義 課稅節次와 비교하여 協約課稅制度라고 할 수 있다.

---

359) I. R. C. §6011
360) I. R. C. §6151

그러나 합의가 이루어지지 않는 경우에는 납세자는 해당 세무서에서 결정한 不足稅額을 납부하고 청구법원이나 연방지방법원에 환급청구소송을 提起하든지 아니면, 부족세액을 납부하지 않은 채 내국세입청의 不服審査部에 이의를 제기하고 이어 연방조세법원에 부족세액에 대한 취소·변경의 소를 제기할 수 있는 選擇權을 갖는다. 즉 합의되지 않은 不足稅額에 대한 납세자의 선택에 의하여 이의를 제기할 수 있다.

이와 같이 미국의 租稅徵收制度는 自進申告納稅制度를 채택하고 있고 무엇보다도 과세절차에 있어서 과세관청과 납세자 사이에 협의절차가 이루어지고 있는 것이 특징이다. 즉 납세자의 협력을 租稅賦課·徵收制度의 근간으로 하고 있고 이를 토대로 納稅者權利保護에 충실을 기하고 있다.

미국이 納稅者立證責任原則을 채택하고 있다는 것은 과세관청과 납세자 사이의 조세부과·징수관계가 종래의 일방적·명령적 관계가 아니라 대등적·협력적 관계라는 것을 분명히 認識하고 파악한 데에서 비롯된다고 본다.

즉 미국은 租稅制度의 근간이 납세자의 自發的인 協助라는 것을 인식하고 세입을 올리기 위하여 租稅法에 따른 미국시민에 의한 자발적인 납세의무에 관한 자료제출과 납세의무 이행에 의존하고 있다.

미국이 納稅者立證責任原則을 채택하고 있는 근본적인 이유는, 첫째로, 미국의 현행 조세제도가 신고납부제도를 취하고 있어 납세자만이 자신의 납부와 관련된 정보나 犯罪行爲를 알고 있다는 점, 둘째로 정부는 반드시 財政收入確保가 필요하다는 점, 셋째로 租稅徵收의 自進申告가 전적으로 공중의 신뢰에 기초하고 있다는 점이다. 즉 납세자가 자신이 부담하는 租稅에 관한 情報를 보유하고 있기 때문에 과세관청에게 입증책임을 부담하는 것은 징수비용의 증대와 납세자의 권리침해의 우려가 있기 때문에 부당하다는 것으로 요약될 수 있다.

한편, 미국은 納稅者에게 立證責任原則을 부담시키고 있으므로 訴訟過程에서 課稅官廳이 새로운 자료를 수집하기 위하여 稅務調査를 할 필요성이 매우 적고, 정직한 納稅者는 철저하게 保護되고 있다.

확실히 미국은 실용적인 관점에서 立證責任原則을 논의하고 있고, 결국 租稅收入確保라는 측면과 納稅者權利保護라는 양 측면을 모두 달성하고 있다고 보인다.

第2節 獨逸에서의 立證責任

1. 立證責任否定說로부터의 脫却

가. 프로이센 高等行政法院 및 라이히 財政法院의 立證責任論

제2차 세계대전 전 프로이센 高等行政法院 및 라이히 財政法院은 조세실체법의 영역에서 立證責任의 判例를 다음과 같이 확립해 왔다. 1897년 10월 20일 프로이센 고등행정법원 판결은 종래의 판례에 따라 租稅公課請求權의 立證責任에 대해 판시하였다.[361)]

"원고가 立證義務(ßeweispflicht)를 지는 것이 아니라 피고야말로 입증의무를 지고 있다. 당 법원의 원칙에 의하면 租稅公課(Abgabe)를 요구하는 시가 그 請求權을 근거로 하는 사실을 주장하며 또한 필요한 경우에는 입증하는 의무를 진다"

---

361) PrOVerwG Urt. v. 20. 10. 1897 Rep. Ⅱ. C. 32 / 97, PrOVerwGE 33, 12 [14]; 본 판결에 대해서는 宮崎良夫, "行政訴訟과 立證責任(一)-그 理論史的 考察,"『東大社會科學研究』, 31권(1980년), 34면 이하 참조.

다만, 본건은 대표적인 租稅公課事件이라고 말할 수 있을 것인가가 의심스럽고,[362] 다음의 판례에서 입증책임이 공식화된다.[363]

"租稅公課를 청구하는 시가 그 請求權을 근거로 하는 사실 및 법규정을 주장해서 필요한 경우 증명하는 의무를 진다. 이것에 대해 납세의무자는 자기의 減免請求權(Freilassungsoder Ermäßigungsanspruch)을 근거로 하는 사실 모두를 주장해 증명하지 않으면 안 된다"[364]

이러한 프로이센 高等行政法院은 모두 1895년 5월에 원칙적으로 지방공공단체(국)의 행정청에 조세공과청구권을 근거로 하는 사실에 대해서 立證責任을 부담시키고, 예외적인 경우 즉 減免請求權에 대해서는 시민(원고)에게 그 입증책임을 지게 하고 있다.

19세기 말 이래 프로이센 高等行政法院은 증거법과의 관련하여 조세법률 관계를 債權債務關係로서 파악한 것이다.

이 判例理論은 바이마르에서도 계승된다. 프로이센 고등행정법원은 "高等行政法院의 확립한 판례에 의하면 조세공과를 청구한 市 行政廳이 그 조세공과청구권을 근거로 하는 사실을 주장하며 필요한 경우에는 이것을 證明하는(dartun) 義務를 진다. 역으로 조세의무가 확정(feststehen)하고 있는 경우, 納稅義務者가 그 減免請求權을 근거로 하는 모든 사실을 주장하고 論證(darlegen)하지 않으면 안 된다"라고 판시하였다.[365] 1919년 라이히 조세통칙법은 조세채권채무설에 근거하여 구상되었고, 본 1922년 判決도 또한 분명히 조세법률 관계를 채권채무관계로서 파악하고 그 위에 조세법률요건을 권리근거요건과 권리멸각요건으로 구분해서 客觀的 立證

---

362) Entscheidungen des königlich preußischen Over Waltungsgerichts in Staatssteuersachen, Bd. 6 (1898)

363) Nöll. F. / F. Freund, *Kommunalabgabengesetz vom 14. 7. 1893*, (8. Aufl., Berlin 1919), § 70 Anm. 19, S. 412.

364) E. v. 14. 4. 1888, 16, 216; v. 5. 10. 1895, PVBl. 17, 167; v. 22. 3. 1898, PVBl. 20, 192; v. 6. 10. 1899, PVBl. 21, 301.

365) PrOVerwG Urt. v. 7. 11. 1922 Ⅶ, C, 84 / 22, PrOVerwGE 78, 131 [133]; 본건에 대해 宮崎良夫, "行政訴訟과 立證責任(二)-그 理論史的 考察," 『東大社會科學硏究』, 32권(1981), 2호, 78면 이하 참조.

責任을 분배한다. 그러나 본 판결은 權利障碍要件에 대하여는 언급하고 있지 않다.

그 후 라이히 재정법원은 所得稅 사건에 대해 納稅義務者는 민사소송의 원칙인 立證義務(Beweispflicht)를 지지 않는다. 조세통칙법에 의하면 조세사건의 사실관계 및 법률관계는 직권에 의해 조사되지 않으면 안 된다(동법 제204조 이하, 제228조, 제239조). 따라서 세무서는 조사 후에 課稅基礎를 확정 또는 계산할 수 없는 범위에서 추계에 의해 필요한 일체의 사정을 짐작해서 推計한다(동법 제 210조 1항)라고 판시하였다.366)

위 1925년 판결은 세무서가 課稅基礎를 확정·계산할 수 없을 때 곧바로 客觀的 立證責任을 지게 되는 것이 아니라 推計課稅를 행할 수 있게 한다. 과세기초가 租稅法律要件要素를 나타낸다고 해석되면 요건사실이 불명할 때 객관적 입증책임이 아니라 추계가 그 사실불명을 극복한다. 이러한 위 25년 판결은 객관적 입증책임에 의한 사실불명을 극복할 필요성을 여기에서는 부정하고 간접적으로 앞의 22년 判決의 적용을 회피한 것이다. 더욱더 위 25년 판결이 職權探知主義가 지배하는 조세소송에 있어서 "納稅義務者는 민사소송의 원칙에서 말하는 立證義務를 지지 않는다" 라고 판시할 때 본건의 원고는 앞의 88년 판결에 비춰서 본래의 객관적 입증책임을 지지 않기 때문에 거기에서는 주관적 입증책임으로 이해되고 있다. 어쩌면 시의 증가세에 관한 1927년 2월 25일 판결은 納稅義務者가 면세요건에 해당하는 사실에 대해서 객관적 입증책임을 진다고 판시하였고(PrOVerwGE 81, 121), 객관적 입증책임이 租稅訴訟節次에서 일반적으로 추방된 것은 아니다. 또한 다음의 1925년 판결은 전후 聯邦財政法院 1955년 12월 7일 판결에 의해 객관적 입증책임도 부정한 판례인 것과 같이 인용되어 있고 그 위치를 차지한 것은 학설상 일치하고 있지 않다.

최후에 나치스에서 객관적인 입증책임을 명확하게 하는 조세판례는 거

---

366) RFH Urt. v. 24. 9. 1925 VIA 155/25, StuW 1925 Nr. 609. 同旨 判決 Urt. v. 9. 10. 1919 PrOVerwGE 75, 163은 직권탐지주의를 강조해서 행정소송에서 입증책임을 부정한다.

의 모습도 없었다. 이 시기의 판례 및 실무에서 表現證明 및 推計가 발
호하고 있어 표현증명의 이론이 租稅法의 領域에서 급속하게 발전했다.
당시 證明度는 추계 및 표현증명에 의해 경감되었고 또한 표현증명의 법
적 근거는 라이히 조세통칙법 제207조 제1항에서 구해질 수 있는 데 불
과하다. 그 한계에서 당시의 判例는 실질적으로 法治主義 및 租稅法律主
義의 空洞化에 가담한 것이다.

나. 客觀的 立證責任의 分配原則

제2차 세계대전 후 조세법의 영역에 있어서 객관적 입증책임의 분배규
칙이 확립된 것은 1969년 및 1970년의 聯邦財政法院 判例이다.

먼저 聯邦財政法院은 1955년 12월 7일 판결에서 租稅訴訟에 있어서
立證責任을 원칙적으로 부정하는 것만 아니라 프로이센 高等行政法院
및 라이히 財政法院에 의해 전개된 입증책임론을 전후 그대로의 형태로
계승한 것은 아니다.

사안으로 세관은 관세 상품이 저렴한 가격으로 판매되었다고 인정하였
고, 상고인(납세의무자)은 係爭商品은 瑕疵가 있고 그 實際價額도 저렴
하다는 뜻을 주장했는데 결국 破棄還送되었다.

"租稅訴訟은 원칙으로 민사소송과 같은 立證責任도 立證規則도 알지
못한다"367)

본 판결이 "조세소송은 입증책임도 입증규칙도 알지 못한다"라고 기입
했기 때문에 일부학설은 객관적 입증책임도 또한 배척되어 버렸다고 해석
하고 있다.

---

367) BFH Urt. v. 7. 12, 1955 Vz 183/54 S BStBl. Ⅲ. 1956, 75=StRK AO § 204 Rndr.
11; Becker, *Reichsabgabenordnung* 7. Aufl., Anm 2 zu § 258 AO alt; Riewald,
Reichsabgabenordnung Teil Ⅱ Anm, 1-4 zu § 171 AO; RFH Urt v. 24. 9. 1925 Ⅵ A
155/25 StuW 1925 Nr. 609.

더욱이 본 판결은 納稅義務者의 協力義務를 짐작해도 원심이 사실해명의 직권탐지의무를 충분하게 다하지 않았다고 하는 이유로 原判決을 파기하고 되돌려 보냈다. 따라서 本件에서는 직권탐지절차에서 납세의무자의 主觀的 立證責任은 문제로 되지 않고 法院(法適用者)의 職權探知義務만이 문제로 되어 있는 것이다.

이 견지에서 보면 위 판결이 租稅訴訟에서 客觀的 立證責任을 부정한 것인가 어떤 것인가는 의문의 여지가 있을 것이다.[368]

확실히 조세법의 영역에서는 사실불명 내지 진위불명은 통상 『추계』과세에 의해 극복되어 버리고 아주 적은 例外的인 경우에 한해서 진위불명이 객관적 입증책임규범의 적용에 의해 극복된다. 이것이 실무이다. 그러나 객관적 입증책임은 증거법의 이론상 필요뿐만 아니라 실제상으로도 租稅紛爭에 의해 필요한 것이다. 그것은 이후에 검토될 判例로부터 확실하게 될 것이다.

그 후 1958년 11월 20일에 聯邦財政法院은 다음의 판지를 분명히 했다.[369] 즉 決定書의 도달 시에 대해서 의문이 있을 때 행정청은 行政送達法 제17조 제2항[370]에 따라 그 도달 시를 증명해야 한다. 그러나 도달 시에 대한 法律上의 推定(투함 후 3일)은 단순한 否認에 의해 덮어지는 것이 아니라 또 단순한 부인에 의해 行政廳이 실제의 도달 시에 대해 立

---

368) 이미 聯邦行政法院은 대개 입증책임에 대해서 규범설을 따랐었다(BVerwG Beschluß v. 4. 2. 1955 DVBl. 1955, 670; BVerwG Urteile v. 10. 6. 1955, NJW 1956, 604; v. 9. 12. 1955, DVBl. 1956, 335; v. 27. 1. 1956, ZBR 1956, 127. 이러한 판례에 대해서는 宮崎良夫, 전게논문, 97면 참조. 그런데 聯邦行政裁判所 1956년 4月 18日 판결은 취소소송에서 입증책임을 원고에게 지도록 했다(BVerwGE 3. 245, DVBl. 1956, 682). 때문에 베타-만과 티트겐들이 대논쟁을 전개한 것이다. 本 聯邦法院判決은 위와 같이 연방행정법원판례와 거의 동시기에 준 것이다.

369) BFH Urt. v. 20. 11. 1958 Ⅳ 287 / 57, StRK RAO § 86 Rndr. 29.

370) 1977년 租稅通則法 제122조 제2항의 규정은 다음과 같다.
이 법률의 적용영역에서 우편에 의해 통지된 書面에 의한 行政行爲는 우편국의 투함 후 3日째에 告知된 것이라고 간주한다. 다만 해당 행정행위가 도달하지 않던지 4日째 以後에 도달한 경우에는 그 제한이 없다. 의심되는 경우에는 행정청이 行政行爲의 到達 및 到達時를 증명하지 않으면 안 된다.

證責任을 지게 하는 것은 아니다.

따라서 도달 시에 관한 法律上의 推定을 反證·동요시킨 것은 원고(납세자)의 역할이다. 법률상의 추정이 동요할 때 行政送達法 제17조 제2항에 의해 행정청이 具體的으로 도달 시를 證明해야 할 뿐 아니라 客觀的으로도 立證責任을 진다.

이 점에 대해 베버 그랫트는 위 判決을 다음과 같이 평가하였다. 行政廳은 실제의 송달 시에 대해서 입증책임을 지지 않으면 안 된다고 判示하였지만, 평자는 이것을 너무 소박하다고 비평했다.371) 그러나 이 비판은 전기의 판지에 대한 확실한 오해에 기인하고 있다. 본 법원은 普通送達에 의한 노동과 비용의 절약이라는 법률상의 의미와 목적을 조명하고 위 判決을 하였다. 이 목적은 여기에서는 통상적으로 法律上의 推定制度에 의해 실현하고 있고, 법률상의 推定을 뒤집을 수 있을 때는 행정청이 해당 주요사실에 대해 客觀的 立證責任을 진다고 해석해도 지장이 없을 것이다.372)

다음으로 1962년 6월 19일 판결은 위 판결과 같이 서류의 도달 시에 관한 사건에서 보다 명확하게 客觀的 立證責任을 긍정했다. 사실관계는 기재되어 있지 않기 때문에 判決理由만을 기재한다.

"行政送達法 제17조 제2항 전단 1에 의하면 告知는 우편국이 투함 후 3일째에 효력을 발생하는 것이라고 간주되어 동 규정은 法律上의 事實推定을 근거로 두고 있다. 書類送達에 대한 생활경험에 의하면 수신인이 우편국에 투함 후 3일 이내에 당해 서류를 수령하는 것은 定型的인 事象經過로서 승인될 수 있기 때문에 該當推定은 正當하다. 송달된 서류가 4일째 이후에 도달할 때에는 그 推定은 타당하지 않는다(行政送達法 제17조 제2항 전단 2). 의심될 때에는 行政廳은 서류의 도달 시를 證明하지 않으면 안 된다(동법 제17조 제2항 후단). 동 규정에 의해 행정청은 證據

371) Heinrich Weber-Grellet, "In dubio pro quo? Zur Beweislast im Steuerrecht," *StuW* *1981*, S. 49.
372) 다음의 1962년 6月 19日 판결은 그와 같이 본 판결을 해석하고 있다.

提出責任이 아니라 客觀的 立證責任을 진다.[373] 더욱더 의심될 때 즉 定型的인 事象經過-투함 후 3일 이내의 도달-와 다른 事象經過가 진정으로 생각될 수 있다고 하는 추론이 성립할 수 있는 사실이 존재할 때에 한해서 객관적인 입증책임을 생각할 수 있다"[374]

본 판결은 객관적인 입증책임의 분배에 대해서 行政送達法 제17조 제2항 후단에서 그 법률상의 근거를 구하고 있다. 입증책임의 분배에 대해서 明文의 法律規定이 있는 경우 먼저 規定이 適用되어야 한다고 하는 것은 정당하다.

다음으로 본 判決에 의하면 서류송달의 도달 시에 대해 법률상의 事實推定[375]이 원고(직권탐지주의에서는 법적용자를 포함한다)에 의해서 동요시키는 반증된 결과 의문되는 것으로 될 때 행정청이 客觀的 立證責任을 진다. 상대방 당사자는 反證하기 위해서는 구체적으로 증거를 제출하지 않고 단지 否認한 것만으로 충분하지 않다. 따라서 절차의 개시에서 완결에 이르기까지 원고는 請求棄却을 회피하기 위해 法律上 事實推定을 반증해야 할 지위에 있고, 반면에 행정청은 法律上의 事實推定이 反證될 때 패배를 피하기 위해 절차의 계속 중에 구체적으로 도달 시를 증명해야 할 증거법상의 지위에 놓이게 된다. 각 당사자는 節次繼續 중 無爲無策에 의해 구체적으로 증명하지 않으면 法律上의 事實推定에 따르고 또는 反證이 있었던 경우에는 객관적 입증책임을 지지 않으면 안 된다고 한 불이익한 證據法上의 法律的 效力을 받을 것이다.

위 판지의 분석에서 확실하게 알 수 있듯이 각 당사자는 職權探知主義

---

373) Vgl. Dazu Mattern, DStZ A 1958, S. 265, 267; Ule, *Verwaltungsgerichtsbarkeit*, 2. Aufl., §86 Anm. Ⅲ.

374) BFH Urt. v. 19. 6. 1962. I 257／61 U, BStBl. Ⅲ 1962, 377＝StRK VwZG § 17 Rdnr. 14; vgl. auch BFH Urt. v. 20. 11. 1958 Ⅳ 287／57, StRK RAO § 86 Rdnr. 29(구체적으로 證據를 提出하지 않고 단지 否認하는 것은 충분하지 않다). BFH. Urt. v. 3. 2. 1956 Ⅲ 217／55, StRK VwZG §17, Rdnr. 3.

375) 본 1962년 판결은 事實上의 推定, tatsächliche Vermutung 개념을 이용하지만 본건에서 문제로 되고 있는 것은 법률에 의해 규정된 추정이기 때문에 法律上의 事實推定이 바른 용어이다.

하에서도 係爭節次에 있어서 오직 법적용자의 입증활동에 맞춰서 구체적으로 증명하지 않으면 증거법상의 불이익을 받을 수 있는 것이다. 증거법상 이러한 증명을 구체적으로 행해야 할 당사자의 지위를 具體的 證據提出責任이라 부르고 있다. 본 판결은 이 구체적인 證據提出責任概念을 명확하게 인식하고 있는 것은 아니지만 문맥상 그것을 당연히 전제로 하고 있는 것은 아닐 것이다.

이 점에 대해서 聯邦財政法院 1963년 1월 24일 판결은 "조세법에서는 證據提出責任이 아니라 客觀的 立證責任만을 생각할 수 있다고 연방재정법원 제1부(1962년 6월 19일 전게판결)가 판시한 것은 정당하다"라고376) 판시하였다. 그러나 앞의 1962년 6월 판결을 수록한 판례집은 위 인용을 判示事項으로 게재하지 않았다. 오히려 證據提出責任(주관적 입증책임)은 조세법의 영역에 존재하지 않는다고 하는 명제가 증거법상 어떻게 의문이 있을까라는 전술한 바와 같다.377) 보다 정확하게 표현하면 職權探知主義가 타당한 조세법의 영역에서는 抽象的 證據提出責任(주관적·추상적 입증책임)은 존재하지 않지만 具體的인 證據提出責任(주관적·구체적 입증책임)은 긍정된다고 생각한다.

이상 조세법의 영역에 있어서 객관적 입증책임은 일시 판례에 의해 부정된 것 같지만 그 후 行政送達法과의 관련에서 다시 긍정하기에 이르렀다. 송달 그것은 侵害的 行政行爲에 관계된 경우도 있고 授益的 行政行爲에 관한 경우도 있다. 그러한 의미에서 법기술상 중립적이기 때문에 法律上의 事實推定이 뒤집혀진 뒤에는 행정청이 도달 시에 대해 객관적 입증책임을 져야 할 이유는 실체법규 이외에 修正規範說에서 말하는 원칙

---

376) BFH Urt. v. 24. 1. 1963 Ⅱ 195/58, U, BStBl. Ⅲ 1963, 213=StRK KVStG § 2 Rndr. 38. 본 판결은 客觀的 立證責任의 分配問題에 간섭하지 않고 또한 간섭해야 할 이유도 없다. 어쩌면 본건에서는 事實關係가 불명료한 것이 아니라 法律上의 불확정개념이 논쟁되었기 때문이다.

377) Vgl. Auch Joachim Martens,"Einführung in die Praxis des Verwaltungsverfahrens," JuS 1978, s. 99; ders., "Die eigenartige Beweislast im Steuerrecht,"StuW 1981, 322ff; ders., Verwaltungsvorschriften zur Beschränkung der Sachverhalteser-mittlung, Köln 1980, S. 73f.

과 예외의 법리에 요구할 수는 없다. 동시에 그 실질적 근거를 證據의 近接, 支配領域, 危險領域, 信義則에서도 발견할 수 없다. 송달에 관한 法律上의 事實推定의 경우 정형적인 사상경과와 다른 사상경과를 주장하는 것이 이것에 대해 객관적인 입증책임을 진 것은 당연하다고 할 수 있다고 하는 것이 실질적인 근거라고 말할 수 있을 것이다. 마지막으로 앞의 1962년 6월 판결은 職權探知主義하에 있어서 구체적인 證據提出責任의 존재를 否定한다고 반드시 단정할 수 없을 것이다.

2. 租稅實體法上의 立證責任에 관한 基本判例

1. 客觀的 立證責任이 조세실체법과 관련해서 직접적으로 물어보는 사례는 그다지 많이 생기지 않는다. 事實不明(최종적으로는 眞僞不明)을 극복하는 방법은 행정법 특히 조세법의 영역에서는 客觀的 立證責任만이 아니기 때문이다. 그 외에 조세실체법은 證明簡易化 조치로서 다수의 법률상의 推定規定, 經費·損金算入額의 예산액 규정을 정하고 있어 조세절차법은 推計課稅의 규정을 둔다.

위 사정을 위해 객관적 입증책임의 基本判例는 약 1967년 5월 20일에 주어졌다. 동 판결은 객관적 입증책임 이외에 立證妨害 및 表現證明에 대해 상세하게 표시하고 있어 제2차 세계대전 후에 이르러 최초의 중요한 판결이다.

사안은, 원고는 1948년 6월 21일에서 51년 12월 31일까지 형제회사로부터 무이자융자를 받고 있었고, 행정청은 資本去來稅法 제4조의 규정 등에 의하여 무이자분에 대해 納稅義務를 인정하고 이것에 과세하였다. 그러나 역무의 제공 또는 대부금의 공여가 雙方社員의 特質

(Doppelgesellschaftereigenschaft)에 의해 조건을 붙일 수 있다고 하는 推論을 정당화하는 사실의 확정은 피고 세무서에 의해 불가능하지 않는다고 해도 매우 곤란했다.

一部引用하고 一部還送하였다. "被告 稅務署의 의문은 資本去來稅法 제4조의 해석에 있다고 하는 것보다도 행정청이 개별적으로 구체적 사안에서 적용될 수 있는 條文規定의 權利根據事實을 眞僞不明할 때 어떻게 확정해야 할 것인가에 관련된 것이다. 즉 누가 要證事實을 확정할 수 없는 책임을 질 것인가가 문제이다. 여기에서는 주관적 입증책임이 아니라 객관적 입증책임을 물을 수 있다.378) 租稅請求權을 근거로 하는 사실에 대해서 객관적 입증책임은 원칙적으로 행정청에게 있다"379)

조세청구권을 근거로 하는 사실에 대해 객관적 입증책임은 원칙적으로 行政廳에게 있다는 명제는 規範說에서 말하는 積極的 法律要件에 대응하는 것이고, 로젠베르크가 주창한 규범설이 조세법의 영역에서도 승인되었다고 일단 평한 것도 가능하다. 그러나 여기에서는 이하의 세 가지 점에 유의해야 할 것이다.

첫째로, 위 명제와 같이 判知가 이미 19세기의 최후의 사반세기에 프로이센 高等行政法院에 의해 분명히 확립되었다. 이것은 로젠베르크가 규범설을 주장하기 시작하기 이전에 생긴 일이고 당시 그 명제는 因果關係說에 기인된 이론으로 만들어져 있다고 생각된다. 제1차 세계대전 후에 이르러 처음에 라우슈린쿠가 위 명제를 규범설에 의해 권위를 세웠다.380)

---

378) Vgl. Rosenberg, *Die Beweislast*, 3. Aufl., S. 16ff., 23ff; ferner BFH Urteile v. 19. 6. 1962 I 257 / 61 U. BFHE 75, 307, BStBl Ⅲ 1962, 377; v. 24. 1. 1963 Ⅱ 195 / 58 U. BFHE 76, 585, BStBl Ⅲ 1963, 213; Barske / Woerner, *Finanzgerichtsordnung*, S. 90f; Mattern / Meßmer, *Reichsabgabenordnung*, Tz. S. 362f; Tipke / Kruse, *Reichsabgabenordnung / Finanzgerichtsordnung*, 2, bis 3. Aufl., §204 AO Rdnr. 4. 17, § 96 FGO Rdnr. 15.

379) BFH Urt. v. 20. 5. 1969 Ⅱ 25 / 61, BStBl. Ⅱ 1969, 550 = StRK KVStG § 4 Rdnr. 15.

380) Vgl. Heinz Rauschning, *Untersuchungen zur Beweislehre im Steuerverfahren*, Hamburg 1929; Paul Herr, *Die Beweislast in der jüngsten Rechtsprechungen des Reichsfinanzhofs*, Berlin 1938.
조세절차에 있어서 증거론에 대해서 프로이센 高等行政法院 및 라이히 財政法院의

둘째로, 一般行政法의 영역에서 침해적 행정행위의 取消請求의 경우 修正規範說에서 말하는 원칙과 예외의 법리가 원용된 결과, 行政廳은 자기에게 유리한 법규의 요건사실에 대해 객관적 입증책임을 진다. 이것과 달리 조세실체법의 영역에서는 원칙과 예외의 법리가 원용될 때까지도 아니고 租稅請求權을 주장하는 행정청이 權利根據事實에 대해서 객관적 입증책임을 진다. 이 이론구성은 민사법상의 給付請求의 경우와 완전히 동일하지만 배타만의 입증책임론과 다르다. 어쩌면 배타만설의 경우 국민이 행정청 또는 법원에 대해서 行政行爲의 取消를 바라는 實體法上의 權利(取消請求權)를 가지고 그 取消請求權을 근거로 하는 사실에 대해서 객관적 입증책임을 지기 때문이다. 행정청이 상대방의 주장에 관계한 取消請求權을 장애·멸각·억제하는 사실에 대해 객관적 입증책임을 진다고 하는 이론구성을 하게 되면 그것은 行政判例理論과 결론을 하나로 하는 것이다. 그러나 원고가 取消請求權의 근거사실에 대해 客觀的 立證責任을 지지 않는 이유가 소론의 경우 설명하기 어려운 것이다.

셋째로, 독일에서는 行政法院과 財政法院을 분리하고 있기 때문에 각각 적용되는 證據法理論과 달라도 그것은 지장이 없다. 그러나 우리나라에서는 행정법원과 재정법원이 분리되어 있지도 않고 양자 모두 통상의 司法法院에 통합되어 있다. 이 사정 아래에서는 일반 행정법을 위한 證據法理論과 租稅法의 증거법이론이 가능한 한 통일적으로 또는 체계적으

판례분석의 선험적 업적은 Rauschning의 우서물이다. 라이히 재정법원판례의 분석결과, 첫째로 立證責任分配의 原則은 표현증명의 시점에서 이것을 행하는 것(Ibid., S. 85) 다음으로 조세책임자는 법률요건요소의 존재에 대해서 입증책임을 지는 것(Ibid., S. 87), 예외적으로 조세의 감면을 요구하는 납세의무자는 이 요구내용에 대해서만 그 요구를 근거로 하는 주장에 대해 입증책임을 진다(Ibid., S. 87). 이 제삼명제에 대해서 『한번 성립했던 납세의무의 전부 또는 일부의 [사후적] 소멸이 문제일 때 납세의무자가 입증의무를 진다』, (Herr, Fn. 13, S. 77)라고 그 의의를 분명히 하고 있다.

더욱 현재의 증거법리론의 시점에서 보면 表現證明은 입증책임분배가 아니라 證據評價와의 관련에서 논할 수 있는 것이 많다. 그 제한에 있어서 제일명제에 대해 비판의 여지는 크게 있을 것이다. 게다가 나치스에는 제이명제와 제삼명제가 배후에 걸려있는 것이 현실이다. 表現證明이 定型論(Typenlehre)의 형태로 실무·판례·학설상 활용되어 져 있었다(Herr, Fn. 13, S. 61).

로 구성되어 있는 편이 보다 과학적이다. 그 한계에 있어서 租稅實體法
에 관한 規範說은 입증책임의 설명에 있어서 간편한 방법이라고 평가할
수 있지만, 그 規範說은 원칙과 예외의 법리를 개재시키는 수정규범설과
다르고 그대로 조세절차법상의 침해적 行政行爲의 取消請求에 적용하게
되면 베타만설에 대해서 보는 바와 같이 지지하기 어려운 결론이라 할 수
있을 것이다.

오히려 조세실체법에 관한 規範說이 수정규범설에 접근시킬 방법을 찾
아야만 할지도 모른다. 예를 들면 租稅請求權을 근거로 하는 사실은 租
稅行政廳에 있어서 유리한 법규의 要件事實에 해당한다고 말할 수 있기
때문이다.

2. 租稅處分法上 權利滅却要件의 입증책임의 소재는 전전의 判例理
論381)에 의해 확인되어 있다. 聯邦財政法院 1970년 11월 5일 판결은 제2
차 세계대전 후 또한 權利障碍要件에 대해서도 판시하고 있다.

사안은 세무서의 부과과장이 1954년도 賣上稅賦課處分에 1959년 2월
5일 서명하여 그 후 係爭更正決定을 하였다. 한편 판례에 의하면, 과장은
賦課處分의 서명 전에 알고 있었으나 사실은 更正處分의 要件([구]AO제
222조 1항 1호)인 新事實에 해당하지 않기 때문에(BFH Urt. v. 23. 8.
1963 Ⅵ 150 / 62 U. BFHE 77, 463, BSt Bl. Ⅱ 1963, 489) 위 사실에
의거해서 更正處分을 행할 수 없다. 그런데 본건에서는 위 규정의 요건
이 존재한 것인가 어떤가는 분명하지 않다. 즉 대규모기업조사과는 조세
를 증액하는 사실관계를 세무서에 통지하는 橫目調査(콘토롤-조사)가 更
正處分의 서명 전에 과장에게 전했다고 하는 것도 있을 수 있고 또는 서
명 후일지도 모른다. 이 진위불명은 제거할 수 없다.

일부인용. 財政裁判節次에 있어서⋯⋯納稅義務者의 協力義務(FGO 제
76조 1항, [구] AO 제 171조) 및 여기서부터 재정법원의 추계권(FGO 제

---

381) PrOVerwG Urt. v. 7. 11. 1922 Ⅲ C. 84 / 22, PrOVerwGE 78, 131(133). 注(1) 參照.

96조 1항, [구] AO 제217조)을 짐작해서……주관적 입증책임이 존재할 것
인가,[382] 또는 여기에서도 職權調査主義를 위해(FGO 제76조 1항 1문)
主觀的 立證責任의 여지는 없는가에[383] 대해서 미해결인 채로 둘 수 있
다. 납세의무자는 위 事實不明을 없애야만 하는 의무를 지지 않고 다른
쪽 상대방 당사자, 세무서가 특히 職權調査義務를 이행하는 것도 또 기
대할 수 없다.

여기서는 보는 訴訟(직권탐지주의의 소송을 포함한다)에 있어서 인정되
는 객관적 입증책임의 분배가 오직 문제이다.[384] 조세청구권의 경우 權利
主張者는 租税債權者를 대리하는 행정청이다. 행정청이 조세청구권을 주
장할 수 있기 위해서 존재하지 않으면 안 된 사실에 대해서 객관적 입증
책임을 지고, 한편 청구를 받은 納税義務者는 租税減免을 근거로 하는
사실 또는 조세청구권을 취소 또는 한정하는 사실에 대해서 객관적 입증
책임을 진다. 聯邦財政法院 1968년 5월 7일 판결(II 208 / 61, BFHE 92,
519, 523)에서는 "支配會社의 債權抛棄에 의해 이익을 받는 從屬會社의
納税義務者는……조세를 근거로 하는 법률요건(채권포기)이 사후에 소멸했
다고 주장을 할 때, 그 주장은 소극적(권리멸각) 규범요건에 해당한 것으
로 간주할 수 있다고 되어졌다. 소송상의 當事者의 地位는 객관적 입증
책임의 분배에 있어서 의의가 없다. 取消請求를 하는 원고는 그자가 원
고이며 또한 行政行爲를 공격하기 때문에 객관적 입증책임의 분배를 규
정한 것이다"[385]

먼저 본 판결이 인용하는 1968년 5월 7일 판결은 消極的 法律要件에
대해 明言한 것은 아니다. 즉 "租税行政廳이 원칙적으로 조세를 근거로

---

382) 贊旨, Bettermann, *Verhandlungen des 46. Deutschen Juristentags Bd. II*, s. 37.

383) 同旨, Tietgen,"Beweislast und Beweiswürdigung im Zivil-und Verwaltungsprozeß," *Guta-
    chte für den 46. Deutschen Juristentag*, S. 31f. 주관적 입증책임과 직권탐지주의와의
    비양립성에 대해서 일반적으로 Rosenberg, a. a. O., 5. Aufl. (1965), §3 II.

384) Rosenberg, a. a. O., § 3 IV 1, 4 bis 6; Tietgen, a. a. O., S. 11; Bettermann, a. a. O.,
    S. 27.

385) BFH Urt. v. 5. 11. 1970 VR 71 / 67, BStBl. II 1971, 220＝BFHE 101, 156＝StRK
    AO § 221 Abs. 1. Nr. 1. Rndr. 48.

하는 사정에 관해 객관적 입증책임을 진다. 그러나 이것은 請求를 받았던 納稅義務者(從屬會社) 및 이것을 지배하는 법인(支配會社)이 利益供出契約의 내용을 분명히 하지 않으므로 要證事實이 확정할 수 없는 범위에서 타당하지 않다. 해당 계약의 체결에 관여했던 자 이외의 사람에게 事實不明의 效果를 지게 할 수 없다"386)

이 판결은 원칙적으로 租稅請求權을 근거로 법률요건을 모두 權利根據要件으로 간주하고 그 요건사실에 대해서 행정청에게 객관적 입증책임을 부담시키고 있다. 이것에 대해 상대방 당사자(納稅義務者)가 계약의 내용을 분명히 하지 않기 위해 要證事實이 확정할 수 없는 경우 조세행정청은 진위불명의 효과에 따라 立證責任을 지지 않는다. 후반의 판시사항이 문제이다.

利益供出契約의 경우 지배종속회사 전체의 견지에서 보면 경제적 이해가 대립하는 것이 아니라 동일방향에 있기 때문에 양 당사자는 계약당사자 이외의 자에게 그 내용을 개시하지 않는 것도 있다. 그 때문에 租稅行政廳이 위 계약내용에 대해서 證據資料를 수집한 것은 일반적으로 곤란할 것이다. 이 사정을 짐작해서 본 판결은 제3자의 인식하기 어려운 내부사실에 대해 證據의 近接(또는 支配領域)을 이유로 일종의 立證責任의 轉換을 행하고 있다고도 해석할 수 있다.387) 다만 이러한 증거의 근접에 의해 객관적 입증책임이 전환할 것인가 具體的 證據提出責任이 전환할 것인가 또는 양자가 전환할 것인가는 위 판결에서 분명하지 않다. 어쨌든 여기에서는 立證妨害는 문제로 되어 있지 않고 객관적 입증책임에 대해서 원칙의 例外理論을 인정할 수 있도록 했다고 말할 수 있을 것이다.

그러나 이 1968년 5월 판결의 이론구성에는 다음의 疑問點을 지적할 수 있다. 본건에서는 契約當事者(納稅義務者)는 원칙적으로 조세의 積極的 法律要件事實에 대해 客觀的 立證責任을 지지 않게 하는 데에 구애하지 않고 특정한 契約內容을 명확히 하지 않는 경우 진위불명의 效果

---

386) BFH Urt. v. 7. 5. 1968 Ⅱ 208 / 61, BFHE 92, 519 (523).
387) Vgl. Martens, a. a. O., S. 325.

(따라서 立證責任)를 진다. 분명히 이것은 규범설에서의 일탈이다. 더욱 여기서 말하는 계약내용이 權利障碍要件 또는 權利滅却要件(본건에서는 채무면제의 事後的 消滅을 납세자가 주장)을 포함하고 있다고 하면 위 68년 판결의 의문점은 해소될 것이다. 즉 원칙적으로 조세행정청이 租稅 請求權을 근거로 하는 사실에 대해서 객관적 입증책임을 지고 예외적으로 납세의무자는 그 請求權을 장애, 멸각하는 사실에 대해 입증책임을 진다고 함으로써 이러한 1968년 판결의 의문점을 해소하고, 조세청구권에 대해서 權利根據要件(적극적 법률요건)과 權利滅却·限定·障碍要件(소극적 법률요건)을 구분했다.

본 판결은 또한 설시한다. "여기에서는 소극적 법규범의 요건사실이 미해결로 되어 있는 것이 아니라 적극적 조세규범의 요건사실이 미해명인 채이다. 계쟁경정결정은 羈束力인 1954년도 賣上稅請求權을 확장하고 있다. 세무서가 해당 확장되었던 請求權의 正當事由에 대해서 객관적 입증책임을 진다. 즉 增額更正處分의 요건을 규정한 舊租稅通則法 제222조 제1항 제1호에 의한 減額更正을 청구하고 해당 法律要件事實이 불명한 채로 되었던 경우 그 納稅義務者가 역으로 패배하지 않으면 안 될 것이다"

본 판결은 조세를 근거로 하는 法律要件에 대해서 租稅行政廳에게 객관적 입증책임을 부과하고 또한 조세를 장애, 한정, 멸각하는 법률요건이 존재하는 경우에는 納稅義務者에게 그 요건사실에 대해 객관적 입증책임을 지게 하고 있다.

베버 그레트는 "이 판례로 세운 이론에 의해 필요한 것을 갖추는 것이 분명히 모두 나왔기 때문에 이것을 이용해서 만족한 立證責任의 판단을 행할 수 있다"[388]라고 본 1970년 11월 판결을 높이 평가하였다.

---

388) Weber-Grellet, a. a. O., S. 50. 전게 70년 11월 판결은 일반적으로 주관적 입증책임에 대해 敗訴를 피하기 위해 係爭事實의 證明을 자기의 입증활동에 의해 행해야 할 當事者가 그 책임을 진다라고 설시하는 한편 재정재판절차에 있어서 主觀的 입증책임의 존부에 대해서는 태도를 보류한다. 직권탐지주의에서는 양 당사자는 事實不明의 除去義務를 지지 않는다. 그러나 이것에 의해 主觀的·具體的 立證責任(구체적 증거 제출책임)이 적극적으로 부정된 것은 아니다.

3. 小　結

獨逸 租稅判例에서 보는 立證責任分配의 原則은 다음과 같이 공식화
할 수 있다.

각 당사자는 자기에게 유리한 法律要件要素에 해당하는 사실에 대해서
客觀的 立證責任을 진다.

먼저 租稅債權者(국가, 조세행정청)는 조세청구권을 근거로 하는 사실에
대해서 객관적 입증책임을 진다. 다음으로 納稅者는 조세청구권을 한정하
거나 장애 또는 멸각·억제하는 사실에 대해서 객관적 입증책임을 진다.

또한 증거의 근접 또는 立證困難의 관점에서 조세청구권을 근거로 하
는 法律要件을 구분하는 것에 의해 납세자에게 객관적 입증책임을 지게
하는 시도가 약간의 判例에 의해 행해졌다. 그러나 聯邦財政法院이 1970
년에 확립했던 基本判例理論이 위 공식의 대상으로 되었던 제 사례에 적
용된다면 위 공식의 반 이상은 불필요한 논법이거나 판결의 사정거리와는
멀고 불명확하였다. 또한 要證事實의 直接證明은 곤란해도 間接證明의
方法에 의해 입증하는 것은 불가능하지 않으므로 객관적 입증책임은 안
이하게 전환될 수 없다. 게다가 內部的 事實(친자회사간의 계약)과 같이
증거의 접근은 민사소송의 경우와 달라서 稅務調査權(行政調査權)의 행
사 및 객관적 입증책임을 지지 않는 당사자(특히 납세의무자들)에 대한
立證協力의 賦課 및 行政公租制度의 운용에 의해 조세행정청에서 폐쇄
되어 있는 것은 아니다.

第3節 日本에서의 立證責任

1. 租稅訴訟에 있어서 立證責任에 관한 學說

가. 學說의 檢討

日本에서도 租稅訴訟에 있어서 立證責任의 문제에 대해서는 일찍부터 많은 논의가 있었다. 租稅訴訟도 行政訴訟의 일종이기 때문에 租稅訴訟에 있어서 立證責任을 어떻게 해석하는가에 대하여는 行政訴訟과 관련하여 연구되어야 함은 말할 것도 없는 것이다. 立證責任의 分配에 대해서는 아래와 같이 學說은 많은 갈래로 나눠져 있다.

(1) 課稅處分의 取消訴訟은 形式訴訟이고, 또한 行政處分은 絶對無效의 경우를 제외하고 原則的으로 適法性의 推定을 받을 뿐만 아니라 公定力을 가진 것이기 때문에 取消權(形成權)의 存在를 主張하는 原告에 立證責任이 있다고 하는 說.

이 설은 抗告訴訟의 原告는 형식상은 공격적 입장에 있지만 실질상은 방어적 입장에 있기 때문에 어떤 法律效果의 존재를 주장하는 자가 그 발생에 필요한 요건사실을 立證해야 한다는 견해이다.[389]
그러나 이 설에 대해서는 行政處分의 公定力 내지 適法性의 推定이 직접적으로 행정처분의 구체적인 課稅要件事實의 객관적인 존재자체를

---

389) 田上讓二, "行政行爲의 公定力," 『行政法講座(2권)』, 89면 以下; 同 "司法權에 대한 行政權의 獨立," 『公法硏究』, 8호, 106면 以下 參照.

추정시킨 것이 아니라, 다만 행정처분 그것의 법적 효력에 대한 것만이
인정된다는 것이라고 하는 것을 생각하면 모두 일률적으로 公定力 내지
推定力을 가지며 立證責任은 그 행정처분을 논쟁하는 상대방에 있다고
일거에 단정할 수도 없다고 하는 批判390)이 있다.

따라서 현재에는 이 설로부터 立證責任을 찾으려는 것은 타당하지 않
다는 견해가 支配的이다.

> (2) 行政廳은 行政行爲의 適法性을 자기 스스로 保存하지 않으면 안
> 되기 때문에 항상 行政廳이 行政處分의 適法性에 대해 立證責任
> 을 負擔시키게 히는 說

이 설은 法治行政의 原則에 의해 행정청은 行政行爲의 適法性을 스스
로 擔保하지 않으면 안 되기 때문에 取消訴訟은 물론 無效確認訴訟에
있어서도 항상 행정청이 행정행위의 적법성에 대해 입증책임을 부담지게
한다는 것이다.391)

그러나 이 설에 대하여는 租稅訴訟에 있어서도, 항상 피고 과세관청이
입증책임을 지게 되지만, 이 설에 대해서도 刑罰權의 발동과 달리 行政
行爲의 가운데에서는 침해적인 행정행위와 나란히 授權的인 행정행위도
존재하는 것이며 또 적어도 訴訟의 場에서는 행정청과 시민과는 대등하
다. 따라서 刑事訴訟에 있어서 『疑心스러울 때는 被告人의 利益으로』라
고 하듯이 先驗的 立證責任分配原則이 침해적 행정행위의 취소소송에
대한 것뿐만 아니라 취소소송 전반에 타당해서 진위 불명한 경우의 위험
을 일면적으로 어떤 한쪽의 당사자의 부담으로 해 버리는 것과 같은 방법
은 의문이라고 하는 批判392)이 있다.

---

390) 松澤 智, 전게서, 73면.
391) 關根榮響, 전게논문, 30면 以下.
392) 市原昌三郎, 전게논문, 232면.

(3) 民事訴訟에 있어서 立證責任의 原則이 그대로 妥當하며, 權利規
   定의 要件事實은 被告 行政廳이 또 權利障碍規定, 權利消滅規定
   의 要件事實은 原告가 立證責任을 진다고 하는 說

이 설은 민사소송에 있어서 立證責任分配의 原則이 租稅訴訟(取消訴
訟)에 있어서도 그대로 타당하다고 하는 설이다.

즉 權利發生規定에 토대로 행해진 行政處分은 그 규정을 적용한 행정
처분이며, 權利障碍規定을 무시한 행정처분은 그 규정의 적용을 거부한
행정처분이라고 말할 수 있을 것이다. 그래서 行政訴訟에서 立證責任分
配의 원칙을 다음과 같이 표현할 수 있다고 생각한다. 취소가 요구되어진
行政處分이 법규를 적용한 행정처분일 때는 피고 행정청이, 법규의 적용
을 거부한 행정처분일 때는 원고가 그 법규의 전제인 사실에 대해서 立
證責任을 진다[393]라고 설명되어진다. 이 설에 대해서는 稅務訴訟의 특질
을 무시해서 민사소송의 이론을 그대로 도입한 점에 검토의 여지가 있다
고 하는 批判이 있고,[394] 또한 行政法規는, 첫째로, 公益과 私益의 調整
을 그 목적으로 한 것이고, 두 번째로 裁判規範으로서의 의미보다도 더
많은 국가의 行政活動을 규율하는 행정기관에 대한 行爲規範으로서 성격
을 가지고 있다. 따라서 행정법규에 대해서는 立證責任分配의 원칙을 사
법법규에 있어서와 같은 의미에서 암묵 중에 예정해서 구성되어 있다고
할 수 없다. 그렇다고 하면 民事訴訟에서 정당하다고 하는 法律要件分類
說이 당연히 取消訴訟에 타당하다고 하는 주장은 의문을 가질 수밖에 없
다고 하며,[395] 민사소송에서 입증책임분배의 원칙이 세무소송(취소소송)에
서도 그대로 타당하다고 하는 것은 속단에 불과하다고 하는 비판이 있다.

---

393) 瀧川叡一, 전게논문, 485면 이하; 同, "行政訴訟의 請求原因·立證責任 및 判決의 效
    力," 『民事訴訟法講座(5권)』, 1444면.
394) 松澤 智, 전게서, 73면.
395) 市原昌三郎, 전게논문, 233면.

(4) 民事訴訟의 一般原則은 當然하게도 行政訴訟에 妥當하지 않고 行政訴訟에 있어서는 오히려 適用해야 하는 法規의 立法趣旨나 各 行政處分의 特性, 立場의 難易 等을 考慮해서 立證責任의 分配를 결정해야 한다는 說

이 설에 의하면 민사소송에 타당한 法律要件分類說은 사법법규의 대립 당사자 간의 利害調整規定으로서 제정되어 있는 것에 대해서, 公法法規는 公益과 私益의 조정을 내용으로 하며, 또한 裁判規範으로서 역할보다도 행정기관에 대한 行爲規範이라는 성격이 짙은 것으로, 公法法規와 私法法規가 다른 원리에 의해 구성되어 있다고 하는 것을 이유로 해서 행정법규의 要件事實에 立證責任分配의 기준을 요구하는 것이 아니라 일반적인 원칙을 세우지 않고 당사자의 公平·事案의 性質·事物에 관한 立證의 難易 등에 의해 구체적인 사안에 대해서 어떤 당사자의 不利益으로 판단할지를 결정하지 않으면 안 된다고 생각된다는 견해396)이다.

이 설에 대해서도 입증책임의 소재가 각각의 구체적인 사안마다 다른 듯한 인상을 주는 것은 立證責任分配法則의 본질에서부터 문제이라든지,397) 입증책임분배의 법칙은 사실의 存否不明의 경우에 어느 당사자에 대해서 不利하게 판단해야 하는가 하는 것을 지시해야 하는 準則이고, 추상적 또는 일의적으로 결정된 것이며 각각의 구체적인 事案마다 다르다고 하는 것이 아니고 또한 소송의 발전상태에 따라서 轉換하게 하는 것도 아니기 때문에 이러한 의미에서 의문이고 오히려 구체적인 사안의 해명을 통해서 일반적인 분배의 規準을 현출하는 것에 힘써야 한다398)고 하는 批判이 있다.

(5) 憲法秩序(個人의 自由의 優越)로부터 歸納하고, 國民의 自由를 制

---

396) 雄川一郎, 『行政爭訟法』 (東京: 有斐閣, 1996), 313면.
397) 市原昌三郎, 전게논문, 233면.
398) 南博方, 『注釋行政事件訴訟法』 (東京: 弘文堂, 1997), 84면 參照.

限하며 國民에게 義務를 賦課하는 行政行爲의 取消를 요구하는 訴訟에서는 항상 行政廳이 그 行爲의 適法性에 대한 立證責任을 負擔하고, 國民이 國家에 대해 自己의 權利領域·利益領域을 擴張시킨 것을 요구하는 請求(却下處分의 取消)를 하는 경우에는 原告가 그 請求權의 基礎를 이룬 확고한 事實에 대해서 立證責任을 지게 된다고 하는 說.

이 설에 의하면 국민의 소위 『自由權的 基本權』을 제한하는 국가의 행위는 그것이 立法이며 行政이며 국가 스스로 그 憲法에 맞는 이유를 담보해야 하는 것이다. 따라서 행정에 의한 국민의 自由의 制限이 문제로 되는 경우에는 행정은 항상 그 제한이 法律에 적합한 이유를 증명하고, 또 憲法의 趣旨에도 맞는 것을 입증해야 하는 것이다. 한편 국민의 『生存權的 基本權』을 보장하는 憲法의 규정은 소위 프로그램적 규정이고 이것에 의해 직접 국민에게 구체적인 권리가 부여될 수는 없기 때문에 설령 각각의 입법에서 국민에게 이 生存權的 請求權을 준다고 해도 이 請求權의 발생을 뒷받침하는 사실은, 이것을 주장한 측에서 그 立證責任을 지게 하는 것이라고 해야 한다는 견해이다.[399]
그러나 이 설은 입증책임분배법칙을 정할 때 지표로서 적용해야 하는 법규의 입법취지, 각 行政行爲의 성질만을 근거로 해서, 국민에게 利益을 주는 處分의 取消訴訟에 대해서는 피고 행정청 측에게, 국민의 측에서 자기의 權利領域·利益領域의 확장을 요구하는 請求의 却下處分의 取消訴訟에 대해서는 원고에게 각각 입증책임을 부과하고 있지만, 입증책임분배법칙을 정립하기 위한 지표로서 적용해야 하는 법규의 立法趣旨와 각 行政行爲의 性質만을 근거로 하는 것은 문제이고 그 외에 당사자의 公平, 事案의 性質, 事物에 관한 立證의 難易 등도 고려해서 종합적 견지에서 입증책임의 분배법칙을 확립해야 할 것이라고 하는 비판[400]이 있다.

---

399) 高林克巳, 전게논문, 299면.
400) 紙浦健二, 전게논문, 45면.

그러나 입증책임의 기본적 관점을 기본적 人權의 保障 및 法治主義라고 하는 헌법상의 원칙에 있어서, 법치주의의 원칙이 타당한 데에서는 본래 行政處分을 한 行政廳은 원고의 권리나 권익을 違法으로 침해하는 것은 없다는 점을 객관적으로 증명하고, 그 처분의 適法性을 근거로 하는 사실에 대해 立證責任을 지게 하는 것이 要請되어 있다고 말해도 좋을 것이라고 하며,401) 국민의 權利·自由를 制限하여 국민에게 의무를 부과하는 侵害的 行政處分(課稅處分)에 있어서는 원칙적으로 피고 행정청이 節次的 要件·實體法的 要件을 포함해 處分의 適法性을 근거로 하는 사실에 대해서 立證責任을 진다고 해석해야 하고, 국민이 입법자의 정책선택에 맡겨지고 있는 법률 아래에서 자기의 權利領域 내지 利益領域의 확장을 요구하는 請求를 하는 경우에는 원칙적으로, 그것을 주장하는 자가 根據로 되는 사실을 입증해야 한다고 한다. 소위 修正說이라고 볼 수 있다.

(6) 證據와 距離를 考慮해 생각하는 說(反規範說)

이 설은 立證責任分配에 관한 하나의 독립한 설이라고 할 것인가 어떤지에 대해서는 문제가 있을 것이지만, 租稅行政廳이 確定處分을 행하기 위해서는 課稅要件事實의 인정이 필요하기 때문에 과세요건사실의 존부 및 과세표준에 대해서는 원칙으로서 조세행정청이 입증책임을 진다고 해석해야 한다. 다만 과세요건사실에 관한 증거와의 거리를 고려하면 이 원칙에서는 利益狀況에 따라 수정을 가할 필요가 있을 것이다. 예를 들면 必要經費의 立證責任은, 원칙적으로 행정청의 측에 있다고 해석해야 하지만, 必要經費의 존재를 주장하면서 그 내용을 구체적으로 지적하지 않고 行政廳이 그 존부 및 금액에 대해 검증의 수단을 갖지 않는 경우는 그 立證責任은 원고가 진다고 해석해야 하고 確定申告書記載의 課稅要

---

401) 宮崎良夫, 전게논문, 249면.

件事實을 그 신고자가 논쟁하는 경우는 입증책임은 원고가 진다고 해석해야 한다는 견해[402]이다. 이 설을 하나의 독립한 설로서 들 수 있는 것은 최근의 민사소송법학에서 法律要件分類說을 비판하고 증거법상의 고유의 특질에서 獨自의 立證責任의 分配를 주장하는 방법(反規範說)이 유력하게 계속되기 때문이다.

이러한 반규범설의 방법은, 『立證責任配分의 根本理念은 衡平이다』라고 하며, 『利益衡量을 정면으로 꺼낸 立證責任의 分配의 基準』을 해석하는 것이지만,[403] 세무소송에서 입증책임분배의 기본이념은 『형평』이다. 형평이라는 관념은 무엇보다도 개별적·구체적인 사안에 대해서 실질적인 利益衡量에 토대로 타당한 해결을 도모하는 것이며 획일적인 규준으로 익숙해지기 어려운 것이다. 따라서 立證責任의 分配의 原則도 사안의 성질을 근거로, 立證方法의 곤란함, 대립당사자 간의 형평을 기초로 한 正義, 公平의 원칙의 요청으로부터 생각된 것이다. 그렇다면 기본적으로는 課稅要件事實에 대해서는 피고 과세관청에게 입증책임이 있다고 해석된 이상 증거의 채취의 난이함을 고려해 입증책임의 분배의 기준을 고찰하고, 또는 그 입증의 필요성의 정도의 문제로서, 사안에 의해 經驗則에 의한 事實上의 推定에 의해 어느 정도 擧證責任者의 부담을 완화해 간다고 생각해야 하지만 타당한 해결방법이라고 생각된다고 하는 견해[404]도 반드시 명확하지 않지만 反規範說의 입장에 서 있던 것도 생각할 수 있다.

그러나 이러한 民事訴訟에 있어서 생각하는 방법에 대해서 관계된 불명확한 分配基準을 사용한 데 대하여는, 개개의 소송에서 立證責任의 소재를 사전 예측할 수 없고, 法的 安定性을 妨害한다는 批判이 있지만,[405] 立證責任은 訴訟過程에 있어서 입증의 필요에 기인해 雙方이 立證하고 최종적으로 심리가 끝난 단계에게 작용한다. 입증의 필요가 최초

---

402) 金子宏, 전게서, 472면.
403) 石田穰, "立證責任의 現狀과 將來,"『法學協會雜誌』, 90권, 8호, 32면, 36면 등 參照.
404) 松澤 智, 전게서, 73면.
405) 倉田卓次, "証明責任分配論에 있어서 通說의 擁護,"『判例タイムズ』, 318호, 57면; 近藤昭三, "取消訴訟의 擧證責任,"『判例タイムズ』, 318호, 101면 參照.

부터 예측할 수 없는 이상, 立證責任만 최초에 알고 있어도 法的 安定性
이 있다고는 일괄적으로 말할 수 없다. 法的 安定性 이외에도 當事者의
公平이라는 것이 중시되어야 할 것이다.

조세관계소송에서는 所得金額計算上의 消極的 事由, 예를 들면 必要
經費, 손금도입액 등에 대해 문제로 된다. 必要經費를 포함한 課稅所得
의 존재에 대해서는 課稅官廳이 立證責任을 진다고 하는 것과, 원고 납
세자에게 입증책임을 진다고 하는 것도 있다. 전자의 중에서도 납세자가
행정청의 인정을 넘는 多額의 必要經費를 주장하면서 그 내용을 지적하
지 않고, 행정청이 그 檢證手段을 가지지 않을 때에는 經驗則에서 보충
할 수 없는 한 이것을 가공(不存在)으로 취급해야 한다는 것이 있다. 실
질적으로는 입증의 困難性을 이유로 입증책임을 전환한 것이라고 말할
수 있을 것이다. 申告內容과 다른 사실을 납세자가 取消訴訟에서 주장하
는 경우에는, 납세자가 입증책임을 진다는 것으로 하는 것이 있지만 이것
을 형평의 견지에 기인한 것이다. 이러하듯이 必要經費라 해도 행정청이
납세자의 필요경비를 부인하는 경우와 납세자가 申告額보다도 많은 경비
를 주장하는 경우에서는, 입증책임은 그 입증의 難易에 의해 다른 것이
다. 이외 立證의 難易나 衡平의 視點에서 입증의 방법이나 필요에 대해
서 사실에 따른 判示를 하고 있는 것이 많은 것도 같은 이유에 기인한
것이다.

이상의 입증책임의 판례에서 말할 수 있는 것은 소극적 사실이라도 그
주장의 態樣에 의해 입증책임이 다른 것이고 그것은 立證의 難易, 證據
와의 距離, 衡平 등에 의해 결정되어야 하는 것이라고 하는 점이다. 이
점에서는 반규범설적 방법이 타당한 분야가 많다고 하면서 反規範說을
肯定的으로´ 해석하는 견해406)도 있다.

---

406) 山村恒年, 전게논문, 202면 以下.

나. 結 語

이상과 같이 租稅訴訟에 있어서 立證責任分配에 관한 學說은 많은 갈래로 나뉘어져 있지만, 行政行爲는 適法性의 推定이 있기 때문에 그 違法을 주장하는 자(原告)가 違法事由의 존재에 대해서 立證責任을 진다고 하는 학설을 취하는 학자는 현재 거의 없는 것 같다. 현재의 학설은 ① 民事訴訟法上의 法律要件分類說을 稅務訴訟에 있어서도 취할 수 있는 입장에 서 있는 것, ② 이것을 否定하는 입장에 서 있는 것 및 ③ 反規範說的 입장에 서 있는 것의 세 가지로 분류될 수 있다.

2. 租稅訴訟에 있어서 立證責任에 관한 判例

가. 課稅標準에 대한 立證責任

課稅標準에 대한 立證責任이 원고 납세자에 있는 것인가 피고 課稅官廳 측에 있을 것인가의 문제에서 가장 빨리 나타난 判例는 "원고 납세자는 농업경영에서 소득금액은 33,875엔인 주장하지만, 원고 납세자제출의 모든 立證에 의해도 세무서장이 행한 更正決定을 뒤엎고 위 원고 납세자의 主張事實을 인정하는 데 충분하지 않다"라고 判示하여[407] 원고에게 立證責任이 있다고 인정한 것이지만, 이 판결에서는 立證責任이 어떤 이유로 원고에게 있는 것인가는 전부 설명되어 있지 않고 위 判決要旨 그대로가 이유로 되어 있다.

그 후 많은 判例를 볼 수 있지만 "課稅所得金額에 관한 取消變更訴

---

407) 前橋地裁判決 昭24. 9. 1. 稅務訴訟資料 1호 33면.

訟에서는 所得이 原告에 있다. 그 사실을 주장한 피고인 행정청에게 입증할 책임을 지게 하는 것이라고 해석해야 한다"408) "課稅所得金額에 관한 취소변경소송에 있어서는 소득이 원고에게 있다고 주장하는 피고(행정청)에게 그 사실을 입증하는 책임을 부담하는 것이라고 해석해야 한다"409) "租稅의 賦課處分의 取消變更을 要求하는 소송에서는 일반적으로 課稅處分을 하는 자에게 처분이 適法하다는 입증책임이 있다고 해석해야 한다"410)와 같이 소위 입증책임에 대한 결론적 판시만을 나타내고 이유에 대해서는 완전히 나타내지 않는다.

나. 經費·損金 等에 대한 立證責任

필요경비의 입증책임에 대해서는 판례의 견해를 알 수 있다. 한편으로는, "필요경비의 주장은 所得額을 減額하는 事由이지만, 課稅官廳이 납세자주장액보다 寡額의 필요경비를 주장한다고 하는 것은, 환언하면 소득이 납세자의 주장액보다 크다는 뜻의 주장 일부를 구성하는 것이다. 한편으로 更正決定은 납세자의 신고액을 경정한다고 하는 것에 본질이 있기 때문에 원칙적으로 필요경비에 대해서도 과세관청이 입증책임을 진다고 해석해야 한다"411)라고 해서 필요경비에 대한 입증책임이 피고 과세관청에 있다고 하지만, "행정소송에 있어서도 일반 민사소송의 입증책임의 법리에 따라야 할 것이라고 해석해야 한다. 따라서 본건과 같은 法人稅에 대한 稅務訴訟에 있어서도 사용인으로서 지위와 역원으로서 지위를 겸임하고 있는 자에게 지급된 금액 중 어느 정도의 액이 역원인의 給料 및 賞與에 해당하는가를 計上하여 益金 및 損金을 확정해서 法人稅額算定

---

408) 鳥取地裁判決 昭25. 12. 20. 稅務訴訟 資料 5호 67면, 行集 1권 10호 1360면.
409) 秋田地裁判決 昭27. 4. 10. 稅務訴訟資料 11호 152면, 行集 3권 3호 512면.
410) 福岡地裁判決 昭29. 12. 20. 稅務訴訟資料 22호 41면.
411) 德島地裁判決 昭33. 3. 27. 稅務訴訟資料 26호 153면, 行集 9권 3호 433면.

의 기초로 되는 금액을 결정하는 것은 法人稅課稅의 근본적인 課稅權에 관한 사항이고 이것을 主張·立證하는 책임은 피고 측에 있다는 것이라고 해석해야 한다"412)라는 判例는 처음으로 민사소송법의 입증책임의 법리에 따른 것을 명시한 것이고 그러한 의미에서 높게 평가되어야 할 것이다.

이것에 대해서 필요경비의 입증책임이 원고 納稅義務者 側에 있다고 하는 判例로는 "所得稅審査決定取消訴訟에 있어서 필요경비의 주장, 입증책임은 납세의무자인 원고에 있는 것이라고 해석해야 하고, 또한 주장책임은 納稅義務者의 事業收入과의 관계된 것이므로 특정의 지출에 관한 경비가 이것에 대응하는 事業收入을 얻기 위해 필요한 經費인 것임을 분명히 해서 행해야 할 것이다"413)

"所得稅의 課稅處分에서 所得控除에 대해서는 과세처분의 권리 장애 사실로서 당시 시행의 所得稅法 11조의 4 내지 8 소정의 사실은 원고가 立證責任을 지는 것이라고 해석해야 한다. 그리고 원고는 災害補償費를 雜損控除에 해당한 것으로 주장하고 있기 때문에 그 立證責任은 원고가 부담해야 할 것이라고 말해야만 한다. 그러면 모나코·파칭코 점의 경영자가 소외 日野産業이다고 주장한 것은 자백으로 되지 않는다. 따라서 이것을 원고 자신이 經營者라고 정정한 진술도 착오의 유무에 관계하지 않고 임의로 이룰 수 있는 것이라고 해석하는 것이 상당하다"414) 등이 있고, 특히 후자는 法律要件分類說에 의한 것을 엿볼 수 있다.

그러나 必要經費에 대한 立證責任에 관해서는 "行政廳이 인정한 所得額 나아가서는 수입, 지출의 액에 대한 立證責任은 원칙적으로 행정청 측이 부담한 것이라고 해석해야 한다. 必要經費에 대해서 납세자가 행정청의 認定額을 넘는 多額을 주장하면서 구체적으로 그 내용을 지적하지 않는다. 따라서 행정청으로서 그 존부, 수액에 대해 검증의 수단을 가지지 않을 때는 經驗則에 상당하다고 인정되는 범위에서 이것은 보충하지 않

---

412) 熊本地裁判決 昭33. 6. 19. 稅務訴訟資料 26호 566면, 行集 9권 6호 1149면.
413) 名古屋地裁判決 昭38. 2. 19. 稅務訴訟資料 37호 145면, 行集 14권 2호 265면.
414) 高松地裁判決 昭41. 11. 17. 稅務訴訟資料 45호 475면.

는 한, 이것을 가공의 것(부존재)으로 취급해야 할 것이라고 해석한다"415)

"어떤 연도에 貸倒損失이 생긴 경우는 그 연도의 所得額의 산정에 맞춰 그 손실을 控除해야 하기 때문에 소득의 發生要件事實을 구성하는 대도손실의 유무에 대한 논쟁이 있는 경우에는 소득의 일정액의 존재를 주장하는 課稅官廳 측에서 해당 연도에 대도손실이 없는 것을 입증해야 할 필요와 책임이 있다. 그러나 대도손실은 통상의 必要經費와 달라서 이례적인 사실이다. 합리적 경제인인 去來 當事者는 거래할 때 자기의 채권의 회수가망에 대해 충분한 주의를 하고 또한 합리적인 판단을 내리는 것이 통상적이기 때문에 그것에 의해 생긴 債權은 그 債權者인 기업자에 있어서 외형상 기업 활동을 계속하고 있는 한, 즉 파산 등의 특별한 사정을 인정하지 않는 한 회수가능인 것이 사실상 추정된 것이라고 해석해야 한다. 稅務訴訟에 있어서는 이러한 특별한 사정은 납세자 측에서 반증을 가지고 위 사실상의 推定을 뒤집어야 할 필요가 있다고 해석하는 것이 상당하다"416) 등과 같이 일반적으로 必要經費 등을 포함하여 課稅所得의 존재에 대해서는 課稅官廳에 立證責任을 인정하면서도 특별한 경비 등에 대해서 그 不存在에 대해 事實上의 推定이 작용한다든지 특별한 사정은 納稅者 側에서 반증을 가져도 사실을 뒤집을 수 있다고 하는 것이 있다.

또한 소극적 사유의 立證責任에 대해서는, "세무관청이 資産增減法에 의해 소득을 算定한 것에 대해 納稅義務者가 이것을 논쟁하는 경우 그것보다 공제해야 하는 負債에 대해서는 납세의무자가 주장 및 立證責任을 지는 것이라고 해석해야 한다"417)

"借入金과 같은 소득금액계산상의 소극적 사유는 소득세납세자인 원고가 立證責任을 부담해야 한다"418) 등과 같이 원고 납세의무자에게 입증책임을 부담시키고 있다고 말할 수 있다.

---

415) 廣島高裁岡山支部判決 昭42. 4. 26. 稅務訴訟資料 47호 775면, 行集 18권 4호 614면.
416) 大阪地裁判決 昭40. 7. 3. 稅務訴訟資料 41호 822면.
417) 金澤地裁判決 昭30. 12. 16. 稅務訴訟資料 20호 583면, 行集 6권 12호 2838면.
418) 東京地裁判決 昭33. 2. 15. 稅務訴訟資料 26호 69면, 行集 9권 2호 173면.

그 외 경비 등에 관한 判例로서는 이하의 것에서 볼 수 있다. "공조공과, 수도광열비, 수선비, 소모품비, 통신비, 접대비, 잡비 등의 제 경비에 관한 課稅官廳의 인정액이 합당하다고 인정되는 경우에 納稅義務者가 위 인정액을 상회하는 액을 주장할 때는 그 근거에 대해 구체적인 주장·입증을 요한다"419)

"納稅義務者가 해당 운송사업을 조합사업이라고 주장해서 운송부문의 수입을 자기의 소득이라고 인정할 경우에 있어서 必要經費를 구체적으로 주장하지 않는 경우에는 과세관청의 인정액을 가지고 정당한 경비라고 인정할 수밖에 없다"420)

"일반적으로 必要經費를 포함한 과세소득의 존재에 대해서는 과세관청에게 立證責任이 있다고 해석되지만, 필요경비의 존재를 주장, 입증한 것이 납세자에게 유리 또한 용이한 것을 감안해 통상의 경비에 대해서는 어떻든 간에 이자와 같은 특별한 경비에 대해서는 그 不存在에 대해 事實上의 推定이 작용한 것이라고 말할 수 있다. 그 존재를 주장하는 납세자는 위 推定을 깨지는 정도의 입증을 해야 한다고 말할 수밖에 없다"421)

"필요경비의 지불이 없었던 것에 대해서는 피고 과세관청에게 입증책임이 있다고 말할 수 있지만, 사정의 성질상 피고는 위 지출이 없었던 것에 대한 입증이 매우 곤란한 데 비하여 원고는 그 입증이 매우 용이한 것에 감안하면, 본건과 같이 위 지출의 유무가 증거상 완전히 불명한 경우는 위 지출은 없었던 것이라고 追認하는 것이 상당하다"422)

"소득의 존재 및 그 금액에 대해서 과세관청이 입증책임을 지는 것은 말할 것도 없기 때문에 필요경비에 대해서도 課稅官廳에게 立證責任이 있다고 해석되지만, 必要經費의 존재를 주장, 입증하는 것은 납세자에게 유리하거나 또는 용이한 점으로 미루어 보면, 공평의 관념에 비춰서 통상의 경비

---

419) 大律地裁判決 昭32. 9. 24. 稅務訴訟資料 25호 743면, 行集 8권 9호 1636면.
420) 態本地裁判決 昭33. 5. 6. 稅務訴訟資料 26호 374면, 行集 9권 5호 942면.
421) 大阪地裁判決 昭43. 4. 26. 稅務訴訟資料 52호 845면, 行集 19권 4호 769면; 同旨 大阪高裁判決 昭46, 12. 21. 稅務訴訟資料 63호 1233면.
422) 京都地裁判決 昭49. 5. 10. 稅務訴訟資料 75호 369면.

에 대해서는 어떻던, 소송비용과 같이 특별한 경비 즉 사실상 不存在의 추정과 같은 특별한 경비에 대해서는 그 존재를 주장하는 납세자가 위 추정을 깨뜨리는 정도의 입증을 요한 것이라고 해석하는 것이 상당하다"423)

또한 조세의 감면사유의 立證責任에 대해서는 원고 납세자 측에게 立證責任이 있다고 한다. 그에 대한 판례로는 다음의 것들이 있다.

"租稅特別措置法(소화 44년 법률 제15호에 의한 개정 전의 것) 제38조의 6은 所得稅法 제33조에 대한 特別規定인 것에 감안해서 동조에 의한 소득계산의 특례의 적용을 받으려고 하는 자는 同條를 결정하는 요건에 해당하는 사실에 대해 주장·立證責任을 진다고 해석해야 한다"424)

"국세통칙법 제65조 2항은 過少申告加算稅의 課稅要件을 구비하는 경우에도 동조 제2항 소정의 경우에는 해당 사실에 관계하는 增差稅額分에 대해서도 과소신고가산세를 부과하지 않는 취지를 정한 例外規定이기 때문에 納稅義務者 측의 경우에 해당하는 사유의 존재에 대해서 주장·立證責任이 있다고 해석하는 것이 상당하다"425)

다. 申告書記載의 課稅標準에 대한 立證責任

申告記載의 課稅標準에 대한 立證責任에 대한 하급심판결은 다음의 것들이다.

"납세의무자에 있어서 일단 신고서를 제출한 이상 그 신고서에 기재한 금액이 진실의 소득금액에 반한 취지를 주장하는 경우에는, 所得稅法 제27조에 의해 修正確定申告書를 제출하고 또는 所得稅額의 更正의 청구를 행할 수 있는 경우 등 특별한 규정인 경우를 제외하고 신고자에게 그

---

423) 神戶地裁判決 昭53. 9. 22. 稅務訴訟資料 102호 511면.
424) 大阪地裁判決 昭50. 2. 5. 稅務訴訟資料 80호 134면, 同旨 大阪高裁判決 昭52. 12. 14. 稅務訴訟資料 96호 434.
425) 橫兵地裁判決 昭51. 11. 26. 稅務訴訟資料 90호 640면.

신고에 관계한 소득금액이 진실에 어긋나는 취지 및 그 신고행위에 무효 또는 취소할 수 있는 사정인 취지의 입증을 행하는 것이 필요하며 위 입증이 없는 한 그 신고에 관련된 소득금액을 진실인 것이라고 인정한 것은 상당하다. 이것은 禁反言의 원칙에서도 肯認할 수 있는 점이다. 그리고 이 법칙은 국세국장의 심사결정에 따라 세무서장이 행한 更正處分을 취소하고 결국 신고에 기인한 소득금액을 납세자의 소득금액으로서 시인한 경우, 신고자가 그 신고의 소득금액이 진실하지 않다고 주장할 때에도 동일하다고 해석해야 한다"426)

이에 대하여 最高裁判所는 다음과 같이 인정하고 있다.

"申告納稅의 所得稅에서는 納稅義務者에 있어서 일단 신고서를 제출한 이상, 그 신고서에 기재된 소득금액이 진실에 어긋난다는 주장, 입증이 없는 한 그 확정신고서에 관계된 소득금액을 가지고 정당한 것이라고 인정하는 것이 상당하다"427)

그 후 판결은 모두 다 다음과 같이 위 최고재판소의 판결에 따르고 있다.

"納稅申告의 無效를 주장하는 자는 신고의 과오가 중대 또는 명백하고, 법정의 절차 이외에 그 시정을 허락하지 않으면 納稅義務者의 이익을 현저하게 손해 본다고 인정되는 특단의 사정이 있다는 것을 주장·입증을 다하지 않으면 안 된다는 것이라고 해석하는 것이 상당하다"428)

"更正請求의 節次에 있어서 진실의 所得金額이 신고서기재의 소득금액을 밑도는 것에 대한 주장·立證責任은 신고자가 부담한다고 된 사례"429)도 있다.

또한, 신고서기재의 수입금액·경비의 立證責任에 대해서도,

"確定申告書에 기재된 賣上收入額이 진실에 어긋난 것을 해당 신고자가 주장하는 경우에는 걸린 眞實의 存在를 입증하는 것을 필요로 하고

---

426) 廣島地裁判決 昭32. 8. 8. 稅務訴訟資料 25호 647면, 行集 8권 8호 1449면; 同旨 廣島高裁 昭36. 12. 4. 稅務訴訟資料 35호 891면.
427) 最高裁 제2 小法廷判決 昭39. 2. 7. 稅務訴訟資料 38호 67면.
428) 東京地裁判決 昭46. 9. 6. 稅務訴訟資料 63호 439면.
429) 盛岡地裁判決 昭54. 5. 31. 稅務訴訟資料 105호 568면.

이것에 대한 立證이 없는 한 그 신고에 걸린 금액을 진실로 인정하는 것이 상당하다"430)

"所得稅法이 申告納稅制度를 채용하고 있으므로 租稅法律關係의 안정, 稅務行政의 合理的 運營의 요청을 감안해 보면, 무릇 납세자는 일단 申告書를 제출해서 신고를 행한 이상, 나중에 이르러 해당 申告書에 기재된 소득금액과 다른 금액을 가지고 진실한 所得金額이라고 주장하기에는 신고자에 있어서 신고금액이 진실의 소득금액과 다르고 또한 그 申告行爲에 無效 또는 取消해야만 하는 사정이 있는 목적에 대한 立證을 행하는 것을 필요로 한다"431)

"確定申告書의 기재와 다른 사실, 즉 仲介手數料의 지불에 대한 사실은 原告가 이것을 立證해야 한다"432)

또한 申告書記載의 課稅標準 등의 문제가 없지만 靑色申告書承認申請 등에 관련해서 다음과 같은 판례가 있다.

"法人稅法 제9조 제5항의 규정에 의해 繰越欠損金의 控除 및 同法 제26조의 4 제1항의 규정에 의한 法人稅의 還付를 주장하고 이것을 인정하지 않는 課稅處分의 取消를 요구하는 것에 대해서는, 회사가 청색신고의 승인신청을 한 것을 입증할 책임이 있다"433)

3. 小 結

일본의 조세소송에서는 立證責任의 分配에 관하여 行政事件法 등에

---

430) 廣島地裁判決 昭35. 1. 25. 稅務訴訟資料 33호 21면, 行集 11권 1호 88면.
431) 福井地裁判決 昭51. 10. 8. 稅務訴訟資料 90호 81면.
432) 東京地裁判決 昭52. 12. 26. 稅務訴訟資料 96호 535면.
433) 廣島地裁判決 昭34. 10. 3. 稅務訴訟資料 29호 57면.

아무런 명문규정이 없다. 따라서 租稅訴訟에 있어서 立證責任分配의 문제에 대해서 學說은 여러 갈래로 나누어져 있고, 判例도 어떤 학설의 입장에 선 것인가를 명확하게는 하고 있지 않다.

이것은 課稅處分取消訴訟이 行政訴訟의 한 형태이면서도 납세자가 소송에서 요구하고 있는 것은 조세채무가 존재하지 않다는 것 즉 조세채무 不存在의 확인이라고 하는 점에 착안해서 민사소송상의 채무부존재 확인소송에 유사한 것으로 보고, 민사소송에 있어서 立證責任分配의 법칙, 특히 法律要件分類說에 의한다고 하는 방법을 취할 수 있고, 그를 위해 수입금액·필요경비·소득공제 등의 소득금액을 구성하는 개개의 요소에 대해서, 法律要件分類說에 의해 立證責任을 배분하려고 하는 시도가 행해지고 더 혼란을 초래하고 있는 것 같다.[434)]

일반적으로 行政訴訟은 公益과 私益과의 조정을 목적으로 하고 行政訴訟의 기능은 행정의 法適合性의 보증에 중점을 두는가에 있지만, 租稅法律關係의 본질을 債務關係로서 파악하고 租稅訴訟의 機能을 개인의 權利救濟에 있다고 이해하는 한에서는 기본적으로 민사소송에 있어서 立證責任의 원칙에 의한다고 생각하는 것이 타당할 것이다. 그렇다고 하면 납세자에게 債務를 負擔시키는 피고 課稅官廳에 그 책임을 귀속시키면서 납세자가 자기의 권리 이익의 영역을 확장하는 주장을 하는 경우에는 그 請求權을 기초로 한 사실에 대한 立證責任은 원고 납세자가 진다고 하게 될 것이다.[435)] 한편, 최근에 이르러 反規範說도 租稅訴訟에 있어서 立證責任의 分配에 대해 매우 유력한 견해로 등장하고 있다.

따라서 租稅訴訟의 立證責任에 관하여 요약하면, 課稅官廳이 確定處分을 행하기 위해서는 課稅要件事實의 인정이 필요하므로 원칙적으로는 民事訴訟의 통설인 法律要件說에 따라 立證責任이 배분되어야 한다는 것이 學說의 支配的인 견해이다. 즉 課稅要件事實의 존부 및 課稅標準

---

434) 波多野弘, "稅務訴訟에 있어서 立證責任," 『シュトイエル(日本稅法學會 編)』 (1987, 3), 115면.
435) 波多野弘, 상게논문, 117면.

에 관하여는 원칙적으로 課稅官廳이 立證責任을 진다고 해석하여야 한
다.436) 그러나 課稅要件事實에 관한 증거와의 거리를 고려하면, 이 원칙
에는 利益狀況에 따른 수정을 가할 필요가 있을 것이라고 한다.437) 判例
도 이와 같은 견해를 따르는 것이 그 주류라고 할 수 있다.438)

---

436) 最高裁判所 昭和 38. 3. 3. 訟務月報 9-5-668.
437) 金子宏, 전게서, 664면.
438) 最高裁判所 昭和 38. 3. 3. 訟務月報 9-5-668; 大阪高等裁判所 昭和 46. 12. 21. 日稅
    資63-1233 등.

第3章 租稅訴訟의 立證責任에 관한 判例

　　조세소송은 그 특수성과 복잡성 때문에 立證責任의 分配問題보다도 오히려 立證의 程度가 더욱 어렵고 중대한 문제이다. 제2장의 입증책임에 관한 제 학설에서 살펴본 바와 같이 適法性 推定說을 제외한 대부분의 학설은 課稅要件과 課稅標準에 관하여 원칙적으로 과세관청이 입증책임을 부담한다고 하는 점에서 견해의 일치를 보이고 있고 大法院 判例도 같은 입장에 있다. 그러나 추상적인 일반원칙에 관하여 같은 견해를 취하더라도 구체적인 課稅要件事實마다 立證責任을 부담하는 당사자를 달리 볼 수 있고, 입증책임을 부담하는 당사자가 결정되더라도 그 요건사실의 입증에 요구되는 證明度를 완화하면 상대방이 주도적인 입증을 해야 할 처지에 놓이게 된다. 따라서 개별적 고찰방법에 의할 때는 立證責任의 分配와 아울러 당해 과세요건사실에 대한 증명도와 누구에게 입증의 現實的 必要가 있느냐라는 점도 아울러 살펴볼 필요가 있다.

　　일반적으로 課稅權者나 稅率에 대한 立證責任에 관한 다툼은 실무상 거의 없고, 입증책임에 관한 논의의 초점은 課稅要件 중 課稅標準에 집중되어 있다고 해도 과언이 아니고, 실무상으로도 매우 중요하며 대법원 판례도 다양하게 나타난다. 한편 인정한 課稅要件事實이 존재하지만 조세법의 해석과 적용에 관한 기본원칙에 따라 納稅義務의 성립에 따른 조각사유를 내세워 課稅處分의 違法을 다투는 소송이 있으며, 非課稅要件事實의 존부 기타 납세의무의 성립자체에 대한 障碍事實이나 納稅義務

消滅事實의 존부를 다투는 소송도 적지 않다. 그 밖에 과세표준이 확정된 다음 구체적 세액을 산출하기 위해 각종의 공제 등을 거쳐야 하는바, 각종의 공제 등 기초적 사실에 관한 立證責任의 所在도 파악하기 쉽지 않다.

따라서 이하에서는 課稅要件事實을 기준으로 특히 과세물건의 존재와 과세표준에 대하여 대법원 판례를 중심으로 立證責任과 證明度가 어떻게 나타나는가를 분석·평가하고, 아울러 조세의 조각사유 및 소멸사유, 추계과세와 입증문제를 분석·검토한 다음 마지막으로 判例에 대한 評價를 하기로 한다.

第1節 納稅義務의 成立

納稅義務의 成立(과세요건사실)이란 納稅義務者, 課稅物件, 課稅標準, 稅率 등 세법이 정하는 과세요건이 충족되어 추상적 납세의무자가 누구인가를 확정하는 문제이고, 이는 어느 課稅物件이 누구에게 귀속하는가를 확정하는 문제로 귀착한다고 볼 수 있으나,[439] 그 이외에도 납세의무자의 성격에 따라 일반적 납세의무자와 제한적 납세의무자의 차이가 있을 수 있다. 원래 納稅義務는 擔稅力이 있다고 인정되는 개인 혹은 법인을 의무자로 하여 부과하고 그로부터 징수함이 원칙이나, 때로는 租稅徵收의 확보를 위해 2인 이상의 납세의무자에게 連帶責任을 지게 하거나, 본래의 납세의무자 이외의 타인에게 納稅義務를 승계시키거나(相續·合併), 혹

---

439) 丁仁鎭, 전게논문, 113면.

은 종적인 납세의무를 부담시키기도 한다(제2차 납세의무·납세담보).440) 納稅義務의 承繼要件이 되는 상속, 합병, 재산의 이전441)에 관한 사실관계의 다툼은 있을 수 있으나, 상속이나 합병사실에 대한 立證責任은 課稅官廳에게 있다고 할 것이다.

이하에서는 거주자 여부에 대한 입증책임을 검토하고 나아가 납세의무가 확장되는 경우로서 특히 사실관계의 다툼이 있는 것은 제2차 納稅義務者에 해당하는 寡占株主인지 여부이므로 그 점에 관하여 살펴본다.

1. 納稅義務者

가. 居住者與否

(1) 法人稅法에서는 내국법인과 외국법인으로, 所得稅法과 相續稅및贈與稅法에서는 거주자와 비거주자로 納稅義務者를 구분하고 있다. 납세의무자가 어디에 해당하는가에 따라 納稅義務의 범위에 차이가 있으므로 課稅官廳이 국내원천소득이 아닌 소득이나 국외재산의 상속에 관하여 과세처분을 하기 위해서는 內國法人 또는 거주자라는 점에 대하여 立證責任을 부담한다.

(2) 대법원 판례는 外國法人이 내국법인의 주식을 양도함으로써 발생하는 소득을 국내원천소득으로 보아, 그 所得金額을 당해 외국법인의 법인세에 대한 課稅標準에 포함시키기 위해서 과세관청이 株式讓渡者가 외국법인

---

440) 李泰魯·安慶峰, 전게서, 62면.
441) 土地超過利得稅法 제4조 제5항 참조.

즉 국내에 본점 또는 主事務所를 두지 아니한 법인이라는 점을 주장, 입
증함으로써 충분하고 더 나아가 그 外國法人의 주된 事務所가 구체적으
로 어느 곳인가 하는 점까지 확정하여야 하는 것은 아니라고 한다.442)

  (3) 한편, 한국은 최근 租稅條約에 따라 OECD모델 조세조약에 준거하
여 통상 거주자의 판정기준으로 締約國 일방 또는 타방의 국내 세법이
정하는 바에 따르도록 하고 있다.443) 이와 같은 기준에 따라 당해 조세조
약이 적용되는가 여부를 판단함에 있어 大法院 判例는 납세자가 외국과
의 조세조약에 기하여 네덜란드 거주자이므로 네덜란드에만 課稅權이 있
다고 주장하기나444), 한국과 미국 간의 "所得에 관한 租稅의 二重課稅回
避와 脫稅防止 및 國際貿易과 투자의 증진을 위한 협약" 제3조(1)에 의
하면 "미국의 조세목적상 미국에 거주하는 기타의 인"을 "미국의 居住者
(resident of the United States)"로 정의하고 있으므로, 어느 개인이 같은
조약 소정의 "미국의 居住者"인지 여부는 미국의 세법에 따라 판단하여
야 할 것이지만, 원고가 피고의 課稅處分이 二重課稅이므로 과세권의 행
사가 배제되어야 한다고 주장하고 있는 이상, 자신이 미국의 내국세법에 의
하여 부과되는 聯邦所得稅의 納付義務者에도 해당한다는 사실을 주장·입증
하여야 한다고 判示하였고,445) 납세자에게 외국의 거주자라는 점에 대한
입증책임이 있다고 하여 所得稅法과 法人稅法에 우선하여 적용되는 조약
의 요건사실에 대하여 納稅義務者에게 立證責任이 있다고 하였다. 이는
우리나라의 課稅權이 예외적으로 배제되는 경우이므로 納稅義務者에게
그 사유의 立證責任을 부담시키고 있는 것이다.

---

442) 大判 1994. 4. 15, 93누13162.
443) 李彰淳, "租稅條約에 있어서의 居住者判定," 『判例硏究』, 제8집, 서울지방변호사회 편,
    75면.
444) 大判 1994. 4. 15, 93누13162.
445) 大判 1994. 4. 26, 94누1005.

나. 제2차 納稅義務者

(1) 제2차 納稅義務란 납세의무자의 재산으로 滯納處分을 하여도 그가 납부하여야 할 國稅·加算金 및 滯納處分費에 충당하기에 부족한 경우에, 그 納稅義務者와 일정한 관계있는 자(제2차 납세의무자)가 不足額에 대하여 지는 세법상의 고유한 履行責任이다. 제2차 납세의무는 淸算人, 法人의 出資者, 法人, 事業讓受人에 대하여 인정되는데(국세기본법 제38조 내지 제41조), 제2차 納稅義務者에 해당한다는 점도 課稅要件事實이므로 원칙적으로 과세관청이 입증책임을 부담하고 예외적으로 입증의 필요가 전환되는 경우도 있다.

(2) 대법원은 寡占株主의 요건사실에 대하여는 특별한 사정이 없는 한 課稅官廳인 피고에게 그 立證責任이 있다고 아래와 같이 하였다.

(가) 과세처분에 관한 행정소송에 있어 課稅原因 및 課稅標準額 등 과세요건이 되는 사실에 관하여는 다른 특별한 사정이 없는 한 課稅官署에 그 立證責任이 있다고 할 것인바(대법원 1976. 3. 9. 선고, 74누7 판결 참조) 본건에서 원고의 위와 같은 買收資金이 출처가 불분명하다 하여 곧바로 이를 원고의 父로부터 贈與받았다고 擬制함은 논리의 飛躍이 있다고 아니할 수 없다. 왜냐하면 원고 父의 증여로 의제하려면 그의 自力이나 事業關係 등 증여할 만한 사정을 알아보지 않고서는 그런 결론을 도출할 수 없는 이치이기 때문이다. 기록에 의하면 원고의 부 김순동이 직물의 제조판매업을 경영하고 있다가 위 은행에 대한 채무를 변제하지 못하여 위 은행의 根抵當權實行으로 위 공장 등 재산에 경매를 당하여 채권자 은행에 競落되어 본건 재산을 상실하였다는 사정 외에는 그의 자력이나 사업관계로 원고에게 위의 金員을 증여할 만한 사정이 있음을 알아볼 만한 자료를 찾아볼 수 없다. 그렇다면 원심판결은 相續稅法上의 贈與擬制에 관한 법리를 오해하고 심리를 다하지 아니한 위법이 있다고 할 것이니, 이 점에서 논지는 이유 있어 다른 점에 대한 판단을 가리지

아니하고도 原審判決은 破棄를 면할 수 없다. 原審依用의 당원 판결들은 본건과 사안을 달리하고 있어 본건에 先例가 될 수 없다.446)

(나) 원고들이 納稅義務成立日을 기준으로 하여 주주명부상 소외회사의 주식의 過半數를 소유하고 있지 않지만, 피고가 이는 증자 시 주식을 僞裝分散한 것이고 실제로 반수를 넘는 주식을 소유하고 있다고 주장하는 사안에서, 제2차 納稅義務者에 해당하는 寡占株主인지의 여부는 피고에게 立證責任이 있다고 하여 피고의 위장분산주장을 배척하였다.447)

(다) 원고와 소외회사의 대주주인 소외 갑과 사이에 6촌 이내의 부계혈족관계라는 特殊關係者에 있다는 입증이 부족하다고 하여 제2차 納稅義務에 대한 課稅處分이 違法하다고 한 것은 正當하다고 하였다.448)

(3) 대법원은 제2차 納稅義務者가 되는 寡占株主에 해당하는지 여부의 판단기준과 그 立證責任에 관하여 아래와 같이 판시하였다.

(가) 舊 國稅基本法(1993. 12. 31. 법률 제4672호로 개정되기 전의 것) 제39조가 규정하는 無限責任社員 또는 寡占株主란 법인의 운영을 실질적으로 지배할 수 있는 위치에 있는 자를 말하며 단순히 會社登記簿 또는 株主名簿에 무한책임사원 또는 주주로 등재되어 있다는 사유만으로는 제2차 納稅義務를 지울 수 없다는 것이 대법원 판례의 확립된 해석론이다.449)

(나) 訴外人이 주식을 위장분산하기 위하여 원고 몰래 원고를 주주명부

---

446) 大判 1980. 5. 26, 80누521.
447) 大判 1983. 11. 8, 83누503.
448) 大判 1985. 8. 20, 85누396.
449) 大判 1981. 1. 13, 80누403; 大判 1995. 1. 20, 94누7997. 등 大法院判決이 있다. 이러한 대법원의 태도는 종래 舊 國稅基本法 제39조 제1항 2호에서 寡占株主인 경우에는 일률적으로 제2차 납세의무를 부담하도록 규정하고 있었으므로 課稅要件을 엄격히 해석하여 그 범위를 제한하는 의미를 가지고 있었다. 위 규정은 1993. 12. 31. 법률 제4672호로 개정되어 寡占株主 중 (가) 주식을 가장 많이 소유하거나 출자를 가장 많이 한 자, (나) 법인의 경영을 사실상 지배하는 자, (다) 가목과 나목에 규정하는 자와 생계를 함께 하는 자, (라) 대통령령이 정한 임원의 경우에만 제2차 납세의무를 부담시킬 수 있도록 규정하고 있다.

에 등재하였다는 원고의 주장을 배척한 원심에 대하여, "寡占株主의 요건 사실에 대하여는 특별한 사정이 없는 한 課稅官廳인 피고에게 그 立證責任이 있다고 할 것이다. 그 밖에 원심이 믿어 쓴 모든 증거를 살펴보아도 원고가 위 회사에 투자하거나 주주로서 利益配當을 받았거나 회사의 운영에 참여하는 등 그 회사의 운영을 실질적으로 지배할 수 있는 위치에 있었던 사실을 인정할 자료가 없다"고 하면서 원심을 파기하였다.450)

위 판결에서는 寡占株主로서 법인의 운영을 실질적으로 지배할 수 있는 위치에 있다는 점에 관하여 課稅官廳이 이를 입증하여야 한다는 원칙을 선언하고 있을 뿐 그 立證의 程度와 立證必要가 누구에게 있는가에 관하여 언급하지 아니하였다.

(다) 舊 國稅基本法(1993. 12. 31. 법률 제4672호로 개정되기 전의 것) 제39조 제2호 및 같은 법 시행령(1994. 12. 1. 대통령령 제14473호로 개정되기 전의 것) 제20조가 법인의 發行株式總額의 51 / 100 이상을 소유하고 있는 주주집단의 일원을 寡占株主라고 하여 제2차 納稅義務를 지우는 것은 이들이 주주총회에서의 議決權의 행사 등을 통하여 會社經營을 사실상 지배할 가능성이 있는 지위에 있다고 보기 때문이므로, 寡占株主 해당여부는 과반수 주식의 소유집단의 일원인지 여부에 의하여 판단하여야 하고, 구체적으로 회사경영에 관여한 사실이 없다고 하더라도 그것만으로 寡占株主가 아니라고 판단할 수 없으며, 課稅官廳은 그때의 주식의 소유사실을 株主名簿나 주식이동상황명세표, 법인등기부등본 등 자료에 의하여 立證하면 되고, 다만 그 자료에 비추어 일견 주주로 보이는 경우에도 실은 株主名義를 도용당하였다거나 實質所有主의 명의가 아닌 借名으로 등재되었다는 등의 사정이 있는 경우에는 그 명의만으로 위의 주주에 해당한다고 볼 수는 없으나, 이는 주주가 아님을 주장하는 그 명의자가 입증하여야 한다.451)

---

450) 大判 1986. 7. 22, 86누167.
451) 大判 1991. 7. 23, 91누1721; 大判 1992. 12. 11, 92누10906; 大判 1994. 3. 11, 93누 23411; 大判 1994. 8. 12, 94누6222; 大判 1995. 1. 20, 94누7997; 大判 1995. 3. 24,

위와 같은 대법원의 태도는 課稅官廳이 출자자로 된 자가 법인의 운영에 관여하는 정도를 입증하기가 쉽지 않을 것이라는 점을 감안하여[452] 일단 주주명부 등에의 등재사실이 입증된 경우에는 寡占株主 등이 아니라고 주장하는 자(원고)에게 입증의 필요를 轉換시키는 의미를 가진다고 생각된다.

2. 課稅物件

가. 課稅物件의 歸屬

(1) 課稅物件의 귀속이라 함은 과세물건과 納稅義務를 부담할 자의 結合關係이다. 그 歸屬與否는 稅法의 독자적인 입장에서 결정되어야 하는바, 법률상 정당한 權原의 취득과는 반드시 일치하는 것은 아니다.

(2) 國稅基本法 제14조 제1항은 과세의 대상이 되는 소득, 수익, 재산, 행위 또는 거래의 귀속이 名義일 뿐이고 사실상 귀속되는 자가 따로 있는 때에는 사실상 귀속되는 자를 納稅義務者로 하여 세법을 적용한다고 규정하여 實質課稅의 원칙을 선언하고 있다.

따라서 어느 과세물건이 어느 納稅義務者에게 귀속되었다는 점에 관한 立證責任은 원칙적으로 課稅官廳에게 있다고 하여야 할 것이다.

(3) 實質課稅原則에도 불구하고 名義者課稅라는 예외가 인정되는 수

94누13077; 大判 1995. 10. 12, 94누14001; 大判 1995. 12. 22, 95누13203; 大判 1996. 12. 6, 95누14770.
452) 丁仁鎭, 전게논문, 114면.

가 있다. 즉 舊 所得稅法(1994. 12. 22. 법률 제4803호로 개정 전의 것) 제7조 제1항 단서는 대통령령이 정하는 사업에서 발생하는 소득에 관하여는 名義者에게 課稅한다는 취지를 규정하고 있고, 그 委任法令인 동법 시행령 제21조 제3호는 국가 또는 지방자치단체로부터 허가, 인가, 면허, 특허 등을 받아 경영하는 사업, 다만 사실상의 사업자가 따로 있는 것이 확인되어 사실상의 사업자에게 과세할 수 있는 때를 제외한다고 규정하고 있다.

(4) 대법원은 名義者課稅에 대한 立證責任에 관하여 다음과 같이 판시하였다.

(가) 國稅基本法 제14조 제1항은 實質課稅의 원칙을 명시하고 있고, 所得稅法 제7조 제1항도 所得의 歸屬이 명목뿐이고 사실상 그 소득을 얻은 자가 따로 있는 경우에는 國稅基本法 제14조 제1항에 의하여 사실상 그 소득을 얻은 자에게 이 법을 적용하여 所得稅를 賦課한다고 규정하고 있는바, 위와 같이 소득의 귀속이 명목뿐이고 사실상 그 소득을 얻은 자가 따로 있다는 점은 이를 주장하는 자에게 立證責任이 있다.[453]

(나) 시장건물의 신축분양의 名義者인 원고 외에 실질상 수입의 귀속주체가 따로 있다는 主張, 立證責任은 원고에게 있다.[454] 그러나 등기명의에 반하는 주장에 대해서는 원고가 입증책임을 부담한다고 보아야 하지만 新築分讓 名義에 반하는 주장에 대하여는 원고가 입증책임을 부담하는 것이 아니라 입증의 현실적 필요를 負擔하고 있을 뿐이라고 보아야 한다.

(다) 名義信託된 재산의 信託者가 자신의 의사에 의해 信託財産을 양도하는 경우에는 그가 讓渡所得을 사실상 지배, 관리, 처분할 수 있는 지위에 있다고 할 것이어서 양도소득의 납세의무자가 된다고 할 것이지만, 受託者가 신탁자의 위임이나 승낙 없이 임의로 名義信託財産을 양도하였다면 그 양도주체는 수탁자이지 신탁자가 아니고 讓渡所得이 신탁자에게 환원

---

453) 大判 1984. 12. 11, 84누505.
454) 大判 1989. 6. 27, 87누448.

되지 않는 한 신탁자가 讓渡所得을 사실상 지배, 관리, 처분할 수 있는 지위
에 있지 아니하므로 "事實上 所得을 얻은 者"로서 양도소득세의 납세의무자
가 된다고 할 수 없다. 따라서 과세관청이 去來名義者 또는 소득이 명목적으
로 귀속한 자에 대하여 課稅處分을 한 경우 원고가 이를 다투려면 사실상 그
所得을 얻은 자가 따로 있음을 입증할 필요가 있고, 이와 달리 과세관청이 명
의자가 아닌 소득의 實質歸屬者에게 부과처분을 한 경우에는 課稅官廳이 그
사실에 대한 立證責任을 부담한다.455)

위 판례의 입증책임을 살펴보면, 登記名義者에게 讓渡所得稅가 부과되
었을 경우 그가 동시에 소득의 實質的 歸屬者이기도 하다는 사실에 관한
立證責任은 궁극적으로 課稅官廳에게 있다고 할 것이나, 그와 같은 외관
을 초래한 名義者로서는 자기가 소득의 實質的 歸屬者가 아니라는 점을
입증할 필요가 있다고 보아야 한다. 왜냐하면, 納稅者 側의 固有支配領
域에 있는 특수한 상황은 납세자 측이 입증하여야 형평에 맞기 때문이다.

(라) 所得稅法施行令 제21조 제3호 단서의 취지는 같은 호에 규정된
사업에 있어서 사실상의 사업자가 따로 있고, 이에 대하여 實質課稅가
가능한 경우에는 허가, 인가 등의 명의자에 대한 名義者課稅를 배제한다
는 뜻이라고 해석되므로, 사실상의 사업자 외에 따로 名義者에게 課稅하
는 것은 허용되지 않는다고 보아야 할 것이고, 위와 같이 實質課稅가 가
능하다는 점에 대한 입증책임을 名義者課稅를 다투는 事業名義者에게
있다.456)

---

455) 大判 1991. 3. 27, 88누10329.은 원고 갑이 不動産의 名義信託者라는 이유로 원고 갑
에게 소외인 명의의 부동산의 양도에 따른 讓渡所得稅를 부과한 사안에서, 원심이 원
고 갑의 名義信託事實을 인정하면서도 원고 갑 소유지분을 양도할 것을 委任 또는
承諾하였다고 인정하기 어렵고 달리 원고 甲이 이 사건 토지지분을 양도하였다고 인
정할 만한 證據가 없으므로 결국 원고 갑이 '事實上 讓渡所得을 얻은 자'에 해당하지
않는다고 판단한 원심을 긍정하였는바, 이 경우가 이에 해당한다.
456) 大判 1984. 6. 26, 84누68; 大判 1987. 10. 28, 86누635.

나. 課稅物件의 存在

(1) 序　言

(가) 課稅物件은 擔稅能力을 표상하는 것으로서 租稅法이 과세의 목적물로 정하고 있는 물건, 행위 또는 사실 등의 物的 基礎를 의미하며 과세의 객체 또는 대상이라고도 한다. 課稅物件은 크게 소득, 소비, 재산으로 나누어지는바, 조세의 종류마다 다르므로 각 稅目에 있어서 무엇이 과세물건인가는 그 개별 세법의 해석에 의하여 정하여진다.

課稅物件의 存在事實에 관한 입증책임이 課稅官廳에게 있다는 것에 대하여 별다른 이견이 없는 듯하고, 대법원에서도 "附加價値稅法上의 과세요건인 재화나 용역의 공급 등 거래가 있었는지 여부나 課稅標準인 供給價額은 과세관청이 입증할 책임이 있으므로, 과세관청이 과거의 특정 事業年度末을 기준으로 한 재고자산을 實地調査한 결과, 그 재고부족이 있음이 발견되었다면 그와 같은 재고부족이 당해 사업연도 또는 그 이전 일정기간 사이의 賣出로 인한 것이라는 점에 관하여는 課稅官廳이 이를 입증하여야 함에도, 그 재고부족에 대하여 納稅者가 주장하는 사유가 인정되지 않는다 하여 이를 매출거래로 보고 행한 附加價値稅賦課處分이 적법하다고 판단한 원심판결은 처분의 적법성에 관한 立證責任을 顚倒한 나머지 심리를 다하지 아니한 違法이 있다"457)고 판시함으로써 이 원칙론을 고수하고 있다.

따라서 소득세·법인세에 있어서는 所得의 原因事實, 증여세·상속세에 있어서 財産의 贈與·相續事實, 부가가치세에 있어서는 附加價値의 取得事實, 재산세에 있어서는 財産의 所有事實에 관하여 원칙적으로 과세관청이 입증책임을 부담하게 된다.

(나) 그러나 租稅訴訟의 특성상 그 課稅物件의 存在事實은 납세자와

---

457) 大判 1994. 8. 12, 92누12094.

이해관계 있는 자 간의 거래에서 발생하는 것이 대부분이므로 어떤 경우에는 그 과세물건의 존재사실이라도 납세자에게 立證責任을 전환시키는 경우가 타당할 때가 있다. 이는 입증의 용이도, 禁反言 또는 經驗則의 蓋然性 등을 참작하고 租稅行政行爲가 추구하는 공공의 목적과 個人의 私益과의 비교·형량을 통하여 구체적인 경우는 그 타당성에 비추어 인정되는 것이다.

(다) 조세소송에서 課稅物件의 存否를 놓고 가장 치열하게 다투어지는 것은 相續稅와 贈與稅이다. 따라서 이하에서는 현금상속과 현금증여를 중심으로 특히 贈與推定事實에 대한 立證責任에 대하여 대법원이 어떻게 판시하였는가를 고찰하기로 한다.

(2) 相續稅 및 贈與稅에 대한 具體的 檢討

먼저 부동산, 자동차, 주식, 회원권 등과 같이 登記, 登錄, 名義改書를 요하는 재산의 상속과 증여에 관하여 보면, 위와 같은 재산은 일정한 公示方法을 통하여만 權利變動이 생기므로 그 재산이 相續財産인가는 쉽게 포착할 수 있어 상속여부에 대한 다툼은 많지 않지만, 증여의 경우에는 당해 財産의 權利移轉 자체를 입증하여야 할 뿐 아니라 그러한 권리변동이 贈與稅課稅對象이 되는 무상양도인가 아니면 有償讓渡로서 증여세를 과세할 수 없는 것인가에 관하여도 입증하여야 하는데, 그 입증이 사실상 곤란한 상황이 발생한다. 그리하여 相續稅및贈與稅法 제44조는 배우자 또는 직계존비속 간의 讓渡行爲를 증여로 추정458)하고 그 立證責

---

458) 改正前의 舊相續稅法 제34조는 "贈與한 것으로 본다"고 규정하여 擬制規定으로 해석할 우려가 있었다. 그러나 大法院 1990. 3. 27. 宣告 89누4949 判決; 大法院 1990. 9. 28. 宣告 90누6002 判決; 大法院 1991. 2. 26. 宣告 90누7012 判決 등에서 동조 제3항 제5호에 따른 동법 시행령 제41조가 규정하는 경우를 例示的인 規定이라고 취급하여 이에 해당되지 아니하더라도 反對給付를 지급하고 讓渡된 사실이 명백히 인정되면 贈與로 보지 않는다는 취지의 판시를 하여 위의 규정을 추정규정으로 해석하고 反對給付의 支給事實에 대한 立證責任을 원고에게 지우는 듯한 태도를 보여 왔다. 그 후 개정된 相續稅 및贈與稅法 제44조는 贈與한 것으로 推定한다고 규정하여 종래 大法

任을 전환시키고 있으므로 納稅者는 동조 제3항 각호의 사유나 그 이외
에 증여에 해당되지 아니한다는 사유, 예컨대 신탁되어 있던 所有者名義
를 회복하는 데 지나지 않는다든지, 계약의 해제로 인한 原狀回復의 義
務를 이행하는 등의 사유459)에 대하여 立證責任을 진다고 할 것이다. 다
만 배우자나 직계존비속 이외의 친족 간의 讓渡行爲를 증여로 보기 위해
서는 그 贈與事實을 課稅官廳이 입증하여야 할 것이다. 한편 친족 이외
의 자들 사이의 讓渡行爲는 증여인 경우가 드물고, 오히려 배우자 또는
직계존비속과 같은 친족으로부터 取得資金을 贈與받아 위와 같은 재산을
매수하는 것이 통상이므로 다음에서 보는 現金贈與의 입증문제로 귀착될
것이다.

다음으로 現金이나 債權같이 점유로써 권리의 변동이 초래되는 재산의
贈與와 相續에 관하여 보면, 과세관청이 현금 등을 직접 상속받았거나
증여받았다는 사실을 입증하는 것은 뒤에서 보는 바와 같이 금융기관을
통하여 상속, 증여가 행하여지거나 관련 民·刑事裁判 등에서 상속, 증여
사실이 인정되는 경우와 같이 극히 예외적인 경우를 제외하고는 거의 불
가능에 가깝다. 따라서 이런 경우 課稅官廳은 現金贈與, 現金相續 자체
를 직접 입증하기보다는 다른 간접사실을 입증하는 방법을 택하는 것이
대부분이다. 이하에서는 위와 같은 間接事實을 통한 입증에 관한 이론이
大法院 判例를 통하여 어떻게 형성되고, 조세법규에 어떻게 반영되고 있
는가에 관하여 살펴본다.

(가) 相續稅의 경우

① 現金相續事實에 대한 立證責任

㉮ 相續財産은 피상속인의 재산으로서 換價가 가능한 경제적 가치 있
는 모든 물건과 재산적 가치가 있는 法律上 또는 事實上의 모든 權利를

院 判例와 같은 취지를 분명히 나타내고 있다.
459) 大判 1991. 5. 28, 90누10230.

포함한다. 상속재산의 존부에 관하여 문제되는 것은 부동산이 아니라 現金, 有價證券, 無體財産權, 債權 등이다. 통상 課稅官廳이 현금, 채권 등의 상속 사실을 입증하는 것은 지극히 어려운 일이고, 특히 피상속인이 상속개시 전에 재산을 처분하거나 채무를 부담하여 얻은 현금이 상속될 때에는 과세기술상 그 포착이 매우 어려우므로 經驗則에 의한 相續事實의 사실상의 推定에 의하는 것이 일반적이다.

다만 현금상속의 입증과 관련하여 舊 相續稅法 제7조의 2의 규정 (1981. 12. 31. 신설되고 1990. 12. 31. 개정됨), 즉 현행 相續稅法 제15조(상속개시일 전 처분재산 등의 과세가액 산입)의 규정

㉠ 彼相續人이 피상속인의 재산을 치분하였기나 채무를 부담한 경우로서 다음 각호의 1에 해당하는 경우에는 이를 상속인이 상속받은 것으로 推定하여 제13조의 규정에 의한 相續稅課稅價額에 算入한다.

  1. 피상속인이 財産을 처분하여 받거나 피상속인의 재산에서 인출한 금액이 상속개시일 전 1년 이내에 재산종류별로 계산하여 2억 원 이상인 경우로서 대통령령이 정하는 바에 의하여 용도가 객관적으로 명백하지 아니한 경우

  2. 부담한 채무의 합계액이 상속개시일 전 1년 이내에 2억 원 이상인 경우로서 대통령령이 정하는 바에 의하여 용도가 객관적으로 명백하지 아니한 경우

㉡ 피상속인이 國家·地方自治團體 및 대통령령이 정하는 금융기관이 아닌 자에 대하여 부담한 채무로서 대통령령이 정하는 바에 의하여 상속인이 변제할 의무가 없는 것으로 추정되는 경우에는 이를 제13조의 규정에 의한 相續稅課稅價額에 산입한다.

㉢ 제1항 제1호에 규정된 財産을 處分하여 받거나 재산에서 인출한 금액 등의 계산과 재산종류별 구분은 대통령령으로 정한다는 규정에 의하여 課稅官廳의 입증부담이 輕減하게 되었다.

㉣ 종래 대법원은 위 규정이 신설되기 이전에 상속이 개시된 사건에

있어서, 피상속인이 생전에 취득한 不動産, 柱式賣却代金, 회사로부터 인출한 假受金 등을 원고들이 모두 현금 상속하였다는 사실에 대한 立證責任은 피고에게 있다고 하면서, 피상속인이 현금을 취득한 날짜가 사망날짜에 근접하고 그 액수가 거액이라는 사실만으로는 위 現金이 상속개시 당시에 相續財産으로 남아 있었다고 단정할 수 없다고 판시하여460) 課稅官廳이 現金相續 사실을 직접 입증하도록 하였었다. 다만 위 입증이 지극히 곤란한 점을 고려하여 일정한 경우 經驗則에 의한 현금상속을 추정하고 있었던바, 일반적으로 稅金賦課處分取消訴訟에서 課稅要件事實에 대한 立證責任은 課稅權者에게 있다 할 것이나 구체적인 訴訟過程에서 經驗則에 비추어 課稅要件事實이 추정되는 사실이 밝혀지면 상대방이 문제로 된 당해 사실이 經驗則 적용의 對象適格이 되지 못하는 사정을 입증하여야 할 것이므로 피상속인이 간암으로 오래전부터 병원에서 입원치료를 받다가 사망하기 하루 전에 위와 같은 많은 금원을 수령하였다면 위 금원의 消費處가 명백히 밝혀지지 않는 이상 위 금원은 현금으로 원고들에게 모두 상속되었다고 봄이 經驗則에 합당하다고 판시하여,461) 經驗則에 의하여 立證負擔을 경감시키는 경향이었다. 그러나 피상속인이 사망 1, 2개월 전 은행으로부터 대출받은 사실이 있다고 하더라도 본시 금원을 차용하는 것은 債務辨濟나 사업자금 등 금융의 필요가 있는 궁박한 상태에서 이루어짐이 통상적임을 감안하면 금원을 대출받고도 1, 2개월 후까지 한 푼도 쓰지 아니하고 이를 현금으로 소지한다는 것은 통상적으로 있을 수 없는 異例에 속하는 사실이라고 판시함으로써,462) 이는 現金自體로 대출받았다는 증거가 없는 경우로서 위 經驗則에 의한 事實上의 推定을 배제하는 경우이다.

㉴ 그 후 위 규정이 신설된 이후 상속이 개시된 경우 相續財産의 處分價額이나 債務負擔額이 일정액463) 이상인 경우에는, 이 중 용도가 객관

460) 大判 1984. 9. 11, 83누578; 大判 1987. 7. 7, 85누393.
461) 大判 1989. 12. 12, 88누9145.
462) 大判 1988. 12. 27, 86누190.

적으로 명백하지 않은 것에 대하여 相續人이 현금을 상속한 것으로 보고 相續稅課稅價額에 포함시킨다는 것이므로 課稅官廳이 용도가 객관적으로 명백하지 않은 금액이 있음을 입증한 때에는 그 금액이 현금상속이 된 사실을 입증하지 않더라도 相續財産價額에 산입할 수 있는 반면, 위 相續財産價額이나 債務負擔額이 일정액 미만인 경우에는 위 규정이 적용되지 않으므로, 이 중 用度가 객관적으로 명백하지 않은 금액이 있다고 하여도 당연히 相續稅課稅價額에 산입할 수 없고, 課稅官廳이 현금상속이 된 사실을 입증하여야만 상속세과세가액에 산입할 수 있다고 한다.464) 더 나아가 위 규정의 성질과 관련하여 대법원은 상속세법 제7조의 2 제1항 및 제2항은 피상속인이 상속개시일 전 2년 이내에 처분한 相續財産의 재산종류별 금액이나 부담한 채무의 합계액이 1억 원을 넘을 경우, 그 처분대금이나 차용금이 課稅資料의 노출이 쉽지 않은 現金으로 상속인에게 증여 또는 상속됨으로써 相續稅를 부당하게 경감할 수 없도록 하기 위하여 立證責任을 실질적으로 전환한 규정이므로, 課稅官廳이 그중 용도가 객관적으로 명백하지 않은 금액이 있음을 입증한 때에는 납세자가 그 용도를 입증하지 못하는 한 그 금액을 相續稅課稅價額에 산입할 수 있고, 상속인이 용도를 입증하면 그 적용은 배제되는 것이어서, 이를 根據課稅의 原則이나 實質課稅의 原則에 위반한 규정이라 할 수 없다고 판시하였다.465)

살펴보건대, 위 규정의 立法趣旨는 피상속인이 상속개시 무렵에 相續稅負擔을 회피하기 위한 수단으로 高價의 相續財産을 處分하거나, 고의로 債務를 負擔하여 處分代金이나 借用金을 現金贈與 또는 隱匿하는 방법으로 상속인에게 넘겨줌으로써 부당하게 相續財産을 축소시키거나 債務控除를 하는 것을 미연에 방지하고, 한 발짝 나아가 상속개시 직전에 처분한 재산대금이나

---

463) 당초 5000만 원이었으나 그 후 1억 원으로 改正되었고 현재의 相續稅및贈與稅法 제15조에서는 2억 원으로 정하고 있다.
464) 大判 1989. 12. 12, 89누1490.
465) 大判 1991. 4. 9, 90누7401; 大判 1992. 9. 25, 92누4413; 大判 1995. 5. 12, 94누15929; 大判 1995. 6. 13, 95누23; 大判 1996. 8. 23, 95누13821.

부담한 債務額은 상속인에게 현금으로 증여되거나 상속될 개연성이 농후하므로, 그 소비처에 관한 立證責任을 상속인에게 전환시켜 과세관청의 입증책임을 완화시키기 위해서다.

그렇다면 이러한 입법취지와 같이 相續稅를 회피하기 위한 행위를 규제할 필요성이 있으나 納稅者의 財産權을 부당하게 침해하는 일이 없도록 그 규제의 정도를 합리적인 범위 내로 이루어져야 할 것이다. 즉 상속인이 相續財産을 處分代金이나 借用金의 소비처를 정확하게 立證할 수 없을 뿐만 아니라 재산을 직접 처분하거나 채무를 부담한 피상속인이 그 使用處를 밝히는 것이 아니고 그 상속인이 그 사용처를 입증하도록 요구하고 있는 점 등을 종합해 볼 때, 立證의 程度와 範圍를 상당한 정도로 緩和해야 마땅하다.

② 相續 前의 處分行爲 自體에 대한 立證責任

대법원은 "原審判決의 이유에 의하면, 원심은 擧示證據에 의하여 소외 망 박건석이 소외 동남증권주식회사에 그의 장남인 原告 박승주와 기타 다수인의 명의를 빌어 계좌를 개설하여 還買債 등 債券去來를 하여 오다가, 위 동남증권주식회사의 대표이사이던 소외 연영규에게 의뢰하여 1985. 8. 17.부터 1987. 4. 8.까지 여러 차례에 걸쳐 無記名債券인 산업금융채권 1억 원권 4매, 5천만 원권 10매, 1천만 원권 12매와 장기신용채권 1천만 원권 538매를 매입하여 매입당일이나 그 다음날 이를 모두 인출하여 간 사실, 위 박건석은 그가 회장으로 있던 소외 범양상선주식회사에 대한 稅務調査가 진행 중이던 1987. 4. 19. 자살하였는데, 자살하던 날 그의 처인 원고 이영신과 전화로 장시간 통화를 한 사실이 있고, 위 원고는 그로부터 불과 5일 후인 같은 해 4. 24. 망인이 위 원고 명의로 소외 주식회사 조흥은행과 체결한 貸與金庫契約을 解除하고 그 금고 안에 망인이 보관하여 두었던 물품을 회수하여 간 사실, 망인이 매수하였던 채권들은 주로 증권회사의 알선을 통하여 거래가 됨에도 불구하고 그중에서 매입 이후부터 현재까지 증권회사에 매매알선이 의뢰되거나 증권회사를 통하여

유통된 債券은 1매도 없으며, 더욱이 액면 1천만 원권의 장기신용채권 538매는 그 만기가 1989. 9. 27. 같은 해 10. 27. 같은 해 11. 27. 또는 1991. 8. 27. 이어서 이미 만기가 경과하였음에도 불구하고 단 1매의 채권도 발행은행에 대하여 現金相換要請이 없었던 사실, 피고는 위 채권을 상속받은 사실이 없다고 주장하는 原告들에게 만약 위 박건석이 위 채권들을 분실하거나 도난당하였다면 원고들이 법원에 公示催告를 신청하여 제권판결을 받음으로써 채권을 되찾을 수 있고 그렇게 되면 위 채권의 상속으로 인한 相續稅를 납부하고 도 상당한 금액이 남게 된다고 하면서 公示催告節次를 밟을 것을 권유하였으나 원고들은 이를 거부한 사실 등을 각 인정한 후, 이러한 사실에 비추어 보면 위 無記名債券은 망인이 이를 買入하여 그대로 보관하고 있다가 그의 死亡으로 원고들이 이를 相續한 것으로 추정되고 따라서 피고가 이를 원고들의 相續財産價額에 포함시키는 조치는 적법하다는 취지로 판시하였다.

 "일반적으로 課稅要件事實에 대한 立證責任은 과세관청에게 있으나, 구체적인 소송과정에서 經驗則에 비추어 課稅要件事實이 추정되는 사실이 밝혀지면 상대방이 經驗則適用의 대상이 되지 아니하는 사정을 입증하지 않는 한 그 租稅賦課處分을 違法하다고 할 수 없는바(대법원 1991. 11. 8. 선고 91누5730 판결; 대법원 1990. 4. 27. 선고 89누6006 판결; 대법원 1987. 12. 22. 선고 87누811 판결 각 참조), 기록에 의하여 살펴보면, 원심이 위와 같이 확정한 事實關係와 經驗則 등에 의하여 소외 망인이 이 사건에서 보관하고 있었던 것으로 추정한 조치는 수긍할 수 있고, 반면 이러한 추정이 번복될 수 있을 만한 사정에 대한 原告 側의 입증이 엿보이지 아니하므로, 결국 위 無記名債券을 원고들이 상속한 것으로 본 原審의 判斷은 정당하고 거기에 소론과 같은 採證法則違反 등의 違法이 있다 할 수 없다"고[466] 판시함으로써 상속 전의 처분행위 자체를 經驗則에 의하여 사실상 추정할 수 있는 경우로 본다.

---

466) 大判 1992. 7. 10, 92누6761, 6778, 6792.

그 외에 납세자가 立證하여야 할 용도의 明白性에 대한 立證程度와 관련하여, "피상속인이 은행으로부터 대출받은 금원 중 일부를 피상속인의 債權者라는 소외인의 예금계좌에 입금하였다는 사정만으로는 용도가 명백하다고 볼 수 없고 피상속인의 소외인에 대한 채무의 存在與否를 審理하여야 한다"고 판시하고 있다.467)

③ 處分代金에 관한 立證責任

國稅基本法 제24조 제1항에 의하여 相續人은 상속으로 인하여 얻은 재산을 한도로 피상속인의 租稅債務를 승계하게 된다. 위 상속으로 인하여 얻은 재산이라는 점의 입증과 관련하여, 그 처분대금이나 借用金이 현금으로 상속인에게 상속 또는 증여되어 相續稅가 부당하게 경감될 우려가 많으므로 이를 방지하기 위하여 구 相續稅法 제7조의 2의 규정에 의하여 相續財産에 산입되는 금액이더라도 이것이 현금으로 상속되었음이 증명되지 않는 한 국세기본법 제24조 제1항, 같은 법 시행령 제11조 제1항 소정의 상속으로 인하여 얻은 재산이라고 할 수 없고, 課稅要件事實의 존재에 대한 立證責任이 課稅官廳에게 있으므로 위 처분대금이 현실적으로 상속되어 위 상속으로 인하여 얻은 재산에 포함되는 사실도 원칙적으로 課稅官廳이 입증하여야 한다.468) 다만 구체적인 소송과정에서 經驗則에 비추어 課稅要件事實이 추정되는 사실이 밝혀지면 상대방이 經驗則의 적용대상이 되지 아니하는 사정을 입증하지 않는 한 그 租稅處分은 적법하므로, 피상속인이 5년 전부터 중질환으로 사업 활동을 못 하고 있다가 사망하기 약 3개월 이전부터 대부분의 부동산을 처분하였고, 그 처분에 관한 계약서, 영수증 등이 원고들의 支配領域 속에 있어 손쉽게 그 소비처를 입증할 수 있음에도 그것이 밝혀지지 아니하는 경우469)와 피상속인이 사망하기 5개월 전에 처분이 이루어졌고, 원고들이 國稅審判所에 대한 심판청구를 제기하

---

467) 大判 1989. 12. 12, 89누1490.
468) 大判 1991. 11. 8, 91누5730; 大判 1992. 10. 23, 92누1230.
469) 大判 1991. 11. 8, 91누5730.

면서 위 부동산의 양도로 인한 讓渡所得稅가 자신들에게 승계되는 것임을 전제로 控除主張을 하여 相續稅更正處分이 이루어진 경우[470)에 위 부동산처분대금을 원고들이 상속하였다고 추정된다.

(나) 贈與稅의 경우

증여세는 財産의 受贈을 課稅物件으로 하여 부과되는 국세이다. 贈與稅와 相續稅는 모두 富의 無償移轉을 과세원인으로 포착하는 세목이나, 相續稅가 피상속인의 사망을 계기로 무상으로 이전되는 피상속인의 遺産을 課稅對象으로 함에 대하여 贈與稅는 증여로 인히여 受贈者가 취득한 재산을 課稅對象으로 한다는 점에서 서로 다르다(상속세및증여세법 제2조). 이하에서는 名義信託財産의 贈與推定, 配偶者 등에 대한 양도 시의 贈與推定規定을 간단히 언급하고 그에 관련된 立證責任을 살펴본 다음 財産取得資金 등의 증여추정규정을 고찰한 다음, 구체적인 경우에 대법원 판례가 어떻게 입증책임에 관한 법리를 전개해 나갔는가를 검토하기로 한다.

① 名義信託財産의 贈與推定

㉮ 舊法規定에 대한 憲法裁判所 및 大法院의 解釋

구 相續稅法 제32조의 2 제1항(90. 12. 31. 개정 전의 것)은 재산의 實質所有者와 名義者가 다를 경우에 名義者 앞으로 등기, 등록, 명의개서 등을 한 날에 實質所有者가 명의자에게 증여한 것으로 본다며 贈與擬制規定을 두었다. 위 贈與擬制規定에 관하여 憲法裁判所는 限定合憲決定을 내린 바 있고,[471) 대법원은 "구 相續稅法(1990. 12. 31. 법률 제4283호로 개정되기 전의 것) 제32조의 2 제1항의 규정은 권리의 이전이나 행

---

470) 大判 1992. 10. 23, 92누1230.
471) 憲法裁判所 1989. 7. 21. 宣告 89헌마38 判決.

사에 등기를 요하는 재산에 있어서 증여를 은폐하여 贈與稅를 회피하기 위한 수단으로 名義信託制度가 악용되는 것을 방지하려는 데 그 입법취지가 있으므로 그 등기 등의 명의를 달리하게 된 것이 贈與稅를 회피하기 위한 것이 아니라 법령상의 제한이나 기타 이와 유사한 不得已한 사정 때문에 된 것이라면 이를 贈與로 보지 아니한다"고 판시하여472) 위 憲裁決定에서의 회피되는 조세의 범위를 贈與稅로 한정하였다.

나아가 대법원은 본조 제1항이 名義人이 아니라 名義信託者인 實質所得者 또는 제3자에게 부과될 贈與稅를 회피하기 위하여 名義人에게 名義信託한 경우에까지 적용되는 것은 아니라고 하였다.473) 따라서 위 구법 조항에 관하여 대법원의 주류적 입장과 같이 해석하는 것은 결과적으로 위 규정을 推定規定으로 해석하는 것과 동일한 결과가 된다. 따라서 수탁자가 贈與稅를 부담하지 않으려면 자신 앞으로 이전된 등기가 증여가 아닌 순수한 名義信託이라는 사실을 입증하여야 한다는 결론이 나온다.

⑭ 90. 12. 31. 法令改正 이후 大法院判例의 **變化**

그런데 憲裁決定 이후 1990. 12. 31. 구 相續稅法 제32조의 2 제1항에 但書規定을 신설하였다. 대법원은 위 단서규정이 신설된 후의 해석론으로 위 회피되는 조세를 贈與稅에 한정하지 않고 있다. 즉 "구 相續稅法 (1993. 12. 31. 법률 제4662호로 개정되기 전의 것) 제32조의 2 제1항의 입법취지는 名義信託制度를 이용한 조세회피 행위를 효과적으로 방지하여 租稅正義를 실현한다는 취지에서 實質課稅원칙에 대한 예외를 인정한데에 있다 할 것이므로, 名義信託의 目的이 조세회피에 있는 경우에는 그 단서 소정의 조세를 명문의 근거 없이 贈與稅에 한정할 수는 없으며, 名義信託에 있어 租稅回避의 목적이 없었다는 점에 관한 立證責任은 이를 주장하는 명의자에게 있다고 하면서, 구 상속세법(1993. 12. 31. 법률 제4662호로 개정되기 전의 것) 제32조의2 제1항의 입법취지는 名義信託

---

472) 大判 1996. 4. 12, 95누13555; 大判 1996. 5. 31, 95누11443.
473) 大判 1994. 4. 26, 93누20634.

制度를 이용한 조세회피행위를 효과적으로 방지하여 租稅正義를 실현한 다는 취지에서 實質課稅原則에 대한 例外를 인정한 데에 있다 할 것이 므로, 名義信託의 目的이 조세회피에 있는 경우에는 그 단서 소정의 조 세를 명문의 근거 없이 贈與稅에 한정할 수 없다고 보아야 한다"고 판시 하였다.474)

그러나 위 판례의 해석에 의하는 경우 名義信託制度 자체를 부정하지 않는 한 受託者가 신탁자의 返還請求에 응할 법적인 의무를 負擔附贈與 등과 대비하여 어떻게 평가할 것인가 하는 과제가 남는다고 생각된다.

㉢ 改正法의 立法的 解決

개정법은 기존의 看做規定을 추정규정으로 개정하고 그 적용범위를 명 백히 함으로써 이 문제를 근본적으로 해결하였다.

즉 權利의 移轉이나 行使에 등기 등을 요하는 재산(토지와 건물은 제 외한다)에 있어서 實質所有者와 名義者가 다른 경우에는 國稅基本法의 규정에 불구하고 그 명의자로 등기 등을 한 날에 實質所有者가 그 명의 자에게 증여한 것으로 추정하되, 租稅回避目的 없이 타인의 명의로 등기 등을 한 경우로서 대통령령이 정하는 경우와 주식 또는 출자지분 중 이 법 시행일 전에 신탁 또는 약정에 의하여 타인명의로 주주명부 또는 사원 명부에 기재되어 있거나 名義改書되어 있는 주식 등에 대하여 1998년 12 월 31일까지의 기간 중 實質所有者로 전환하는 경우에는 위 추정에서 제 외되는 것으로 규정하였다(상속세및증여세법 제41조의2).

종전 규정의 해석론으로도 위 贈與稅 또는 조세회피목적이 없다는 점 에 대한 主張, 立證責任은 납세자에게 있었기 때문에 개정법의 추정조항 은 종전 판례의 해석을 명확히 하였다는 점에 의미가 있다고 본다.

---

474) 大判 1996. 4. 12, 95누13555; 大判 1995. 11. 14, 94누11729; 大判 1995. 12. 5, 95누 7024; 大判 1996. 5. 10, 95누11580, 10068, 11573; 大判 1996. 8. 20, 95누9174.

㉣ 立證責任

결국 名義信託에 있어서 租稅回避의 목적이 없었다는 점에 대한 立證
責任은 이를 주장하는 명의자에게 있고, 名義信託이 신탁자의 의사에 기하
지 않고 이루어졌다는 점도 마찬가지로 이를 주장하는 명의자에게 있다.[475)

② 財産取得資金 등의 贈與推定

㉮ 法의 規定趣旨

현행 相續稅및贈與稅法 제45조는 "직업·성별·연령·소득 및 재산상태
등으로 보아 재산을 자력으로 취득하였다고 인정하기 어려운 경우로서 大
統領令이 정하는 경우에는 당해 재산을 취득한 때에 당해 재산의 取得者
가 다른 자로부터 取得資金을 증여받은 것으로 推定한다"라고 규정하고
있다. 오늘날 고도의 경제성장으로 인하여 富豪들이 급증하여 그들의 대
부분이 老年層으로 변하고 있는 상황에서 그들이 이룩한 재산을 현금화
하여 直系卑屬 또는 事實婚關係에 있는 자 등에 미리 물려주는 경우가
잦아지고 있다. 위와 같이 현금화하여 재산을 물려 줄 경우에 그 근거가
거의 남지 않는다. 따라서 財産取得資金을 역으로 추적하여 가면 쉽게
贈與事實을 밝혀낼 수 있는 계기가 되므로 여기에서 위 규정의 취지를
찾을 수 있다.

㉯ 職業 · 性別 · 年齡 · 所得 및 財産狀態 등으로 보아 財産을 自力으로
   取得하였다고 認定하기 어려운 경우

직업·성별·연령·소득 및 재산상태 등으로 보아 재산을 自力으로 取得
하였다고 인정하기 어려운 경우라 함은 매우 抽象的인 것이므로 具體的
인 내용을 밝혀내기 어렵다. 大法院 判例에서 나타난 사례를 중심으로
하여 그 구체적인 내용을 살펴보기로 한다.

---

475) 大判 1996. 8. 20, 95누9174.

⑦ 家庭主婦

大法院은 "가정주부인 원고가 資金出處가 분명치 아니한 돈으로 4층 빌딩을 건축한 경우 그 建築費의 출처를 원고가 밝히지 아니하는 이상 위 돈을 원고가 남편으로부터 贈與받은 것으로 보아 贈與稅를 賦課한 處分은 정당하다"고 판시하였고,[476] "원고가 出處不明의 자금으로 부동산을 매수한 경우 그 자금을 그 남편으로부터 증여받은 것으로 擬制하여 贈與稅 및 防衛稅의 부과처분을 한 것은 相續稅法의 취지에 비추어 적합하다"고 판시하였다.[477] 또한 대법원은 "贈與稅의 賦課要件인 재산의 증여사실은 課稅官廳이 입증할 사항으로 일정한 직업이 있고 상당한 재력이 있는 자가 부동산을 매입하는 등의 거래를 하면서 그 자금 일부의 출치를 명확히 밝혀 입증하지 못한 경우에는 그 입증이 없다 하여 바로 그 자금을 配偶者나 直系尊屬으로부터 贈與받았다고 추정할 것은 아니지만, 이와 달리 특별한 직업이나 재산이 없는 사람이 당해 재산의 資金出處에 관하여 납득할 만한 立證을 하지 못하고 그 直系尊屬 등이 증여할 만한 재력이 있는 경우에는 그 재산을 그 재력 있는 자로부터 贈與받았다고 추정함이 옳다"고 판시하고 있다.[478]

ⓒ 內緣의 妻

대법원은 "내연의 처로서 생활하고 있는 자가 자금출처가 분명치 아니한 돈으로 700만 원 상당의 주식과 750만 원 상당의 부동산을 매수 취득한 경우에 그 자금의 출처가 밝혀지지 아니한 이상 이에 대하여 贈與稅를 부과하는 것은 相續稅法上 정당하다"고 판시하였다.[479]

---

476) 大判 1975. 1. 14, 74누221.
477) 大判 1980. 1. 29, 79누366.
478) 大判 1996. 5. 10, 96누1900.
479) 大判 1978. 9. 26, 78누261.

ⓒ 未成年者

대법원은 "재력이 있는 자가 그 單獨所有의 지상에 임대빌딩을 건축하면서 일정한 직업이나 수입이 없는 아들들과 共同名義로 건물을 신축하였다면 위 아들들이 그 신축자금을 제공하였다는 점에 관한 별도의 입증이 없는 이상, 이는 부친이 단독으로 자금을 出資하여 건물을 신축하면서 아들들에게 건물의 해당 지분을 증여하였다고 봄이 상당하다고 하였고, 한편, 借用者들이 대출 당시 모두 20세 미만의 나이로서 학생신분이었다면 그와 같은 학생신분으로서 어음할인 방식에 의하여 금융기관으로부터 거액의 금원을 차용한다는 것은 통상의 거래관념이나 은행의 貸出慣例에 비추어 극히 이례적인 것이라고 보아 위 차용금은 다른 특별한 사정이 없는 한 금융거래실적이 있는 부친이 금원을 차용한 것으로 보아야 한다"고 判示하고 있다.480)

ⓓ 일정한 職業 및 所得이 있는 경우

일정한 직업 및 소득이 있는 경우에는 資金出處를 밝혀내지 못하더라도 贈與推定對象으로 보지 않는 것이 대법원의 확립된 견해이다.

대법원은 "納稅者에게 개인사업을 경영하는 등의 일정한 직업과 소득이 있었고 전에도 여러 차례에 걸쳐 不動産을 매도한 실적이 있었다는 점에 비추어, 납세자가 부동산의 取得資金 중 일부의 출처를 밝히지 못하였다고 하여 곧바로 그 取得資金을 父로부터 贈與받은 것으로 추정할 수 없다"고 판시하는 한편,481) "贈與稅의 賦課要件인 재산의 贈與事實은 원칙적으로 課稅官廳이 입증할 사항이므로, 재산의 취득 당시 상당한 수입이 예상되는 직업과 상당한 재력이 있었고 또 그로 인하여 실제로도 상당한 소득이 있었던 자라면, 그 재산을 취득하는 데 소요된 자금을 일일이 제시하지 못한다고 하더라도 특단의 사정이 없는 한 재산의 取得資金 중 출처를 명확히 제시하지 못한 부분이 다른 사람으로부터 증여받은 것

---

480) 大判 1992. 3. 27, 91누6115.
481) 大判 1994. 8. 23, 94누6673.

이라고 인정할 수는 없다"고 判示하였다.482)

㉹ 특별한 職業이나 財力이 없는 경우

大法院은 "특별히 직업이나 재력도 없는 사람이 당해 재산의 取得資金 出處에 관하여 납득할 만한 입증을 하지 못하고 그 直系尊屬에게 贈與 할 만한 재력이 있는 경우에는 그 재산의 取得資金을 재력 있는 직계존 속으로부터 贈與받았다고 推定된다고 할 것이고, 이러한 추정을 번복하기 위해서는 贈與받은 것으로 推定되는 자금과는 별도의 財産取得資金의 출처를 밝혀 그 자금의 존재와 아울러 그 자금이 당해 재산의 財産取得 資金으로 사용되었다는 점에 대한 입증까지 필요하다"고 판시하여483) 取 得財産의 資金出處와 관련하여 立證責任에 관한 소재를 명백히 하였다 고 볼 수 있다.

㉺ 不動産取得資金의 贈與事實推定與否

다음 개별적 사건에서 不動産取得資金의 증여사실이 추정되는가 그렇 지 아니한가를 대법원 판례를 통해 구체적으로 검토하기로 한다.

ⅰ) 贈與事實이 推定된 경우

일정한 職業과 收入이 없는 자가 건물을 신축하였으나 그 垈地와 신축 전의 舊建物에 관하여 그의 망부의 소유로 등기되거나 家屋臺帳에 등재되어 있는 경우,484) 고등학교를 졸업한 후 부의 농사일을 도와 오다가 군입대하여 군복무를 마친 후에도 계속 농사일을 도왔을 뿐인 원고가 垈地와 新築建物을 취득한 경우,485) 일정한 직업과 수입이 없는 가정주부인 원고가 건물을 매수

---

482) 大判 1994. 11. 8, 94누9603.
483) 大判 1992. 3. 27, 91누6115; 大判 1994. 11. 8, 94누9603; 大判 1995. 8. 11, 94누 14308; 大判 1996. 5. 10, 96누1900; 大判 1997. 3. 25, 96누18175; 大判 1998. 6. 12, 97누7707.
484) 大判 1984. 3. 27, 83누710; 大判 1985. 4. 9, 84누769.
485) 大判 1987. 7. 21, 87누300.

한 경우,486) 대학생이며 아버지와 함께 살고 있는 원고가 숙부 2명과 함께 건물을 신축하여 그중 2, 4층을 원고 單獨名義로 분할한 경우,487) 원고가 대학을 졸업하고 재력이 있는 아버지가 경영하는 제재소에서 근무한 지 1년밖에 되지 아니하여 그 근로소득의 총계가 불과 금 2,900,000원이고 달리 아무 재산이나 事業經驗이 없는 사람인데, 금 2억 상당의 부동산을 매수하고 그 契約金과 中途金으로 금 123,000,000원을 지급한 경우,488) 재력이 있는 자가 그 單獨所有의 지상에 임대빌딩을 건축하면서 일정한 직업이나 수입이 없는 아들들과 共同名義로 건물을 신축하여 共有登記를 마치었으나 당시 아들들인 원고들의 나이가 18세 내지 24세였고 그중 1인만이 군제대 후 2년간 빌딩관리일을 맡아왔을 뿐 나머지는 일정한 직업이 없거나 학생이었던 경우,489) 원고가 부동산을 취득할 당시 33세 남짓의 미혼인 여자로서 뚜렷한 직업이나 소득이 없었던 경우,490) 원고가 당해 財産買受 당시 일정한 직업이 없었고 그 매수대금 중 그 분담금을 지급하기에는 상당한 財力 또는 事業經驗이 없는 경우,491) 원고가 당해 財産取得 당시 年少者로서 학생에 불과하였고 일정한 직업에 종사하여 소득을 얻은 적이 없는 경우,492) 원고가 不動産을 취득할 당시 별다른 직업이 없고 不動産이나 預金을 보유하고 있지 아니하였고 원고의 남편이 콘크리트타일 등의 製造業을 영위하여 왔으며 전국 각지의 부동산을 수회 취득하는 등의 거래를 해 오고 있는 등 상당한 재력이 있었던 경우493) 등을 들 수 있다.

이 경우에는 원고가 그 不動産取得資金의 出處를 밝히지 아니하는 한 타인으로부터 부동산의 取得資金을 贈與받았다고 추정함이 타당하고, 또

---

486) 大判 1988. 2. 9, 87누963.
487) 大判 1990. 3. 27, 89누4086.
488) 大判 1990. 10. 26, 90누6071.
489) 大判 1992. 3. 27, 91누6115.
490) 大判 1992. 7. 10, 92누3199.
491) 大判 1994. 11. 8, 94누9603.
492) 大判 1995. 8. 11, 94누14308.
493) 大判 1996. 5. 10, 96누1900.

한 이러한 법리는 비록 일정한 직업이 있어 所得은 있으나 그 소득의 정
도나 다른 재산상태가 당해 재산의 가치에 비하여 극도로 미미하여 그 소
득이나 다른 재산으로는 그 재산을 마련할 수 없음이 객관적으로 명백한
경우에도 마찬가지로 적용된다.[494]

ii) 贈與事實이 推定되지 않는 경우

원고가 1971. 2.경 가톨릭대학 의학부를 졸업한 후 위 대학 성모병원에
서 인턴 및 레지던트과정을 수료하고 군의관으로 입영하여 이 사건 不動
産買受 당시에는 소령으로 근무하면서 勤勞所得이 있었으며, 이 사건 부
동산매수 시 위 근로소득 및 기타 원고의 지기소유지금을 이 사건 不動
産買入代金의 일부로 충당한 사실을 인정한 다음, 위와 같이 일정한 職
業과 所得이 있는 원고가 부동산을 매수, 취득한 경우 그 買受代金의 일
부가 원고의 自己所有資金에서 나온 것이라거나 그 밖에 그 자금의 出處
를 밝히지 아니한다 하여 곧바로 그 상당의 금원을 그의 아버지로부터 증
여받은 것으로 간주하는 것은 相續稅法 취지에 비추어 부당하므로 달리
원고가 그의 아버지인 소외 허준으로부터 이 사건 不動産買入代金의 일
부를 贈與받았다는 점에 관한 입증이 없는 경우,[495] 1970년 대학을 졸업
한 후 무역상사에서 2년간 근무하고 3년간의 군복무를 마친 후 1974. 10.
부터 천금석유주식회사에 입사하여 이 사건 不動産買受 당시 소외 회사
의 상무이사로 재직하여 일정한 收入을 얻어 왔고 전에도 不動産을 여러
차례에 걸쳐 사고 판 경험이 있는 원고가 단지 자금출처 조사 시에 당해
부동산의 취득에 따른 買受代金의 調達內譯을 일일이 밝히지 못하는 경
우,[496] 일정한 직업과 상당한 財力 또는 事業經驗이 있는 원고가 부지를
買入하여 여관을 건축한 경우,[497] 오랫동안 극장 및 不動産賃貸業을 經

---

494) 大判 1990. 10. 26, 90누6071.
495) 大判 1984. 5. 29, 83누702.
496) 大判 1985. 12. 10, 85누795.
497) 大判 1986. 7. 22, 86누340.

營하여 왔고 不動産도 처분함으로써 綜合所得稅와 讓渡所得稅로 금 14,744,083원을 납부할 만큼의 상당한 재력이 있었던 원고가 친족 등 特殊關係者로부터 주식을 매입한 경우,[498] 제재소, 다방 등을 경영하고 建物을 賃貸하는 등 사업을 하면서 예금까지 하고 있던 원고가 그 형과 共同으로 여관을 건축한 경우,[499] 처인 原告가 일정한 직업과 소득이 있고 장기간에 걸쳐 상당한 금액의 貯蓄實積이 있고 다만 取得不動産의 資金出處를 일일이 밝히지 않는 경우,[500] 원고가 취득한 토지들의 실지 取得價額이 밝혀지지 아니하였으나 일부 토지의 評價額과 나머지 토지의 기준시가의 합계액이 밝혀진 原告의 수입의 合計額보다 적은 경우,[501] 원고가 자신의 父로부터 垈地의 2분의 1의 持分을 贈與받은 다음 그 지상에 건물을 신축하였으나 신축당시 여의도 성모병원의 전문의로 일정한 勤勞收入이 있었고 그 이전에 수련의로 근무하면서 일정한 소득이 있어 신탁형 저축도 保有하고 있었던 경우,[502] 妻인 원고가 산부인과 전문의로서 病院을 개설하여 운영하는 등 상당한 수입이 예상되는 직업이 있고 실제로도 상당한 수입이 있었으며 이 사건 부동산 취득 당시 여의도에 54평 아파트의 賣却代金과 기타 상당한 금액의 預金殘高가 있었던 경우,[503] 원고가 전기제품소매업체, 전문음식점, 전기공사업체를 경영하면서 事業所得稅와 勤勞所得稅를 납부한 적이 있으며 여러 차례에 걸쳐 不動産을 사고 판 경력이 있는 경우,[504] 原告가 부동산매수 당시 일정한 직업과 상당한 재력 및 사업경험이 있는 경우,[505] 原告가 간호사, 조산원으로서 상당한 所得이 있었고 이를 기초로 금융기관에 저축을 하거나 동창생들과 함께 운영하는 계에 가입하여 정기적으로 목돈을 마련하는 한편 그러한

---

498) 大判 1989. 2. 14, 88누4904.
499) 大判 1989. 9. 12, 89누3168.
500) 大判 1990. 6. 8, 90누738.
501) 大判 1990. 7. 10, 90누1434.
502) 大判 1991. 3. 27, 90누10018.
503) 大判 1991. 7. 12, 91누2106.
504) 大判 1994. 8. 23, 94누6673.
505) 大判 1994. 11. 8, 94누9603.

돈으로 不動産을 買入하기 시작하여 그 전세보증금, 금융기관 융자금, 부동산매각대금 등을 활용하여 取得資金을 마련한 경우,506) 원고가 1990. 11. 12. 이 사건 아파트를 대금 145,000,000원에 매입하였으나, 원고는 1962. 5. 3.생으로서 1985. 7. 1.경 자신의 아버지인 소외 윤흥중이 대표이사로 있던 소외 동양광고 주식회사에 입사하여 근무하면서 1990년경까지 사이에 합계 금 60,000,000원 정도가 되는 勤勞所得이 있어 일정한 직업과 상당한 所得이 있었던 경우507) 등을 들 수 있다.

이 경우에는, 原告가 일정한 職業과 상당한 財力, 事業經驗 등이 있으므로 원고가 그 재산을 取得하는 데 소요되는 資金을 일일이 제시하지 못한다고 하더라도 특단의 사정이 없는 한 재산의 取得資金 중 出處를 명확히 제시하지 못한 부분을 다른 사람으로부터 贈與받은 것이라고 인정할 수 없다.

이는 贈與稅賦課處分에 대한 爭訟이 통상 不動産取得時로부터 몇 년 이후에 행하여지는 것이 통례이므로 원고가 그러한 取得資金에 관련된 立證資料 등을 보관하고 있지 아니하는 경우에는 그 자금출처에 대한 입증이 곤란하다는 점을 고려한 것이고, 위와 같은 事實上의 推定이 함부로 행하여지는 것을 제한하는 의미도 내포 있다고 보아야 한다.

③ 事實上 推定效를 飜覆시키기 위한 反證의 程度

위와 같은 事實上의 推定을 번복하기 위하여, 증여받은 것으로 추정되는 자금과는 별도의 財産取得資金의 出處를 밝히고 그 자금이 당해 재산의 取得資金으로 사용되었다는 점에 대한 입증이 필요하다. 구체적으로 살펴보면, 事實上의 推定이 행하여지는 경우 그 추정의 번복을 위해서는 간단하고 형식적인 資金出處에 대한 해명만으로는 부족하고 상당한 정도의 反證이 있어야 하다는 것이 대법원판례의 입장으로 보이고 그 구체적인 사례는 다음과 같다.

---

506) 大判 1996. 2. 23, 95누10969.
507) 大判 1996. 4. 12, 96누1252.

事例 (1)

① 대법원은, 재력이 있는 자가 그 單獨所有의 지상에 임대빌딩을 건축하면서 일정한 직업이나 수입이 없는 아들들과 共同名義로 건물을 신축한 경우 아들들에게 건물의 해당 持分을 贈與하였다고 볼 것인지 여부에 관하여 "財力이 있는 자가 그 單獨所有의 지상에 임대빌딩을 건축하면서 일정한 직업이나 수입이 없는 아들들과 共同名義로 건물을 신축하였다면, 위 아들들이 그 新築資金을 提供하였다는 점에 관한 별도의 立證이 없는 이상 이는 父親이 단독으로 자금을 출자하여 건물을 신축하면서 아들들에게 건물의 해당 持分을 贈與하였다고 봄이 상당하다"고 하였고,

② 부동산을 다수 보유하는 자가 일부 不動産을 未成年者인 아들의 名義로 취득한 경우, 위 부동산의 處分代金 등을 다른 贈與事件의 資金出處로 내세우기 위해서는 위 부동산이 아들 앞으로 實質的으로 贈與되었다는 점을 인정할 만한 별도의 증거자료가 필요한지 여부에 관하여 "不動産을 다수 보유하는 자가 일부 부동산을 未成年者인 아들의 名義로 취득하는 경우에 있어서 그 登記事實만으로 곧바로 아버지로부터 아들 앞으로 贈與에 따른 실질적인 所有權의 移轉이 있는 것이라고 단정할 수는 없다고 할 것이므로, 위 不動産의 處分代金 등을 다른 贈與事件의 資金出處로 내세우기 위해서는 위 부동산이 아들 앞으로 실질적으로 贈與되었다는 점을 인정할 만한 별도의 證據資料가 필요하다"고 하였으며,

③ 不動産處分代金 등이 受贈者로 인정된 자의 유일한 資金出處인 경우 수증자는 그 처분대금의 존재뿐만 아니라 그 처분대금 등이 受贈財産으로 인정된 재산의 取得資金 등으로 사용되었다는 점에 대하여도 立證할 필요가 있는지 여부에 관하여 "不動産處分代金 등이 수증자로 인정된 자의 유일한 자금출처인 경우에는 受贈者는 그 금융자료들을 손쉽게 제시할 수 있을 터이므로 단순히 그 處分代金의 存在뿐만 아니라 그 처분대금 등이 受贈財産으로 인정된 재산의 取得資金 등으로 사용되었다는 점에 대한 立證까지 필요하다"고 하였다.

④ "借用者들이 대출 당시 모두 20세 미만의 나이로서 학생신분이었다

면 그와 같은 학생신분으로서 어음할인 방식에 의하여 금융기관으로부터
거액의 금원을 차용한다는 것은 통상의 去來觀念이나 은행의 貸出慣例에
비추어 극히 異例的인 것이라고 보아 위 차용금은 다른 특별한 사정이
없는 한 金融去來實積이 있는 父親이 금원을 借用한 것으로 보아야 한
다"고 판시하였다.508)

事例 (2)

父가 증권회사에 子의 名義로 계좌를 개설하여 柱式을 취득하였다는
사정과 贈與에 관하여 대법원은, "1. 原審判決理由에 의하면, 소외 망 권
준성(訴提起 당시의 원고, 이하 亡人이라고 한다)이 1986. 6.부터 1988.
12.까지 이 사건 不動産을 금 203,670,510원에 취득한 것은 그 取得資金
전부를 그의 아버지인 원고 권철현으로부터 贈與받은 것으로 보아, 피고
가 亡人에게 贈與稅 등을 부과한 이 사건에서, 原審은 망인은 이 사건
부동산을 취득하기 전에 한일증권 등으로부터 합계 금 706,082,682원의
配當所得 등이 있었던 사실이 인정되므로 다른 특별한 사정이 없는 한
망인은 自力으로 이 사건 부동산을 取得하였다고 봄이 상당하다고 전제
하고, 이 사건 不動産의 취득 당시 망인의 나이는 29세로서 위 配當所得
등 외에는 自營事業所得이나 不動産賃貸所得이 없었고, 위 配當所得 등
의 출처인 증권계좌는 타인 명의의 계좌설정이 가능한 위탁관리계좌로서
원고 권철현이 亡人의 名義를 빌린 것이며, 또 위 증권계좌에서 나온 배
당소득 등이 이 사건 不動産의 取得資金이 되었다고 볼 자료가 없으므
로, 위와 같은 배당소득 등이 있었더라도 이를 이 사건 不動産의 資金出
處라고 할 수 없다는 被告의 주장에 대하여는, 망인에게 이 사건 부동산
을 취득하기에 충분한 配當所得 등이 있었던 이상 이 사건 부동산의 자
금출처가 있다고 봄이 상당하고, 달리 自營事業所得이나 不動産賃貸所得
이 있어야만 하는 것이라고 할 수 없고, 위 증권계좌가 위탁관리계좌의

508) 大判 1992. 3. 27, 91누6115.

계좌라고 하더라도 그것만으로는 원고 권철현이 亡人의 名義를 빌린 것이라고 인정하기에 부족하고 달리 그러한 名義信託 사실을 인정할 자료가 없으며, 망인에게 이 사건 不動産의 取得資金이 되기에 충분한 위 配當所得 등이 있었던 이상 달리 反證이 없는 한 이 사건 부동산의 資金出處가 입증되었다고 할 것이고, 그 자금의 경로가 반드시 인정되어야 한다고는 할 수 없다는 이유로 排斥하였다.

2. 살피건대 망인 명의로 判示와 같은 배당소득 등이 있었다면 특별한 사정이 없는 한 資金出處가 있다고 보는 것이 상당하고 달리 自營事業所得이나 不動産賃貸所得이 있어야만 하는 것은 아니며, 증권계좌가 위탁관리계좌의 계좌라고 하더라도 다른 특별한 事情이 없는 한 거기에서 나온 配當所得이나 그 주식의 讓渡代金은 위탁관리계좌 명의인의 소유로 推定되어 자금의 출처로 삼을 수 있을 것이므로, 이와 같은 취지의 原審判斷이 違法하다고 할 수는 없다.

3. 그러나 이 사건에 있어서는, 기록에 의하면 원심이 이 사건 不動産의 取得資金出處로 認定한 증권회사의 고객위탁관리계좌부상의 주식들은 모두 원고 권철현이 1985년부터 1988년까지 사이에 아들인 망인의 이름으로 계좌를 개설한 후 같은 원고의 자금으로 取得한 株式들로서 원고들 스스로도 이를 망인이 그의 자금으로 취득하지 아니하였음을 認定하고 있고(원고들은 이때에 亡人에게 贈與하였다고 주장하고 있다), 또 망인은 1957. 3. 1.생으로서 위 주식을 매입할 무렵에는 경기고등학교를 졸업하고 미국 프린스턴 대학에 유학 중이었고, 자신의 別途所得은 없었던 것으로 보이는바, 假名이나 남의 이름으로 證券會社의 주식예탁관리계좌의 개설이 制限없이 가능한 상황하에서 증권회사의 委託者計座簿에 이를 취득할 자력이 없고 전혀 所得도 없는 아들 名義로 計座를 개설하여 株式을 取得하였다는 事情만으로 곧바로 아버지로부터 아들 앞으로 증여에 따른 실질적인 所有權移轉이 있는 것으로 단정할 수는 없을 것이므로(대법원 1991. 12. 24. 선고 91누3833 판결; 대법원 1992. 3. 27. 선고 91누6115 판결 각 참조), 사정이 위와 같다면 이 사건과 같은 경우에 原告들이 이

사건 證券計座로부터의 配當所得 등을 망인이 취득한 이 사건 부동산의
자금출처로 내세우기 위해서는, 이 사건 株式이 망인에게 실제로 귀속되
었다고 인정할 만한 객관적인 證據資料의 제시가 필요하다고 보아야 할
것이다.

4. 그렇다면 이 점을 살펴보지 아니한 原審判決에는 審理를 미진한 위
법이 있다고 할 것이고, 논지는 이 범위 안에서 이유 있다. 그러므로 원
심판결을 破棄還送하기로 관여법관의 의견이 일치되어 주문과 같이 判決
한다"고 판시함으로써,[509] 假名이나 남의 이름으로 證券會社의 株式預託
管理計座의 개설이 제한 없이 가능한 상황하에서 증권회사의 委託者計座
簿에 이를 취득할 자력이 없고 전혀 所得도 없는 이들 名義로 계좌를 개
설하여 주식을 취득하였다는 사정만으로 곧바로 아버지로부터 아들 앞으
로 贈與에 따른 실질적인 所有權移轉이 있는 것으로 단정할 수 없다고
하였다.

事例 (3)

대법원은 "贈與稅의 賦課要件인 재산의 증여사실은 課稅官廳이 입증
할 사항으로 일정한 직업이 있고 상당한 재력이 있는 자가 不動産을 買
入하는 등의 거래를 하면서 그 자금 일부의 出處를 명확히 밝혀 立證하
지 못한 경우에는 그 입증이 없다 하여 바로 그 자금을 配偶者나 直系尊
屬으로부터 증여받았다고 推定할 것은 아니지만, 이와 달리 특별한 職業
이나 財産이 없는 사람이 당해 재산의 資金出處에 관하여 납득할 만한
立證을 하지 못하고 그 직계존속 등이 증여할 만한 재력이 있는 경우에
는 그 재산을 그 財力 있는 자로부터 贈與받았다고 推定함이 옳다는 것
은 당원의 判例(대법원 1990. 10. 26. 선고 90누6071 판결 등 참조)로 하
는 법리이다.

原審判決理由에 의하면, 원심은 그 擧示證據에 의하여 원고가 서울

---

509) 大判 1993. 8. 24, 93누2643.

강남구 일원동 652의 1 대 249.7㎡(이하 이 사건 토지라 한다)를 取得할 당시 별다른 직업이 없고 부동산이나 預金을 보유하고 있지 않았던 반면, 原告의 남편인 소외 노승택은 콘크리트 타일 등의 製造業을 영위하여 왔고 전국 각지의 不動産을 수회 취득하는 등의 去來를 해오고 있는 등 상당한 財力이 있었다고 인정하는 한편, 原告가 이 사건 토지 매수 시로부터 약 9개월 전에 소외 株式會社 동방상호신용금고로부터 금 30,000,000 원을 家事資金으로 貸出받은 사실 등을 알 수 있으나, 이로써 이 사건 토지의 買收資金에 충당하였다고 볼 만한 아무런 객관적인 金融資料가 없는 점 등에 비추어 보면, 原告가 이 사건 토지를 매수한 代金은 그 出處가 불분명한 것으로서 贈與해 줄 만한 재력이 있는 配偶者인 위 노승택으로부터 贈與받은 것으로 봄이 상당하다고 판단하였는바, 關係證據를 기록과 對照·檢討하여 보면 원심의 위와 같은 事實認定은 정당하고 그 事實認定에 기초하여 내린 위와 같은 판단 역시 당원의 위 判例에 따른 것으로서 정당하며, 거기에 소론과 같이 심리미진, 採證法則違背로 인한 事實誤認, 立證責任에 대한 法理誤解 등의 위법이 있다 할 수 없다"고 판시하였다.510)

이러한 대법원판례에 의하면 資金出處로서 원고명의의 부동산에 대한 賣却代金이나 원고명의의 株式에 대한 配當所得이 있음을 입증하는 것만으로는 부족하고, 이러한 자금들이 원고의 實際所有라는 것 즉 자금출처로 내세우고 있는 부동산, 주식 등을 원고 자신의 財力으로 취득하였거나 係爭對象인 당해 증여 이외의 별도의 증여 또는 상속으로 취득하였다는 점도 입증할 것을 요구하고 있다.

그러나 贈與推定規定에 관한 재판을 하는 경우에 과세관청에 의해 일정한 전제사실이 인정되면, 납세자가 課稅原因이 발생하지 않았거나 그 사실이 과세원인이 아니라는 사실을 입증하지 못하는 한 부당한 納稅義務를 지게 되는 위험이 여전히 남게 된다. 따라서 그 요건사실의 입증에

510) 大判 1996. 5. 10, 96누1900.

있어서는 좀더 엄격한 증명을 요구하여야 할 것이다. 그러므로 贈與推定規定에 대하여는 "의심스러울 때는 납세자의 이익으로"라는 법언을 적용하여 納稅者가 그 추정되는 사실이 의심이 갈 정도로만 입증을 하면 立證責任을 다한 것으로 보아 贈與推定事實에 대한 推定效를 번복시킬 수 있어야 마땅하다고 생각된다.

(3) 課稅物件의 存在에 대한 各種 推定力

(가) 통상 讓渡所得稅의 課稅要件인 양도사실은 登記의 推定力에 의하여 입증할 수 있을 것이고, 등기의 推定力에 반하는 사유, 예를 들면, 그 등기는 마치었으나 讓渡事實이 없다던가, 등기원인과 다른 사유 즉 名義信託이나 讓渡擔保의 목적으로 移轉登記가 행하여졌다던가, 共有物分割에 해당하여 有償讓渡로 볼 수 없다는 점에 대한 立證責任은 이를 주장하는 자에게 있다고 보아야 한다.

(나) 대법원은 등기의 推定力에 반하는 사유에 대한 立證責任에 관하여 다음과 같이 判示하였다.

① 증여를 원인으로 한 所有權移轉登記가 경료된 뒤에 그 증여가 무효임을 이유로 위 所有權移轉登記의 말소를 명하는 판결이 확정되어 그 등기가 말소된 경우에 있어서, 당초의 증여가 무효가 아닌데도 위와 같은 말소등기를 명하는 판결을 받아 말소하였다고 하여도 贈與稅의 賦課處分이 있어 국가의 具體的 租稅債權이 발생하기 전에 당사자 사이에서 그 贈與契約을 合意解除하고 所有權移轉登記를 말소하였다면 贈與契約의 이행으로 인한 物權變動의 효과는 遡及的으로 소멸하여 처음부터 贈與는 없었던 것과 같이 되므로 이 경우에도 贈與稅의 課稅對象이 될 수 없는 것이다.

위의 경우 그 증여가 無效가 아닌데도 당사자 사이에 談合하여 무효인 것처럼 提訴하여 판결을 받은 것이라는 점은 이를 주장하는 자에게 그 立證責任이 있다.511)

② 원고와 그 맏형의 共同名義로 所有權移轉登記를 마치었다가 그중 원고의 지분에 관하여 신탁해지를 원인으로 맏형의 상속인들 명의로 所有權移轉登記가 경료된 경우, 이에 대한 讓渡稅賦課處分이 적법하기 위해서는 원고지분의 이전 시 登記原因이 名義信託解止로 되어 있으므로 지분이전이 등기원인과는 달리 有償讓渡라는 점을 피고 課稅官廳이 입증하여야 하고, 원고와 맏형의 相續人들이 서로 혈족 사이라 하더라도 방계혈족 사이에 擬制自白判決에 기한 名義信託解止登記가 이루어졌다는 사실만으로 바로 有償讓渡로 추정되어 입증의 필요가 원고에게 넘어간다고 볼 수 없다.512)

③ 賣買契約의 合意解除에 따른 原狀回復이지만 편의상 양도인이 다시 매수한 것으로 이전등기를 한 경우에는 地方稅法 제105조에서 말하는 부동산의 취득에는 해당하지 아니한다.513)

④ 相續稅는 재산을 無償으로 취득함으로써 갖게 되는 擔稅力에 바탕을 둔 세제인 점과 상속세법 제7조의 2의 규정취지를 고려하면, 상속개시 이전에 어느 不動産이 賣買契約 등에 의하여 실질적으로 處分되었다면 설령 그 부동산에 관한 登記가 상속개시 당시 피상속인의 名義로 존속하고 있다고 하더라도 이를 相續財産에 포함시킬 수는 없다.514)

(다) 대법원은 抹消된 登記의 推定力과 관련하여 다음과 같이 판결하면서 말소된 등기의 추정력을 부인하면서 피고에게 양도사실에 대한 立證責任을 부담시켰다.

"원심판결은 그 이유에서 이 사건 토지는 원고 소유였으나 등기부상 1978. 12. 23. 매매를 원인으로 같은 달 28. 소외 홍승기 명의로 所有權移轉登記를 마친 사실을 인정할 수 있으므로 위와 같은 賣買事實이 있었다고 추정되고 이에 저촉되는 을 제4호증(판결)의 기재는 원고가 위 소

---

511) 大判 1992. 6. 9, 91누10404.
512) 大判 1994. 11. 8, 94누3667.
513) 大判 1986. 3. 25, 85누1008.
514) 大判 1991. 6. 25, 90누7838.

외 홍승기를 상대로 所有權移轉登記抹消訴訟을 하여 승소하였다는 내용
이나 이는 위 홍승기가 그 辯論期日에 출석하지 아니하여 받은 擬制自白
에 의한 勝訴判決임이 그 기재 자체로서 명백한 점과 원고와 위 소외인
이 처남, 매부의 관계에 있었다고 원고가 自認하는 점 등으로 미루어 이
것만으로 곧 위 推定을 뒤집기에는 미흡하고 달리 이를 뒤집을 아무런
證據 없으므로 위 원고(원고와 위 홍승기 간에 賣買事實이 없다는)의 主
張은 이유 없다고 판시하였다.

기록에 의하여 원심인용의 갑 제2호증(登記簿謄本)의 기재내용을 살펴
보면, 본건 토지에 관하여 위 原審認定과 같이 원고로부터 소외 홍승기
에게 所有權移轉登記가 마치었음을 알 수 있으나 동 등기는 1979. 9. 26.
서울지방법원 영등포지원의 確定判決을 원인으로 같은 해 11. 10 말소되
었음이 동호증의 기재에 뚜렷하므로 위 홍승기의 所有權取得登記는 무로
돌아가 그 登記의 推定力이란 문제가 대두될 여지가 없다고 할 것이다.
원심은 위 확정판결이 擬制自白에 의하였다는 점을 들고 등기의 추정력
을 뒤집을 수 없다고 판단하고 있으나, 이미 말소되어 무로 돌아간 등기
의 추정력이란 있을 수 없는 만큼 이 점에 관한 原審判斷은 등기의 推定
力에 관한 法理를 오해한 위법이 있다고 할 것이며 원고가 위 소외 홍승
기에게 이 사건 토지의 讓渡事實을 부인하는 본건에 있어서는 본건 讓渡
所得稅를 부과한 피고는 그 양도사실을 立證하여야 할 것인바, 그에 관
한 아무런 자료가 없음에도 불구하고 피고의 본건 課稅推定은 적법하다
고 한 원심의 조치는 심리를 다하지 아니하고 또 그 判示理由에 불비가
있다 할 것이니, 이런 점을 논란하는 논지는 이유 있다"515)

(4) 한편 대법원은 아래와 같이 판시하면서 주민등록표상의 登載內容,
稅金計算書의 記載內容, 土地去來申告書 및 官印契約書의 거래금액에
관하여 사실상 推定力을 부여하고 이로써 課稅物件의 존재를 증명하고

---

515) 大判 1982. 11. 23, 82누15.

있다.

① 원고가 1977. 1. 20. 이 사건 주택을 取得하였다가 1980. 7. 26. 타에 讓渡하였더라도 原告가 위 기간 중 위 주택이 아닌 다른 주소지에서 거주한 것으로 주민등록표상 登載되어 있다면 원고는 일단 위 住民登錄票記載와 같이 위 주택이 아닌 다른 住所地에서 주거한 것으로 간주되므로 위 주택의 讓渡所得은 원고가 위 기간 중 6개월(개월) 이상 위 주택에서 주거하였음을 요건으로 한 讓渡所得稅 非課稅對象에 해당하지 않는다.516)

② 附加價値稅法 제16조 제1항에 의하면 納稅義務者로 등록한 사업자가 재화 또는 용역을 공급하는 때에는 공급을 받는 자에게 稅金計算書를 교부할 의무를 규정하고 있고 동법 제22조 제2항 제1호에 의하면 세금계산서를 교부하지 아니한 사업자에 대하여는 加算稅를 賦課하도록 규정하고 있는바, 이러한 규정의 취지에 비추어 보면 事業者가 稅金計算書를 발행하여 제3자에게 교부한 때에는 그 稅金計算書가 허위로 작성되었다는 등의 특단의 사유가 없는 한 그 세금계산서의 記載內容과 같은 財貨 또는 用役의 공급이 있었던 것이라고 보아야 할 것이다.517)

3. 課稅標準

租稅債務의 稅額을 계산하기 위해서는 과세물건에 대한 납세의무자가 확정되고 나서 그 과세물건을 일정한 價値尺度에 의하여 측정하여야 한다. 이와 같이 課稅物件을 일정한 價値尺度에 의하여 측정한 값, 즉 과

---

516) 大判 1986. 3. 11, 85누772.
517) 大判 1987. 6. 23, 86누663.

세물건을 금액, 용량, 건수, 인원 등의 尺度로 計量化, 金額化한 것을 課稅標準이라 하고 이는 세액산출을 위한 피승수이다. 과세표준에 관하여도 課稅官廳이 원칙적으로 立證責任을 부담한다는 점에는 이론이 없다. 대법원도 "附加價値稅法 제6조 제4항은 '事業者가 사업을 閉止하는 때에 잔존하는 재화는 자기에게 공급하는 것으로 본다', 같은 법 제13조 제1항 제4호는 '폐업하는 경우의 재고재화에 대한 課稅標準은 시가로 한다', 같은 법 시행령 제50조 제1항은 '법 제13조 제1항 각호에 규정하는 시가는 특수 관계있는 자 외의 자와의 정상적인 거래에 있어서 형성되는 가격으로 한다.'고 규정하고 있으므로, 이 경우에 附加價値稅 課稅標準 산정의 기초가 되는 시가는 '정상적인 기래에 의히여 형성된 객관적인 交換價格'을 뜻한다고 할 것이고 이는 객관적이고 합리적인 방법으로 평가한 가액도 포함하는 개념이므로 공신력 있는 감정기관의 鑑定價額도 시가로 볼 수 있는 것이며, 나아가 課稅標準인 위 시가의 立證責任은 課稅官廳인 피고가 부담한다고 하여야 할 것이다"라고 판시하여[518] 과세표준에 대한 立證責任이 원칙적으로 課稅官廳에게 있음을 명백히 밝히고 있다.

이하에서는 과세표준에 관한 立證責任에서 가장 비중 있게 논의되고 있는 必要經費나 損金에 관한 立證責任을 집중적으로 고찰하여 보고, 다음으로 必要經費에 버금가는 제 공제를 살펴본 다음 과세표준의 경정에 있어서 각 立證責任을 검토하기로 한다.

가. 必要經費 및 損金

(1) 우리나라의 學說

所得稅에 있어서의 課稅標準은 일반적으로 總收入金額에서 必要經費

---

518) 大判 1996. 10. 11, 95누18666.

를 공제하여 소득금액을 얻고 여기에서 각종의 所得控除를 하여 산출하고(所得稅法 제15조), 法人稅에 있어서의 과세표준은 사업연도의 익금(수익)총액에서 손금(손비)총액을 공제하여 얻는 소득금액에서 다시 이월결손금, 비과세소득, 소득공제액을 공제하여 얻는 금액으로 한다(법인세법 제8조). 이 必要經費나 損費의 존재사실이나 금액의 立證責任에 대한 해석과 논의는 매우 복잡하고 다양하다. 우리나라의 통설[519]은 必要經費 및 損金도 과세소득을 이루는 일부분으로 원칙적으로 課稅官廳에게 立證責任이 있다고 한다. 따라서 소득을 얻는 데 필요한 것으로써 그 지출이 통상 예상되는 범위 내의 일반경비의 존부에 대하여는 課稅官廳에게 立證責任이 있다. 다만 그 범위를 초과하는 특별한 경비의 존재에 대한 立證責任은 원고에게 있다고 보거나, 課稅官廳이 조사, 인정한 금액 이상의 다액의 必要經費가 소요되었다고 주장하면서 그 구체적 내용을 밝히지 않는 경우에는 그러한 필요경비의 존재에 관하여는 원고에게 立證責任이 있다고 한다.

  (2) 일본의 判例와 學說

  과거 日本 判例 중에는 必要經費의 立證責任은 원칙적으로 課稅官廳에게 있다는 입장이 다수였고, 일부는 납세자에게 立證責任을 부담시키는 것도 있었으나 1972년도 이후에는 납세자에게 立證責任을 부담시키는 판례를 찾아볼 수 없다. 학설로서는 납세자에게 必要經費의 立證責任을 부담시키는 견해[520]도 있지만, 원칙적으로 課稅官廳이 부담하고 다만 납세자에게도 무엇인가 부담을 지우는 입장이 통설[521]이다.

---

519) 吳錫洛, 전게서, 301면; 李文載, 전게논문, 699면; 尹昇榮, 전게서, 264면; 異見으로 李鍾得, "行政處分의 適法性에 대한 立證責任," 『判例月報』 (1973. 3.), 97면은 益金과 損金은 원칙과 예외의 관계에 있고 損金은 납세의무자 스스로가 아니면 알 수 없는 비용이므로 납세자에게 입증책임을 부담시켜야 한다는 입장이다.

520) 田中二郎, 전게서, 380면; 齊藤秀夫, 전게논문, 26면.

521) 渡辺伸平, 전게논문, 108면; 畠山武道, 전게논문, 213면; 紙浦健二, 전게논문, 46면; 加

일본의 통설에 따르면 ① 必要經費를 通常必要經費와 特別必要經費
로522) 구분하여 후자는 立證責任이 課稅官廳에 있다고 하더라도 납세자
에게 그 不存在의 추정을 번복할 만한 정도의 反證責任을 부담시킨다.
② 장부에 기재하지 아니한 必要經費 즉 부외필요경비에 관하여는 그 기
재내용이 정확하다고 보고 그 기재 외의 必要經費의 不存在를 사실상 추
정하거나, 납세자가 수입을 은폐하기 위하여 필요경비를 적게 기재한 경
우가 있다고 하더라도 필요경비의 기재는 일반적으로 납세자에게 유리하
다는 점을 이유로 納稅者에게 反證責任 또는 立證責任을523) 과하기도
한다. ③ 신고서기재와 다른 必要經費는 극히 이례적인 사유로서 신고납
세제도의 취지로부터 보아 납세자에게 立證責任을 부담시키고,524) 貸損
償却額과 같은 必要經費에 관하여도 채무자가 외형상 기업 활동을 계속
하고 있는 경우에는 채권의 回收可能性이 사실상 추정된다거나 貸損償却
은 일단 발생한 채권이 소멸하는 경우라는 이유로 납세자에게 立證責任
을 부담시키고 있다.

(3) 必要經費 및 損金에 대한 立證責任負擔의 原則

우리나라와 일본의 통설에 따르면, 必要經費는 과세표준을 산출하는
소극적 요소이지만 과세표준의 구성요소이므로 과세표준에 대한 입증책임
을 부담하는 課稅官廳이 그 不存在에 관하여 立證責任을 부담하게 된다.

藤就一, "立證責任," 『租稅爭訟法 裁判實務大系』(小川英雄, 松澤 智 編), 55면; 金
子宏, 전게서, 472면.

522) 加藤就一, 상게논문, 56면에서는 그 區別基準으로 推計課稅에 있어서는 매상금액에
개괄적으로 대응하여 증감하는 사입금액, 일반관리비 등을 通常經費로, 반드시 대응하
지 아니하고 증감하는 인건비, 차입금의 이자 등을 特別經費로 본다. 實額課稅에 있
어서는 통상이라면 지출되는 필요경비를 통상경비로, 통상이라면 부존재의 추정이 행
하여지는 차입금의 이자, 소송비용 등을 특별경비로 보고 있다.

523) 加藤就一, 상게논문, 59면과 同, "課稅處分取消訴訟における立證責任(上)," 『判例タイ
ムズ』, 651호, 25면은 일본세법에서 장부기장의무를 부담하는 청색신고자가 부외필요
경비를 주장할 경우에는 반증책임이 아니라 입증책임을 부담한다고 한다.

524) 佐藤敏, "課稅處分取消訴訟の審理," 제10권, 78면은 반증책임에 그친다고 한다.

대법원은 원칙적으로 課稅官廳이 必要經費의 不存在에 관하여도 입증책임을 부담한다고 하면서도 일정한 경우 원고에게 입증책임을 돌리거나 혹은 입증의 필요를 부담시키고 있다. 즉 과세처분의 위법을 이유로 그 취소를 구하는 行政訴訟에 있어 處分의 適法性 및 課稅要件事實의 존재에 관하여는 원칙적으로 課稅官廳이 그 立證責任을 부담하나, 經驗則上 이례에 속하는 특별한 사정의 존재에 관하여는 納稅義務者에게 立證責任 내지는 입증의 필요가 돌아가는 것이고, 納稅義務者가 법인세신고시 損金으로 신고한 노무비 중 일부가 실지비용인지 여부가 다투어진 사건에서 課稅官廳에 의하여 위 노무비 중 일부가 장부상 2중으로 계상되었음이 밝혀졌다면, 특별한 사정이 없는 한 그 2중 계상은 추정된다 할 것이므로 위 노무비를 장부상 2중으로 계상한 것이 일용로무자의 노임에 대한 甲種勤勞所得稅의 원천징수를 피하기 위한 편법이었을 뿐이고, 위 노무비도 실제로 노임으로 지급된 비용이라는 사실은 그 구체적 비용지출 사실에 관한 장부기장과 증빙 등 일체의 자료를 제출하기 용이한 納稅義務者가 이를 반증할 필요가 있다고 하여 必要經費에 대한 立證責任도 課稅官廳에게 있음을 명확히 하고 있다.525) 또한 법인이 타인으로부터 차입한 차용금의 지급이자는 원칙적으로 각 사업연도의 과세소득금액 계산에 있어서도 비용으로서 전부 손금에 산입될 수가 있고(법인세법 제9조 제3항 및 같은 법 시행령 제12조 제2항 제7호) 다만 法人稅法의 위임에 의하여 대통령령이 정하는 몇 가지 경우에만 그 支給利子를 손금에 산입하지 아니하도록 제한하고 있어 법인이 사업용 고정자산의 建設資金(건설자금에 충당한 차입금의 지급이자도 그와 같은 경우의 하나에 해당하는 바(같은 법 제16조 제11호), 여기서 건설자금에 충당한 금액의 이자라 함은 그 명목 여하에 불구하고 당해 事業用 固定資産의 매입·개량(기계장치의 부분품을 개량하거나 교환하는 경우를 제외한다)·제작 또는 건설에 소요된 차입금에 대한 지급이자 또는 이와 유사한 성질의 지출금만을 말하는 것이므로

---

525) 大判 1995. 7. 14, 94누3407; 大判 1996. 4. 26, 96누1627.

(1983. 12. 29. 대통령령 제11282호로 개정되기 전의 법인세법시행령 제33조
제1항), 課稅官廳이 어느 사업연도에 발생한 차입금의 지급이자를 위 법조에
해당하는 경우라고 하여 손금에 산입하지 않기 위해서는 당해 借入金이 고정
자산의 건설에 사용되었음을 課稅官廳이 입증하여야 한다.526)

  (4) 納稅者에게 立證責任 또는 立證의 必要를 돌리는 경우

  필요경비의 立證責任이 원칙적으로 課稅官廳이 있다고 하더라도 일정한
경우 원고에게 必要經費의 存在에 대한 입증책임 또는 입증의 필요를 돌
릴 필요가 있다. 대법원 판례에서 나타난 예를 정리하여 보면 첫째, 원고
의 입증활동과 관련하여 원고가 必要經費에 관하여 전혀 입증활동을 하지
아니하는 경우, 둘째 원고의 필요경비의 신고와 관련하여 신고 시 賣出額
자체를 누락시키거나 신고한 필요경비의 내용이 허위임을 인정하면서도 동
액 상당의 다른 필요경비가 있다고 주장하는 경우, 셋째는 필요경비 자체
의 성질과 관련하여 매출액에 대응하는 필요경비인가 아니면 이례적인 특
별필요경비인가의 구분에 따라 事實上의 推定與否를 결정하는 경우 등 크
게 세 가지로 구분할 수 있다.

(가) 必要經費에 관한 納稅者의 立證活動이 전혀 없는 경우

  대법원은 "法人稅課稅處分 取消訴訟에 있어서 과세근거로 되는 과세
표준의 입증책임은 과세관청에게 있고 必要經費의 立證責任은 과세관청
에게 있으나 必要經費는 납세의무자에게 유리한 것이고 그 필요경비를
발생시키는 사실관계의 대부분은 納稅義務者가 지배하는 영역 안에 있어
서 그 입증이 손쉽다는 것을 감안해 보면 납세의무자가 그에 관한 입증활
동을 하지 않는 必要經費에 대해서는 不存在의 推定을 하여 납세의무자
에게 立證의 必要性을 인정함이 공평의 관념에 부합된다"고 판시하여527)

---

526) 大判 1994. 9. 27, 92누7375.
527) 大判 1988. 5. 24, 88누121; 大判 1989. 8. 8, 88누9978.

必要經費에 관한 납세자의 입증활동이 전혀 없는 경우에는 납세자에게 입증의 필요성을 돌리고 있다. 또한 농지임대소득을 얻는 데 필요경비를 지출하였다는 納稅義務者의 主張, 立證이 없는 경우 지방세법시행령 제159조 제2호에 의한 필요경비의 공제여부에 관하여 대법원은 "지방세법시행령 제159조 제2호에 의한 필요경비는 적어도 必要經費가 소요된 사실은 있으나 그 證憑書類가 없어서 이를 확인할 수 없는 경우에 그와 같은 방법으로 계산한다는 것으로 해석할 것이므로 納稅義務者가 임대소득을 얻음에 필요경비를 지출하였다는 아무런 주장과 증거가 없다면 위 법조에 따른 必要經費를 공제할 수 없다"고 판시하였다.[528]

한편, 대법원은 "課稅處分의 適法性에 대한 입증책임은 과세관청에게 있으므로 과세소득확정의 기초가 되는 필요경비도 원칙적으로 과세관청이 그 입증책임을 부담하나, 必要經費의 控除는 납세의무자에게 유리한 것일 뿐 아니라 必要經費의 기초가 되는 사실관계는 대부분 納稅義務者의 지배영역 안에 있는 것이어서 課稅官廳으로서는 그 입증이 곤란한 경우가 있으므로 그 입증의 곤란이나 당사자 사이의 형평을 고려하여 納稅義務者로 하여금 입증케 하는 것이 합리적인 경우에는 입증의 필요를 납세의무자에게 돌려야 한다. 經驗則上 必要經費의 발생이 명백한 경우에 있어서는 納稅義務者의 입증이 없거나 불충실하다 하여 必要經費를 영으로 보는 것은 經驗則에 반하므로, 課稅官廳이 실지조사가 불가능한 경우에 시행하는 추계조사의 방법에 의하여 산정이 가능한 범위 안에서는 과세관청이 그 금액을 입증하여야 하고 納稅義務者가 이보다 많은 필요경비를 주장하는 경우에는 납세의무자에게 그 입증의 필요가 돌아간다"고 판시하여[529] 필요경비에 대한 立證責任負擔의 原則 및 그 입증의 필요가 납세의무자에게 돌려지는 경우를 밝혀줌과 아울러 必要經費의 발생이 經驗則上 명백한 경우에 그 금액에 대한 立證責任의 所在를 밝히고 있다.

---

528) 大判 1989. 9. 29, 89누2387.
529) 大判 1992. 7. 28, 91누10909.

(나) 納稅申告에 賣出額의 漏落 또는 虛僞申告의 경우

납세신고와 관련하여 원고에게 입증의 필요가 돌아가는 경우로서는 납세신고 시 매출액 자체를 누락시킨 경우와 신고내용과 다른 必要經費를 주장하는 경우로 나눌 수 있다.

① 賣出額의 漏落

賣出額이란 한국표준산업분류에 의한 각 사업에서 생기는 수입은 전형적인 營業收入金額(영업외수입금액에 대비되는)으로서, 상품·제품 또는 용역의 賣出額, 利子收入(금융업의 경우), 賃貸料收入(부동산업의 경우) 등이고, 판매한 財貨 또는 用役의 대기의 성질을 띤 이상 명칭에 구애받지 않고 매출액에 포함된다.

납세신고 시 매출액을 누락시키는 경우 그 收入漏落額에 대응하는 必要經費의 대표적인 것이 賣出原價이고, 이는 基礎在庫資産額에서 當期買入額을 합하고 期末在庫資産額을 뺀 금액으로 산출되기 때문에 장부상 매출누락이 있다고 하여 반드시 매입원가의 누락이 있다고 볼 수 없으며, 오히려 통상의 경우 賣出額만 누락되고 그에 상응하는 매출원가는 장부상에 이미 계상되어 있는 경우가 많다.[530] 이러한 점을 고려하여, 대법원 判例는 납세신고 시 매출액자체를 누락한 경우 그에 대응하는 必要經費의 입증에 관하여, 원고에게 입증책임이 전환되는 것인지 입증의 필요만이 전환되는 것인지를 분명히 밝히고 있지는 않지만 원고가 對應必要經費의 입증에 관하여 일정한 부담을 진다는 점을 명백히 하고 있다.

처음에는 "實地調査方法에 의하여 법인의 소득에 대한 課稅標準과 稅額을 결정할 수 있을 때에는 推計調査方法에 따를 수 없다 할 것인바, 과세관청이 實地調査方法에 의하여 당해 법인의 소득에 대한 과세표준과 세액을 결정하는 경우에 있어 당해 법인의 當初申告에서 누락된 收入金額을 발견하였다 하더라도 이에 대응하는 賣出原價 등의 손금이 별도로

---

530) 林完圭, "賣出漏落額의 代表者認定賞與의 範圍," 『租稅法의 爭點』, 李泰魯 敎授 華甲紀念論文集, 228면.

지출되었음이 장부 기타 證憑書類에 의하여 밝혀지는 등의 특단의 사정이 없는 한 이는 총수입금에 대응하는 總損金에 포함되었다고 보아야 할 것이므로 총 손금의 決定方法과는 달리 그 收入漏落部分에 대응하는 손금만을 實地調査가 아닌 同業者權衡方法이나 所得標準率에 의한 推計調査方法으로 따로 결정할 수는 없다"고 판시하여531) 간접적으로 課稅官廳이 실지조사에 의하여 賣出漏落을 밝혀내고 賣出漏落部分만을 소득에 가산하여 부과처분을 하는 경우에 원고가 그 대응경비에 대한 입증책임 또는 입증의 필요를 부담하여야 한다는 취지를 나타내었다.

그 후 大法院은 "課稅官廳이 납세자의 당해 연도의 총수입금액에 대응하는 총 필요경비를 實地調査에 의하여 결정하면서 당초신고에서 누락된 收入金額을 발견한 경우 이에 대응하는 매입원가 등의 必要經費는 그것이 별도 지출되었음이 장부 기타 證憑書類에 의하여 밝혀지는 등 특단의 사정이 없는 이상 총 수입금액에 대응하는 총 필요경비 속에 이미 포함되어 있는 것으로 볼 것이고, 납세자가 賣出漏落分에 대응하는 買入原價의 누락이 있다 하여 이의 控除를 받고자 한다면 스스로 買入原價漏落事實을 주장, 입증하여야 한다"고 판시하여532) 명시적으로 원고에게 立證責任 또는 立證必要가 있다는 점을 명백히 하였다.533)

특히 대법원은 "납세의무자가 法人稅의 課稅標準 등 신고에 있어 신고누락한 매출액 등의 수입이 발견되면 課稅官廳으로서는 그 누락된 수

---

531) 大判 1983. 12. 13, 83누271; 大判 1986. 11. 25, 86누217; 大判 1987. 10. 13, 85누1004; 大判 1990. 9. 28, 90누2222; 大判 1990. 11. 13, 89재누38.

532) 大判 1989. 7. 11, 88누11179; 大判 1990. 12. 11, 90누42; 大判 1991. 7. 12, 90누10179; 大判 1991. 11. 22, 91누4935; 大判 1993. 9. 2, 93누6232.

533) 林完圭, "必要經費의 立證責任," 『租稅法硏究』, 250면; 同, 전게논문, 288면, 231면은 이 경우 입증책임의 전환이 아니라 입증의 필요만이 전환된다고 하면서 納稅者가 수입누락분에 해당하는 必要經費 또는 損金의 存在를 주장하고, 그 정도의 수입에 대하여는 이 정도의 필요경비 또는 손금이 소요된다거나 장부상의 필요경비만을 기초로 所得을 계산하면 이익률이 지나치게 높아져 經驗則에 반한다는 사정 등을 입증하여 必要經費 또는 損金의 不存在에 관한 법관의 확신을 동요시켜 놓기만 하면 과세관청이 그 부존재에 관하여 입증을 다하지 못하는 한 납세자 주장의 필요경비 또는 손금의 공제를 인정하여야 한다거나 그 비용에 대한 部分推計를 허용하여야 한다고 한다.

입을 益金에 산입할 수 있고, 만약 納稅義務者가 과세표준 등 신고에 있어 위와 같이 익금에 산입할 수입의 申告만을 漏落한 것이 아니라 그에 대응하는 손금에 산입할 비용에 관하여도 신고를 누락한 사실이 있는 경우에는 그와 같은 비용을 申告漏落하였다는 사실에 관하여는 그 비용의 損金算入을 주장하는 자가 입증을 하여야 할 것인바, 이는 納稅義務者가 그 수입 중 일부의 신고를 누락하여 과소신고 하는 경우에도 비용만큼은 누락 없이 전부 신고하는 것이 통상적이라는 經驗則을 바탕으로 그와 다른 이례적 사정 즉 納稅義務者가 손금에 산입할 비용 중 일부를 스스로 누락하여 과소 신고하였다는 특별한 사정에 관하여는 納稅義務者인 원고로 하여금 입증게 함이 입증의 難易와 衡平面에서도 타당하다는 立證責任 일반의 원칙에 부합하는 것이기도 하다"고 判示함으로써 납세자에게 立證責任 또는 立證必要가 돌아간다는 근거를 제시하였다.534)

② 虛僞內容의 納稅申告

法人所得額算定 時 손금에 산입할 비용에 관하여 納稅義務者가 신고한 비용 중 일부 금액이 허위임이 밝혀지거나 스스로 申告金額이 虛僞임을 시인하면서 같은 금액만큼의 다른 비용에 소요되었다고 주장하는 경우, 대법원은 그 損金算入費用에 대한 立證責任 내지 입증의 필요가 납세자에게 돌아간다고 판시하고 있다.

즉 "課稅處分의 違法을 이유로 그 취소를 구하는 소송에서 처분의 適法性 및 課稅要件事實의 存在에 관한 입증책임은 과세관청에 있으므로 法人稅의 과세표준인 소득액확정의 기초가 되는 손금에 산입할 비용액에 대한 立證責任도 원칙적으로 과세관청에 있으나, 納稅義務者가 신고한 비용 중의 일부 금액이 실제비용인지의 여부가 다투어져서 그것이 허위임이 밝혀지거나 납세의무자 스스로 申告金額이 虛僞임을 是認하면서 같은 금액만큼의 다른 비용에 소요되었다고 주장하는 경우에는 그 다른 비용의

---

534) 大判 1992. 3. 27, 91누12912; 大判 1992. 7. 28, 91누10695.

존재와 액수에 대하여는 納稅義務者가 이를 입증할 필요가 있다고 보아
야 한다"고 판시하였다.535) 또한 "課稅處分의 위법을 이유로 그 취소를
구하는 行政訴訟에 있어 처분의 適法性 및 課稅要件事實의 존재에 관하
여는 원칙적으로 과세관청이 그 입증책임을 부담하나, 經驗則上 異例에
속하는 특별한 사정의 존재에 관하여는 納稅義務者에게 立證責任 내지
는 立證의 必要가 돌아가는 것"이라고 판시하여536) 원고에게 입증의 필
요가 있게 되는 근거를 밝히고 있다.

(다) 必要經費의 具體的 項目에 따른 立證責任

대법원은 "課稅處分의 違法을 이유로 그 취소를 구하는 행정소송에 있
어서 과세처분의 適法性 및 課稅要件事實의 존재에 관하여는 원칙적으로
과세관청이 그 입증책임을 부담하나, 經驗則上 異例에 속하는 특별한 사정
의 존재는 납세의무자에게 그 입증책임 내지는 입증의 필요가 돌아간다고
하면서 所得額確定의 기초가 되는 必要經費額에 대한 立證責任도 원칙적
으로 과세관청에 있고 다만 구체적 경비항목에 관한 立證의 難易라든가 당
사자 사이의 衡平 등을 고려하여 納稅者 側에 그 立證責任을 돌리는 경우
가 있다 할 것인바, 납세자가 그 소득을 얻기 위하여 통상적으로 필요로 하
는 "通常的 經費"는 과세관청이 그 不存在를 입증하여야 할 것이며 다만
經驗則上 그 不存在가 사실상 추정되는 이례적인 "特別經費"는 그 존재를
주장하는 납세자에게 입증책임이 있다고 할 것이다"고 판시하여537) 具體的
必要經費項目에 관한 立證의 難易라든가 당사자 사이의 형평을 고려하여
납세자 측에 그 입증책임을 돌리는 경우로 特別經費를 들고 있다. 매출액
에 대응하지 않는 이례적 특별경비로는 貸損償却金을 들 수 있고, 대법원
판례도 원고가 貸損處理한 채권이 貸損處理事由에 해당한다는 입증이 없

---

535) 大判 1994. 10. 28, 94누5816; 大判 1995. 5. 23, 94누9283; 大判 1995. 7. 14, 94누
     3407; 大判 1996. 4. 26, 96누1627.
536) 大判 1995. 7. 14, 94누3407; 大判 1996. 4. 26, 96누1627.
537) 大判 1990. 2. 13, 89누2851.

으므로 피고가 損金算入을 부인하고 益金算入을 하여 주주에 배당으로 처리한 것이 適法이라고 판단한 원심을 정당하다고 判示하였다.538)

그러나 고철매도업, 파지매도업, 섬유의 염색, 방수가공업의 경우와 같이 사업의 특성상 買入量과 賣出量과 사이에 필연적 관련성이 있는 사업의 경우, 必要經費의 不存在에 관하여 과세관청에게 입증책임을 엄격히 부담시키고 있다. 즉 대법원은 "화섬직을 매입, 염색 또는 방수가공하여 판매하는 사업자의 所得金額을 확정함에 있어서 총수입금액은 課稅標準確定申告金額을 인정하고도 여기서 공제할 필요경비를 산정함에 있어서 稅金計算書上 買入한 화섬직의 수량을 제외한다면 사업자는 매입하지도 아니한 原資材를 加功히여 매출한 결과가 되므로 전년도에서 이월된 재고량이 사업자의 주장의 在庫量보다 많다거나 加功賣出한 수량이 있었거나 賣出單價를 조작하였다는 등 특별한 사정이 없는 한 적어도 매출한 수량만큼의 매입량은 있었다고 推定할 수 있다"고 판시하였다.539)

반면 원고가 여비, 교통비, 접대비 등의 지출하였다고 하여 必要經費로 계상하였으나 不動産賃貸所得에서 위와 같은 필요경비가 소요되는 것이 합리적인 經驗則이라고 볼 수 없으므로 필요한 證憑書類가 없는 한 과세권자가 필요경비에 산입하지 않을 수 있다고 한다.540)

나. 諸 控除

(1) 租稅法規는 개별 세목에 있어 課稅價額이나 수입금액을 기초로 과

---

538) 大判 1989. 3. 14, 87누797. 다만 이 판결은 株主에 대한 미수수익을 대손처리한 것이 법인세법시행령 제21조 소정의 회수할 수 없는 채권에 해당하기 때문이 아니라 整理債權者 등의 이해관계인을 보호하고 건전한 財務構造로 정리계획을 수행할 목적으로 행하여졌음이 인정되는 특수한 사정이 있는 것으로 貸損處理事由에 대한 입증책임이 원고에게 전환되었음을 판시한 것이라고 일반화시키기 어려운 면이 있다.
539) 大判 1989. 7. 11, 88누10589; 大判 1992. 7. 28, 92누6358; 大判 1993. 10. 8, 93누14400.
540) 大判 1989. 4. 25, 87누272.

세표준을 산출하는 과정에서 必要經費와는 다른 조세정책적 차원에서의 공제를 인정하는 경우가 있다. 또한 일단 과세표준을 확정하여 여기에 세율을 곱하여 세액을 산출하고서도 다시 세액공제를 하기도 한다. 예컨대 勤勞所得稅에 있어서 所得金額은 給與額에서 배우자공제, 부양가족공제 등 基礎控除와 追加控除를 하고(소득세법 제50조 내지 51조) 보험료공제, 의료비공제, 교육비공제, 주택자금공제 등 특별공제를 하여(소득세법 제52조) 그 과세표준을 정하며, 相續稅에 있어서도 그 과세표준은 과세가액에서 기초공제, 배우자상속공제, 기타 인적 공제, 일괄공제 등을 하여 산출하는 것이다(상속세및증여세법 제18조 내지 21조). 그 외에도 租稅政策的 側面에서 과세표준을 산정함에 있어 공제되는 것으로 법인세법의 이월결손금, 조세감면규제법의 증자소득공제 등이 있다.

(2) 위와 같은 제 공제 중 특히 소득공제사유는 必要經費와 유사한 점이 있어, 그에 대한 입증책임이 납세자와 과세관청 중 누구에게 부담시킬 것인가에 관하여 견해가 나누어져 있다.

(가) 納稅者負擔說

이는 독립한 권리 장애사실이라는 이유로 납세자가 그 사유의 존재사실에 대한 立證責任을 부담한다는 설이다.[541]

(나) 課稅官廳負擔說

소득공제는 그것이 소득활동을 하는 사람이 필연적으로 필요로 하는 표준적 생활비의 보장을 의미하는 것이라는 점에서 必要經費에 준하는 것이라는 등의 이유를 들어 課稅官廳이 그 不存在에 대한 立證責任을 진다는 견해이다.[542]

---

541) 黃道淵, "行政訴訟에 있어서의 立證責任," 『司法論集』, 제2집(1971), 523면; 姜仁崖, 전게서, 452면; 松澤 智, 전게논문, 351면; 瀧川叡一, 전게논문, 488면; 加藤就一, 전게논문, 59면; 齊藤秀夫, 전게논문, 26면.

(다) 結 論

위와 같은 제 공제가 소득 기타 과세물건의 발생 자체에 부수되는 것은 아니며 또한 그 기초되는 사실이 대부분 납세자의 수중에 있다는 점을 감안하고 나아가 제 공제제도가 恩惠的, 정책적 이유에 근거를 둔 것으로 예외적인 경우에 해당한다 할 것이므로 이에 대한 立證責任은 납세자에게 있다고 본다.

다. 課稅標準의 更正

租稅法은 일정한 경우 申告納稅主義를 채택함으로써 납세의무자가 스스로 과세표준과 세액을 신고하여야만 비로소 그 납세의무가 확정되도록 하고 있다. 그러나 납세자의 신고내용에 誤謬 또는 脫漏가 있는 때에는 부득이 과세관청이 이를 조사하여 課稅標準과 稅額을 更正할 수 있도록 하였다. 이하에서는 不當行爲計算의 否認과 課稅標準의 更正에 따른 所得處分에 관하여 논한다.

(1) 不當行爲計算의 否認

일반적으로 不當行爲計算의 否認이란 납세의무자가 행하는 어느 行爲計算을 租稅法的으로 부인하여 이를 시정하는 것을 말하고, 대법원판례[543]의 표현을 빌리자면, 부당행위계산이라 함은 "納稅者가 정상적인 經濟人의 合理的인 去來形式에 의하지 않고 合理的 理由도 없이 우회행위, 다단계행위 그 밖의 이상한 去來形式을 취함으로써 통상의 합리적인 거래형식을 취할 때 생기는 租稅의 負擔을 輕減 내지 排除시키는 行爲計算"이라 한다.

---

542) 渡辺伸平, 전게논문, 98면; 紙浦健二, 전게논문, 46면.
543) 大判 1989. 4. 11, 88누8630; 大判 1990. 7. 24, 1989누4772.

조세법은 조세회피행위의 부인에 관한 일반적 포괄적 규정을 두지 않고 개별세법에서 이를 규정하고 있다. 즉 법인의 부당행위계산부인에 관한 法人稅法 제52조, 동법 시행령 제88조, 개인의 부당행위계산부인에 관한 所得稅法 제41조, 제101조, 동법 시행령 제98조, 제167조 제3항 내지 제5항, 附加價値稅의 과세표준 산정 중 특수한 경우에 관한 附加價値稅法 제13조 제1항 제3호, 동법 시행령 제52조 제1항, 증여의제에 관한 相續稅및贈與稅法 제35조, 제37조 내지 제42조, 동법 시행령 제26조 내지 제31조 등을 들 수 있다.[544] 그리고 關稅法 제9조의 3 제3항 제4호, 동법 시행령 제3조의 6 제1항, 제2항도 유사한 것으로 취급할 수 있다.

부당행위계산부인의 制度的 趣旨는 위와 같은 부당한 행위계산을 과세권자의 입장에서 객관적으로 타당하다고 보이는 소득이 있었던 것으로 擬制하여 課稅함으로써 과세의 공평을 기하고 租稅回避行爲를 방지하기 위함이다. 이와 같이 조세회피행위의 부인에 관한 法規定은 일반적인 규정 없이 각 個別稅法에 산재하여 있으나, 그 共通要件으로 特殊關係가 있는 자와의 거래일 것, 행위계산이 부당할 것, 정상적인 行爲形式을 선택하였을 경우와 동일한 경제적 목적을 달성하였을 것, 그 결과 租稅의 負擔을 부당하게 감소시켰을 것을 들고 있다.

이러한 특수 관계의 존재와 租稅負擔의 부당한 감소라는 사실은 과세요건에 해당할 뿐만 아니라 원칙에 대한 예외로서 엄격한 해석이 요구되고, 不確定槪念으로 인한 법적 不安定性을 경감시키기 위하여 그 立證責任이 課稅官廳에게 있다고 보는 것은 당연하다.[545]

(가) 特殊關係의 存在

대법원은 "關稅法 제9조의 3 제2항 제4호, 구 관세법시행령(구 관세법시행령) (1992. 12. 31. 대통령령 제13806호로 개정되기 전의 것) 제3조의

---

544) 丁仁鎭, "不當行爲計算의 否認," 『裁判資料』, 제61집(1993), 152면.
545) 丁仁鎭, "稅務訴訟에 있어서의 立證責任과 立證의 程度," 『司法論集』, 제22집(1992), 119면.

3 제5호에 의하여 課稅價格을 관세법 제9조의 3 제1항 소정의 去來價格
에 의하지 아니하기 위해서는 먼저 購買者와 販賣者 중 일방이 타방을
직접 또는 간접으로 관리하는 特別關係에 있어야 할 것인데, 여기서 말
하는 일방이 타방을 직접 또는 간접으로 관리하는 관계라 함은 일방이 타
방에 대하여 법적 또는 사실상으로 統制權 또는 指揮權을 행사할 수 있
는 위치에 있을 경우를 말한다고 풀이되고 그에 관한 立證責任은 課稅官
廳에게 있다"고 판시하여546) 特殊關係의 存在에 대한 입증책임을 밝혀준
것이라 할 수 있고, 이는 법인세법, 소득세법, 부가가치세법에서도 동일하
다고 본다.

또한 舊 相續稅法(1996. 12. 30.지로 상속세및증여세법으로 개정되기
전의 것) 제34조 제2항의 배우자 등의 양도행위 贈與推定, 제34조의 2의
저가, 고가양도 시 贈與擬制, 제34조의 5의 증자, 감자 시의 증여의제 등
에서 정하고 있는 특수 관계자의 일종으로 규정한 동법 시행령 제41조
제2항 제8호 소정의 "讓渡者의 親知"는 동 시행규칙 제11조 제2항이 규
정하는 바에 따라 同鄕關係, 同窓關係, 同一職場關係 등으로 인하여 친
한 사실이 객관적으로 명백한 자를 말한다.

이에 대하여 대법원은 "舊 相續稅法 시행규칙(1991. 3. 9. 재무부령 제
1849호로 개정되기 전의 것) 제11조에 정한 동향관계, 동창관계, 동일직
장관계 등은 반드시 양도자의 친지로 볼 수 있는 原因關係를 한정하여
열거한 것이라고는 볼 수 없지만, 한편 讓受人이 讓渡人과 친지로서 양
도인과 特殊關係者가 되기 위해서는 양수인과 양도인 사이에 위와 같은
친하게 된 原因關係가 있는 것만으로는 부족하고 그로 인하여 친한 사실
이 客觀的으로 明白한 자임을 알 수 있어야 하며 그에 관한 立證責任은
課稅官廳에 있다"고 判示하였다.547)

---

546) 大判 1993. 7. 13, 92누17112.
547) 大判 1986. 11. 11, 85누890; 大判 1987. 1. 20, 86누318; 大判 1987. 2. 10, 86누543;
　　 大判 1987. 3. 24, 86누795; 大判 1988. 1. 19, 87누698; 大判 1989. 3. 28, 88누7132;
　　 大判 1989. 9. 26, 88누11667; 大判 1990. 3. 13, 88누2861; 大判 1990. 4. 10, 90누
　　 837; 大判 1991. 2. 12, 90누8473; 大判 1992. 4. 14, 91누7088; 大判 1992. 7. 28, 92

따라서 동일그룹 내의 계열회사 任職員關係에 있다거나,[548] 같은 직장에 근무하기는 하였으나 나중에 轉勤하였고 서로 아는 처지에 불과한 경우,[549] 동년배로서 출생지와 주소지가 같은 동이고 讓受人이 讓渡人이 설립한 회사의 감사로 있었다는 사정,[550] 상장법인이 아닌 비상장 소규모 법인의 株主關係에 있다는 사정,[551] 우리사주조합원 중 대리급 이상 직원 90명과 회사 감사인 원고가 동일한 직장의 간부직원, 임원의 관계에 있었다는 사정,[552] 양도인은 회사 이사로 양수인은 회사 대표이사의 아들로서 회사에 입사하여 근무한 사정[553]만으로는 特殊關係에 있다고 볼 수 없다. 특히 同一職場關係에 있었다고 하더라도 그 점만으로 곧바로 원고와 위 소외인들 사이에 친한 사실이 객관적으로 명백하다고 단정할 수 없고 적어도 讓渡者가 讓受人에게 양도에 따른 이익을 무상으로 제공할 만한 특별한 사정이 입증되어야 하고 이러한 입증이 없는 경우에는 원고와 소외인들을 特殊關係者라고 볼 수 없다고 한다.[554]

위와 같은 다수의 판례를 검토해 볼 때, 課稅官廳이 去來 當事者 사이에 위와 같은 관계로 친한 사실을 입증하기 어려운 점이 있음에도 불구하고 대법원은 "친지"라는 불명확한 개념으로 인하여 納稅義務의 범위가 무한정 확장되는 것을 방지하기 위하여 그 요건을 엄격하게 보고 그 立證責任뿐만 아니라 그 證明度에 있어서도 보다 확실한 입증을 요구하고 있다고 보인다.

(나) 行爲計算의 不當性

다음으로 不當行爲計算否認에 의한 과세처분의 위법을 다투는 주된 쟁

누5546; 大判 1993. 10. 12, 91누10190.
548) 大判 1986. 11. 11, 95누890.
549) 大判 1987. 1. 20, 86누318.
550) 大判 1987. 3. 24, 86누795.
551) 大判 1989. 9. 26, 88누11667.
552) 大判 1991. 2. 12, 90누8473.
553) 大判 1992. 4. 14, 91누7088.
554) 大判 1988. 1. 19, 87누698.

점이 되는 것은 조세부담의 부당한 감소라는 행위계산의 부당성이다. 법인세법시행령 제46조 제2항 제1호 소정의 "시가를 초과하는 가격으로 現物出資하거나 그 자산을 過大償却한 때"와 제4호 소정의 "출자자 등으로부터 자산을 시가를 초과하여 매입하거나 출자자 등에게 자산을 시가에 미달하게 양도한 때" 등이 행위계산 부당성의 전형적인 예이다. 대법원은 "법인세법시행령 제46조 제2항 제4호 소정의 시가에 대한 立證責任은 과세관청에 있으므로 課稅官廳이 양도당시가 아닌 어느 시점의 가액을 가지고 양도당시의 시가와 같다고 주장하려면 그 時點과 讓渡當時와의 사이에 時價의 變動이 없었던 점을 적극적으로 입증하여야 할 것인바, 이에 관한 하등의 立證 없이 讓渡日로부터 3개월 후의 감정가격을 가지고 양도당시의 시가로 볼 수는 없다"고 판시하여555) 行爲計算의 不當性의 기준이 되는 時價에 대한 입증책임은 과세관청에게 있음을 밝혀주고 있다.

위와 같은 전형적인 경우는 아니지만 위 시행령 제46조 제2항 제9호 소정의 "기타 出資者 등에게 법인의 이익을 分與하였다고 인정되는 것이 있을 때"에 해당하면 행위계산의 부당성이 인정된다. 그 判斷基準으로 대법원 판례는 경제적 합리성의 결여 여부를 들고 있다.556) 이 경우도 대법원은 처음에는 원고가 특수 관계에 있는 소외회사의 稅金納付資金을 보관하면서 원고의 소외회사에 대한 貸與金債權과 상계하지 않고 소외회사의 이름으로 세금을 납부하기로 약정하여 세금을 납부한 다음 대여금채권을 대손 상각한 사안에서 위 약정이 租稅回避의 目的으로 이루어졌다고 인정할 만한 특별한 사정이 없는 한 이를 부당한 행위로 볼 수 없다고 하여557) 經濟的 合理性의 缺如에 관하여 과세관청에게 입증책임이 있음을 간접적으로 시사하였다. 그 후 "구 법인세법시행령(1991. 12. 31. 대통령령 제13541호로 개정되기 전의 것) 제47조 소정의 가지급금에 대한 認

---

555) 法人稅에 관하여는 大判 1986. 2. 25, 85누715; 大判 1987. 4. 14, 86누378; 大判 1988. 2. 9, 87누671; 大判 1996. 5. 10, 95누5301.이 있고, 附加價値稅法에 관하여는 大判1996. 1. 23, 95누12408.이 있다.
556) 大判 1985. 5. 28, 84누337; 大判 1986. 11. 11, 85누986; 大判 1987. 10. 13, 87누357.
557) 大判 1988. 9. 13, 85누130.

定利子는 內國法人이 출자자 등 특수 관계에 있는 자에게 무상으로 금전을 대여한 것으로 볼 수 있는 경우에 課稅官廳이 그 不當行爲計算을 부인하고 직권으로써 이자를 계산하는 제도이므로, 위 규정은 이자에 관한 약정이 있는 경우에는 적용될 여지가 없고, 이자에 관한 약정이 있는 경우에는 그 利子率이 經濟的 合理性을 무시하였다고 인정될 정도의 낮은 이율인 때에 한하여 租稅의 負擔을 부당히 감소시킨 부당행위인 법인세법 제20조, 같은 법 시행령(1994. 12. 31 대통령령 제14468호로 개정되기 전의 것) 제46조 제2항 제7호 소정의 낮은 이율로 金錢을 貸付한 때에 해당한다고 볼 수 있으며, 이 점에 관한 주장·입증책임은 과세관청에 있다"고 판시하여[558] 명시적으로 行爲計算의 不當性에 대한 입증책임이 과세관청에게 있음을 명백히 하였다.

(2) 益金算入額의 所得處分

일반적으로 企業會計上의 當期純利益을 기초로 세법의 규정에 따른 가감을 함으로써 법인세법상의 각 사업연도의 소득을 계산하는 절차를 稅務調整이라고 한다. 세무조정을 한 결과 그 세무조정액 상당액이 法人의 剩餘金의 增感을 초래하는지, 社外流出되어 증감을 초래하지 않는지 여부를 밝히고, 또한 사외 유출된 경우 그 귀속자를 명확하게 결정하여 그에 대한 당해 法人의 源泉徵收義務 與否를 결정할 필요가 있다. 所得處分은 이와 같은 세무조정에 따른 소득의 귀속자와 소득의 종류를 확정하는 세법상의 절차를 말한다.[559]

법인세법 제67조, 동법 시행령 제106조는 세무조정결과 益金算入額이 사외 유출된 경우는 상여, 배당, 기타 소득, 기타 사외 유출로 구분하고, 이에 해당되지 아니한 경우는 社內留保로 처리하고 있다.

과세관청은 과세원인, 과세표준에 대한 立證責任을 부담하므로 대표자,

---

558) 大判 1995. 12. 26, 95누3589.
559) 申東閏, "益金算入額의 所得處分,"『裁判資料』, 제61집(1993), 290면.

출자자 등에 소득처분을 하려면 益金算入額이 사외 유출되었다는 점과 그 귀속자를 입증하여야 할 것이다.

(가) 社外流出의 立證

① 益金算入額의 社外流出이라 함은 세무조정액만큼의 과세소득증가에 상응하는 잉여금의 증가가 없이 법인 이외의 자에게 소득이 유출된 것을 말한다.[560] 문제는 사외 유출된 금액에서 이에 대응하는 비용을 공제한 잔액이 所得處分의 對象이 되는지, 그렇지 않으면 소득산정의 전제가 되는 수익금액으로서의 '益金'이 소득처분의 대상이 되느냐이다.

② 주로 문제가 되는 것은 매출을 누락한 경우인데 社外流出與否의 立證과 관련하여, 대법원은 "賣出事實이 있음에도 불구하고 법인이 그 매출액을 장부상 기재하지 않은 賣出漏落이 있는 경우에는 다른 특별한 사정이 없는 한[561] 그 대응경비인 매출원가상당액을 포함한 賣出漏落額 全額이 사외 유출된 것으로 보아 매출누락금 전액을 대표이사에 대한 賞與로 처분하여 이에 따른 甲種勤勞所得稅 등을 부과한 것은 정당하다"고 하여[562] 매출누락의 경우 전액이 사외 유출된 것으로 사실상 추정하여 왔고, 법인이 매출사실이 있음에도 불구하고 그 매출액을 장부상에 기재하지 아니한 경우에는 다른 특별한 사정이 없는 한 原料買入費 등 원가상당액을 포함한 그 매출누락액 전액이 사외로 유출된 것으로 보아야 하며, 이 경우 그 賣出漏落額이 사외로 유출된 것이 아니라고 볼 특별사정은

---

560) 全守安, "所得處分의 對象과 範圍," 『司法行政』 (1992. 2.), 91면.

561) 申東闊, 전게논문, 296면은 益金算入額의 소득처분대상에 관하여 賣出漏落이 있는 경우 그 所得處分의 대상이 비용을 공제하지 아니한 脫漏된 收入金額 전부인가 아니면 탈루된 수입금액에서 그 收入에 대응하는 經費를 공제한 금액만인가의 견해대립을 논하면서 判例에서 말하는 특별한 사정이 무엇을 의미하는지 설시하고 있는 판례는 찾지 못하였다고 하고 있다. 위 특별한 사정을 所得處分의 對象이 누락소득 전액이 아니라 對應經費를 공제한 액수라는 점에 관한 특별한 사정으로 보는 경우에는 그러한 특별사정을 언급한 판례를 찾아볼 수 없으나 위 특별한 사정을 社外流出이 되지 아니하는 특별한 사정으로 본다면 아래에서 보는 바와 같이 몇 개를 들 수 있다.

562) 大判 1983. 6. 14, 82누471; 大判 1984. 2. 28, 83누381; 大判 1985. 9. 24, 83누17.

이를 주장하는 법인 측에서 입증하여야 한다고 판시하였다.[563]

③ 法人이 입증하여야 할 特殊事情과 관련하여, 대법원은 "법인인 병원의 진료비 수납금이 假受金으로 입금되어 가수금계정에 계상되어 있다면 단지 위 금원이 각 해당 사업연도의 損益計算書上의 收入金額에 계상되어 있지 아니하였다는 사실만으로 사외에 유출된 것으로 추정할 수는 없다 할 것이므로 이 경우 사외로 유출되었다는 사실은 課稅官廳이 입증하여야 한다"고 하고,[564] "원고 법인이 건물을 신축하면서 그 상가분양 수입금을 垈地買入殘金과 建築費 등에 충당한 사실이 인정되는 경우에는,[565] 益金算入額이 사외로 유출되지 아니할 사정이 있다고 보았다.

그러나 위와 같은 사실상 추정은 賣出漏落에 한하여 인정되는 것으로 보이고 일반적인 익금산입액의 소득처분의 경우 所得處分의 課稅原因인 법인세법시행령 제106조 제1항 제1호 소정의 인정상여처분이 적법하다는 사실, 즉 각 과세기간 동안 원고에게 익금이 발생한 사실 및 그 익금이 사외 유출된 사실에 대한 立證責任이 피고에게 있다"고 판시함으로써[566] 課稅處分의 違法을 이유로 하는 취소소송에서 과세원인, 과세표준 등 課稅要件이 되는 事實의 存在에 대하여는 원칙적으로 과세관청에 그 입증책임이 있다는 것을 명백히 밝혀주고 있다.

(나) 所得의 歸屬者의 立證

① 사외 유출이 사실상 추정되거나 입증된다고 하더라도 課稅官廳은 소득처분을 함에 있어 그 歸屬者를 입증하여야 한다. 다만 법인세법시행령 제106조 제1항 제1호는 익금에 산입한 금액이 사외 유출된 것이 분명하나 그 귀속이 불분명한 경우에는 대표자에게 귀속된 것으로 본다고 규정하고 있으므로, 課稅官廳은 소득의 귀속이 불분명한 경우에는 대표자에

---

563) 大判 1986. 9. 9, 85누556; 大判 1987. 3. 24, 86누897; 大判 1990. 12. 26, 90누3571; 大判 1993. 5. 14, 93누630.
564) 大判 1987. 6. 9, 86누732.
565) 大判 1988. 3. 22, 86누587.
566) 大判 1988. 2. 23, 86누626.

대한 所得處分을 함에 있어서 원고가 당해 법인의 대표자라는 점만을 입증하면 되고 원고에게 사외 유출된 금액이 귀속되었다는 점을 입증할 필요는 없다.[567] 다만 法人의 歸屬不明所得으로서 그 대표자에게 귀속된 것으로 보는 경우의 대표자는 실질적으로 그 회사를 사실상 운영하는 대표자이어야 하므로[568] 이 점에 관하여도 課稅官廳이 立證責任을 부담하나 법인등기부상 대표자로 등재되어 있는 경우 形式的 代表者에 불과하다는 점에 관하여는 납세자가 입증의 필요를 부담한다고 보아야 한다.

② 그러나 課稅官廳이 대표자 아닌 자에 대한 소득처분을 할 경우에는 그 귀속자를 입증하여야 한다. 따라서 과세관청이 益金에 산입한 金額의 所得處分을 함에 있어서는 出資者에게 귀속된 것이 분명한 경우에 한하여 그 출자자에 대한 配當 또는 賞與로 처분할 수 있으므로 주주에게 그 소득이 귀속되었다는 자료도 없이 주식 수에 비례하여 소득이 귀속되었다고 보고한 賦課處分은 결국 소득이 없는 자에 대한 부과처분으로서 위법하다.[569] 반면 帳簿에 기재되지 않고 사외 유출된 법인의 수입금은 그 귀속이 분명치 않는 한 課稅官廳이 대표자에 대한 상여로 소득 처분할 수밖에 없는 것이고 그 歸屬이 분명하다는 점에 관한 立證責任은 이를 주장하는 納稅者에게 있다.[570]

라. 個別 稅目의 課稅標準

개별 세목에 있어서 과세표준을 정하려면 먼저 課稅標準 算定의 기초가 될 재산의 평가에 관한 문제를 해결하여야 한다. 財産의 評價의 問題는 매우 어렵고 중요한 것이며 주로 평가시점에 관한 문제와 평가방법에

---

567) 崔先集, "舊 法人稅法 제32조 제5항의 違憲決定과 所得處分의 效力," 『人權과 正義』 (1996. 5.), 114면 이하에서 이러한 推定의 根據와 合理性을 상세히 설명하고 있다.
568) 大判 1986. 1. 28, 85누526; 大判 1988. 4. 12, 87누1238; 大判 1989. 4. 11, 88누3802.
569) 大判 1985. 5. 14, 84누318; 大判 1986. 2. 25, 85누864.
570) 大判 1992. 8. 14, 92누6747.

관한 문제로 대별할 수 있다. 재산의 평가의 문제는 상속, 증여의 경우뿐
만 아니라 低價讓渡, 高價讓受의 贈與推定, 不當行爲計算否認 여부를
결정하는 기준이 되는 시가, 법인세에 있어서 減價償却의 기준이 되는
固定資産의 取得價額의 결정 등 세법 전반에 걸쳐 두루 문제가 되고 있
는 부분이다. 이하에서는 상속세및증여세법에 있어서 재산의 평가문제, 소
득세법에 있어서 讓渡所得稅에서의 讓渡差益의 算定問題 및 법인세에
있어서 감가상각비문제를 차례로 고찰하기로 한다.

(1) 相續稅및贈與稅에 있어서 相續(贈與)財産의 價額

相續稅및贈與稅法은 1996. 12. 30. 전면개정으로 재산의 평가에 관한
규정을 제4장에서 독립되어 相續稅와 贈與稅를 공통으로 규율하였으며
그 내용도 종전에 국세기본통칙에 규정되어 있던 것을 시행령에 포함시키
는 등 크게 확대하였다. 즉 상속세및증여세법은 "제60조(평가의 원칙 등)
㉮ 이 법에 의하여 相續稅 또는 贈與稅가 부과되는 재산의 가액은 相續
開始日 또는 贈與日(이하 "평가기준일"이라 한다) 현재의 시가에 의한다.
이 경우 제63조 제1항 제1호 가목 및 나목에 규정된 평가방법에 의하여
평가한 가액(제63조 제2항의 규정에 해당하는 경우를 제외한다)은 이를
시가로 본다.
㉯ 제1항의 규정에 의한 時價는 불특정 다수인 사이에 자유로이 거래
가 이루어지는 경우에 통상 성립된다고 인정되는 가액으로 하고 收用·公
賣價格 및 鑑定價格 등 대통령령이 정하는 바에 의하여 시가로 인정되는
것을 포함한다.
㉰ 제1항의 규정을 적용함에 있어서 시가를 산정하기 어려운 경우에는
당해 재산의 종류·규모·거래상황 등을 감안하여 제61조 내지 제65조에
규정된 방법에 의하여 평가한 가액에 의한다.
㉱ 제1항의 규정을 적용함에 있어서 제13조의 규정에 의하여 相續財産
의 價額에 가산하는 증여재산의 가액은 증여일 현재의 시가에 의한다"라

고 규정하고 있고, 상속세및증여세법 제61조 내지 65조와 동법 시행령 제
3장 제49조 내지 63조에서 個別資産의 評價方法에 관하여 구체적으로
규정하고 있다. 재산의 평가방법에 관하여 주로 문제가 되는 것은 시가로
볼 수 있는 범위를 둘러싼 事實認定에 관한 다툼과 아울러 그 평가방법
을 규정하고 있는 위 법 제60조 1항 내지 3항(개정 전 법 제9조 같은 법
시행령 제5조)의 적용요건에 관한 해석상의 다툼이다.

개정 후의 규정도 일부 규정의 위치가 기본통칙에서 시행령으로 변동
되었다는 점 외에는 내용자체가 거의 대동소이하다고 보이므로, 이하에서
는 개정 전 규정의 해석과 관련된 판례를 중심으로 살펴보기로 한다.

(가) 時價의 意義 및 範圍

① 時價에 관한 정의는 종전 相續稅法基本通則 38-(9)에서 규정하고
있던 것을 입법화한 것인바, 대법원은 "贈與財産의 評價方法을 규정한
상속세법 제34조의 7 및 제9조 제1항에서 말하는 "시가"라 함은 원칙적
으로는 정상적인 거래에 의하여 형성된 客觀的 交換價格을 의미하는 것
이지만 객관적이고 합리적인 방법으로 평가된 가액도 포함되는 개념이므
로 공신력 있는 감정기관이 감정평가한 가액도 시가로 볼 수 있다"라고
판시하여[571] 시가에 대한 정의를 밝혀주고 있다. 즉 그것은 첫째 주관적
인 요소가 배제된 객관적인 것이어야 하고, 둘째 거래에 의하여 형성된
것이어야 하며, 셋째 그 거래는 일반적이고 정상적인 것이어야 하고, 넷째
그 기준시점의 財産의 具體的인 現況에 따라 평가된 客觀的 交換價値를
적정하게 반영하여야 하는 것이다.[572]

한편, 상속, 증여재산의 시가에 대한 立證責任이 課稅官廳에게 있다는

---

571) 大判 1993. 4. 13, 92누8897; 大判 1994. 12. 12, 93누22333.
572) 日本 相續稅法上의 時價의 개념도 동일하게 설명되고 있다. 獨逸 評價法 제9조에서
는 "평가는 원칙으로 通常價額에 의한다. 통상가액(gemeiner wert)이라 함은 그 재산
의 성질에 따라 通常의 商去來로서 讓渡할 경우에 얻을 수 있는 價額을 말한다. 이
경우 가액에 영향을 미치는 모든 사정이 고려될 것이나 이상한 관계 또는 개인적인
관계는 고려하지 않는다"라고 규정하고 있다.

것은 분명하지만573) 相續開始點 또는 贈與時點 등 기준시점 당시 당해 재산의 매매가 있거나 또는 감정평가가 행하여지는 예가 드물기 때문에 과세관청은 기준시점 전후의 賣買價額, 또는 鑑定評價價額으로 시가를 입증하는 것이 대부분일 것이다.

② 시가규정 소정의 시가의 범위와 관련하여 문제가 되는 것은 부동산에 대한 감정가격, 특히 遡及鑑定價格을 시가로 볼 수 있는가 하는 점이다. 이에 관하여 대법원은 "相續財産의 價額評價方法을 규정한 상속세법시행령 제5조 제1항 소정의 '시가(시가)'란 원칙적으로 正常的인 去來에 의하여 형성된 客觀的 交換價格을 의미하지만 이는 객관적이고 합리적인 방법으로 평가한 가액도 포함하는 개념이므로, 거래를 통한 교환가격이 없는 경우에는 公信力 있는 鑑定機關의 鑑定評價도 시가로 볼 수 있는 것이고, 그 가액이 소급감정에 의한 것이라 하여 달라진다고 볼 수 없다"고 판시하여574) 遡及鑑定價格을 시가로 볼 수 있을 것인가에 대하여 긍정하고 있다.

③ 대법원 판례는 과세관청이 기준시점 이전의 去來價額 또는 鑑定價額 등을 입증하면 우리나라의 부동산시가가 상승세에 있었음이 공지의 사실이므로 위 입증된 가액이 기준시점 당시의 가액보다 결코 높은 가액이라고 볼 수 없고 그 사이에 시가의 하락이 있었다는 특별한 사정이 없다면 이를 기준시점 당시의 시가로 볼 수 있다고 판시하고 있는바, 위 鑑定價額이나 賣買價額이 기준시점보다 3개월 15일 내지 4개월 전에 있었던 것575)이더라도 무방하고 심지어는 13개월,576) 1년 3개월 내지 1년 10개월,577) 2년,578) 3년,579) 4년580) 전의 경우도 허용된다고 한다. 이 경우 위

---

573) 大判 1984. 11. 27, 84누322.
574) 大判 1990. 9. 28, 90누4761; 大判 1993. 7. 27, 92누19323; 大判 1995. 5. 26, 94누15325.
575) 大判 1985. 7. 23, 85누116; 大判 1985. 12. 24, 84누325; 大判 1986. 9. 23, 86누200;
　　　 大判 1986. 10. 14, 85누301.
576) 大判 1990. 5. 8, 89누8316.
577) 大判 1989. 10. 13, 88누11544; 大判 1990. 4. 10, 88누612.
578) 大判 1985. 7. 23, 85누256.
579) 大判 1989. 4. 11, 88누551; 大判 1992. 2. 11, 91누12301.

양 시점 사이에 時價의 變動이 있었다는 점에 관한 입증의 필요는 納稅者에게 넘어가고 그러한 취지의 반증을 제출하여야 될 것이다.

④ 반면에 기준시점 이후의 去來價額 또는 鑑定價額에 관하여는 재산의 가액에 대한 입증책임이 과세관청에게 있음을 강조하면서 과세관청이 증여 또는 상속 등의 기준시점이 아닌 어느 시점의 가액을 가지고 기준시점 당시의 시가와 같다고 주장하려면 그 시점과 基準時點과의 사이에 時價의 變動이 없었던 점을 적극적으로 입증하여야 하고, 기준시점과 사이에 시간적 간격이 약 3개월 내지 6개월에 불과하다고 하더라도 그 사이의 시가의 변동이 없었다고 추정할 수 없다.[581] 다만 증여받은 때로부터 1개월이 되기 전에 매매를 한 경우[582] 또는 相續開始日로부터 10일 정도 경과되었거나 1개월이 채 경과하기 전에 매매가 이루어진 경우[583]에는 증여시점 또는 상속시점과 매매시점과의 사이에 價格變動을 추인할 만한 특별한 사정이 엿보이지 않는 이상 그 매매가격을 相續開始 當時의 時價로 볼 수 있을 것이다.

그 외에 일반거래의 통념상 건물의 임대차보증금은 그 건물과 부지의 시가보다 낮은 것이 통례이므로 임차보증금이 그 시가보다 특별히 높은 금액으로 결정되었다는 특별한 사정이 없는 한 그 시가는 최소한 그 賃貸借保證金보다 높다고 보아야 하고 위와 같은 특별한 사정이 있었다는 점은 원고가 입증하여야 한다는 예도 있다.[584]

---

580) 大判 1993. 10. 8, 93누10293, 10309.
581) 大判 1984. 6. 26, 84누177; 大判 1986. 2. 25, 85누715; 大判 1986. 3. 11, 85누623; 大判 1986. 7. 22, 85누501; 大判 1988. 6. 28, 88누582; 大判 1991. 4. 12, 90누8459; 大判 1993. 2. 12, 92누251; 다만 大判 1990. 7. 27, 90누1939. 은 例外的으로 相續開始 6개월 후의 賣買價額을 평가액으로 보려면 價額의 變動이 없었다는 점은 課稅官廳이 立證하여야 한다고 판시하였다.
582) 大判 1984. 7. 24, 84누260.
583) 大判 1993. 5. 14, 92누13240.
584) 大判 1985. 2. 8, 84누679.

(나) 時價를 算定하기 어렵다는 점

구 상속법 시행령 제5조 2항 이하의 法定評價方法을 적용하기 위해서는 먼저 課稅對象의 시가를 산정하기 어렵다는 점이 주장, 입증되어야 하고 그 주장, 입증책임은 課稅官廳에게 있다고 함이 일관된 대법원판례이다.[585]

그 立證의 程度에 대하여 대법원은 상속개시 당시부터 相續稅賦課處分 당시까지 目的 不動産이 실제 거래된 바 없다거나[586] 위 시가로 볼 수 있는 범위를 相續稅基本通則 39-9 제1항 각호에 해당되지 않는다고 하여 곧바로 시가를 산정하기 어려울 때에 해당하는 것으로 볼 수 없다고 판시하였다.[587]

그러나 그 후 대법원은 "상속세법시행령 제5조 제2항 내지 제5항에 규정하는 방법에 의한 상속재산의 평가는 相續開始 당시 또는 相續稅賦課 당시의 각 시가를 산정하기 어려울 때에 한하여 택할 수 있는 補充的인 評價方法이고 시가를 산정하기 어려워서 보충적인 평가방법을 택할 수밖에 없었다는 점에 관한 입증책임은 과세처분의 적법성을 주장, 입증할 책임을 진 課稅官廳에게 있다"고 판시하여[588] 立證의 轉換 내지 緩和를

585) 不動産의 관한 것으로 大判 1984. 11. 27, 84누322; 大判 1985. 3. 12, 84누670; 大判 1986. 12. 9, 86누584; 大判 1987. 6. 23, 86누862; 5) 大判 1988. 10. 25, 87누237; 6) 大判 1989. 3. 14, 88누48; 7) 大判 1989. 6. 13, 88누8715; 8) 大判 1989. 10. 10, 89누2509; 9) 大判 1990. 12. 21, 90누6309; 10) 大判 1991. 4. 23, 90누5795; 11) 大判 1992. 7. 24, 92누4840; 12) 大判 1993. 2. 26, 92누787; 13) 大判 1993. 6. 11, 92누16218; 14) 大判 1993. 7. 27, 92누19323; 15) 大判 1994. 8. 23, 94누5960; 16) 大判 1994. 10. 28, 94누3032; 17) 大判 1995. 6. 13, 95누23이 있고, 非上場株式에 관한 것으로 18) 大判 1986. 9. 23, 86누263; 19) 大判 1987. 9. 8, 87누439; 20) 大判 1989. 6. 13. 88누3765; 21) 大判 1989. 9. 12, 88누8463; 22) 大判 1990. 3. 13, 88누2861; 23) 大判 1990. 7. 10, 90누1229 ; 24) 大判 1995. 2. 3, 94누1470; 25) 1996. 10. 29, 96누9423이 있으며, 상속, 증여 이외의 법인이 無償으로 취득한 財産의 評價에 관하여 26) 大判 1987. 6. 9, 85누743; 소득세법상 필요경비인 減價償却額의 산출을 위한 固定資産의 取得價額에 관하여 27) 大判 1991. 2. 22, 90누5382이 있다. 다만 예외적으로 大判 1987. 10. 28, 86누460은 非上場株式의 時價評價를 원칙적으로 補充的 평가방법에 의하여야 한다고 한다.
586) 大判 1993. 2. 26, 92누787.
587) 大判 1986. 12. 9, 86누584; 大判 1989. 10. 10, 89누2509; 大判 1990. 12. 21, 90누6309; 大判 1993. 7. 27, 92누19323.
588) 不動産에 관한 것으로 大判 1995. 6. 13, 95누23; 非上場株式에 관한 것으로 大判

추단하게 하고 있다. 이는 상속개시 이후 부과 시까지 목적물이 처분되는 경우는 예외적인 경우이고 감정가격이 별도로 존재하고 있다는 것도 소극적 사항이므로 결국은 납세자가 보다 낮은 鑑定價格의 存在를 입증할 필요를 부담한다는 점에서 판례의 태도는 실질적으로 立證責任의 轉換을 인정한 것으로 평가되고, 상속세법의 평가에 관한 규정의 취지가 모든 不動産의 遡及鑑定을 요구한다고 볼 수 없는 점과 非上場株式의 경우도 주식 자체만의 정상적인 매매실례가 극히 드물고 그 감정평가도 쉽지 않다는 점을 감안하면 이러한 판례의 태도변화는 당연하고 매우 타당하다고 생각된다.

(다) 擔保權이 設定된 財産

구 상속세법 제9조 제4항, 동 시행령 제5조의 2 제3호(1990. 12. 31.자로 개정되기 전의 것)의 규정취지에 관하여, 대법원판례는 相續財産의 價額評價에 관하여 時價主義原則을 정한 같은 법 제9조 제1항의 규정을 보충하여 시가에 보다 근접한 가액을 산정하려는 취지에서 규정된 것으로서 근저당권을 설정하는 경우 彼擔保債權最高額은 통상 재산의 실가액 범위 안에서 결정되는 것으로 볼 수 있어서 根抵當權의 피담보채권최고액이 다른 방법으로 산정한 가액보다 클 때에는 債權最高額을 實際價額으로 봄이 일반적으로 거래의 실정에 부합한다는 데 타당성의 근거가 있는 것이므로 예외적으로 財産의 實際價額보다 큰 금액을 피담보채권최고액으로 하여 근저당권이 설정된 경우라면 이러한 예외적인 경우에 해당한다는 사실은 그것을 주장하는 자가 입증하여야 한다고 한다.[589)]

(라) 相續, 贈與課稅價額에서 控除될 債務와 負擔

상속재산가액에서 공제할 피상속인의 채무는 相續稅課稅價額決定에 예외적으로 영향을 미치는 특별한 사유에 속하므로 그 존재사실에 관한

1995. 12. 8, 94누15905; 大判 1996. 10. 29, 96누9423.
589) 大判 1990. 3. 27, 89누7481; 大判 1990. 6. 26, 90누2390; 大判 1993. 3. 23, 91누213.

주장, 立證責任은 과세가액을 다투는 納稅義務者 측에 있다고 보아야 한다.590) 통상 문제가 되는 것은 連帶保證債務인데, 상속재산가액에서 공제될 채무는 상속개시 당시 피상속인이 종국적으로 부담하여 이행하여야 할 것이 확실하다고 인정되는 채무를 뜻하는 것이므로 상속개시 당시 피상속인이 제3자를 위하여 연대보증채무를 부담하고 있거나 물상보증인으로서의 책임을 지고 있는 경우에 主債務者가 辨濟不能의 無資力 狀態에 있기 때문에 피상속인이 그 채무를 이행하지 않으면 안 될 뿐만 아니라 주채무자에게 求償權을 행사하더라도 변제를 받을 가능성이 없다고 인정되는 때에는 그 채무금액을 相續財産價額에서 공제할 수 있고 그에 대한 主張, 立證責任은 納稅義務者에게 있다고 한다.591)

負擔附贈與의 경우 증여가액에서 공제될 부담에 관하여, 대법원 판례는 남편이 처로부터 근저당권이 설정된 부동산을 증여받으면서 그 被擔保債務를 인수하였다고 하더라도 증여자인 처의 채무불이행으로 擔保權實行이 확실시되고 처의 무자력으로 그에 대한 구상권 행사가 실효를 거둘 수 없을 것이라는 점에 대한 별다른 사정이 나타나지 않는 한 贈與稅課稅價額에서 채무액을 공제할 수 없고,592) 부동산의 명의수탁이 증여로 간주되어 贈與稅가 부과되는 경우에 있어서 명의수탁자가 그 부동산에 설정된 實質所有者의 賃借保證金返還債務를 인수하였다고 볼만한 자료가 없다면, 실질소유자가 辨濟不能의 무자력 상태에 있어 채무불이행이 확실시되고 명의수탁자가 그 채무를 이행한 후에 求償權을 행사하여도 실효를 거둘 수 없을 것이라는 점에 대한 별다른 사정이 나타나지 않고 있는 이상 그 채무액을 贈與稅課稅價額에서 공제할 수 없다593)고 하여 그 특별한 사정에 대하여 원고에게 입증책임을 지우고 있는 것처럼 보인다.

---

590) 大判 1976. 10. 26, 74누75.
591) 大判 1983. 12. 13, 83누410; 大判 1989. 6. 27, 88누4294; 大判 1996. 4. 12, 95누10976.
592) 大判 1990. 6. 12, 90누2352.
593) 大判 1990. 6. 26, 90누2062.

(2) 所得税法에 있어서 讓渡財産의 評價

현행 所得税法은 제99조에서 基準時價의 내용을 자세히 규정하고 있으나, 舊 所得税法(1982. 12. 21. 개정된 후 1994. 12. 22. 전면 개정되기 이전의 법)에서는 토지의 讓渡價額과 取得價額을 산정함에 있어 토지와 건물 등에 대한 양도소득의 과세표준을 계산함에 있어 취득가액이나 양도가액은 基準時價에 의함을 원칙으로 하고, 대통령령이 정하는 예외적인 경우에는 實地去來價額에 의하게 되는바, 구 소득세법 시행령 제170조 제4항은 그와 같은 예외적인 경우로서 동항 제2호에서 投機去來에 해당하는 경우와 제3호에서 讓渡者의 實地去來價額의 신고기 있는 경우를 규정하고 있다. 전자는 과세관청이 투기거래의 유형에 해당하는 사유를 들어 實地去來價額에 의하여 課稅標準을 정하는 경우이고,[594] 후자는 양도자가 기준시가의 적용을 배제하기 위하여 일정한 요건하에서 실지거래가액을 주장할 수 있는 경우이다.

원칙적으로 基準時價에 의하여 讓渡所得의 課稅標準을 정하게 되므로 양도차익의 입증은 문제되지 아니한다. 그러나 실지거래가액을 讓渡差益 算定의 基準으로 삼으려고 할 때는 그 가액의 입증을 요한다. 원칙에 대한 예외를 주장하는 자가 그에 대한 立證責任을 진다고 볼 때, 課稅官廳이 실지거래가액을 양도차익 산정의 기준으로 삼기 위해서는 투기거래에 해당하는 사유와 실지거래가액을 입증하여야 하고, 납세자가 실지거래가액을 讓渡差益 算定의 基準으로 삼기 위해서는 證憑書類에 의하여 일정한 기간까지 실지거래가액을 신고하였다는 점을 주장, 입증하여야 할 것이다.

594) 大判 1995. 9. 26, 95누429.은 어느 去來가 投機的 去來에 해당한다고 하더라도 그 實地去來價額에 따른 讓渡差益이 基準時價에 미치지 못하는 경우에는 課稅官廳은 당해거래를 實地去來價額의 適用對象에서 제외시킬 수 있고, 讓渡者는 제2호의 규정을 원용하여 實地去來價額을 주장할 수 없다고 한다(投機性이 없는 讓渡者가 豫定申告나 確定申告시 實地去來價額을 신고하지 아니한 경우 實地去來價額에 의한 혜택을 볼 수 없는 것과 비교하여 投機性이 있는 讓渡者가 豫定申告나 確定申告 時 實地去來價額의 申告를 하지 아니한 경우 投機性이 있다고 하여 實地去來價額에 의한 혜택을 볼 수 있다고 한다면 균형이 맞지 않는다는 이유 때문이다).

이하에서는 구 소득세법시행령 제170조 4항(현행 소득세법시행령 제166
조 4항)에 관한 종전의 판례를 중심으로 살펴보고 아울러 개정된 소득세
법에서 대법원 판례의 변화를 검토하기로 한다.

(가) 課稅官廳이 實地去來價額을 適用하는 경우

대법원은 "구 소득세법 시행령(1990. 12. 31. 대통령령 제13194호로 개
정되기 전의 것) 제170조 제4항 제2호 (다)목에 의하면 부동산을 취득한
후 1년 이내에 양도한 경우는 實地去來價額에 의하여 讓渡差益을 산정
하고 다만 부동산의 취득. 양도경위와 이용실태 등에 비추어 투기성이 없
는 것으로 인정되는 경우에는 실지거래가액의 적용대상에서 제외할 수 있
다고 규정하고 있는데, 이는 위 조항에서 열거하고 있는 投機去來의 類
型에 해당이 되면 일응 투기거래에 해당한다고 추정이 되기는 하지만 당
해 부동산의 거래에 있어서의 취득경위, 이용실태, 매도경위, 보유기간 등
구체적인 사정을 종합해 보아 당해 거래가 지극히 正常的인 經濟行爲로
서 투기성이 없다고 인정되는 경우에는 위 조항의 단서규정에 의하여 실
지거래가액의 적용에서 제외시키고 基準時價課稅原則으로 돌아가 기준시
가에 의하여 양도차익을 산정하여야 한다"고 판시함으로써595) 간접적으로
讓渡者가 투기성이 없음에 관하여 立證責任을 부담하여야 한다는 듯한
태도를 보였다가, "구 소득세법 시행령 (1990. 12. 31. 대통령령 제13194
호로 개정되기 전의 것) 제170조 제4항 제2호 (다)목의 규정에서 열거하
고 있는 투기거래의 유형에 해당되면 일단 투기거래에 해당된다고 추정되
지만 당해 不動産 去來에 있어서 취득·양도경위와 이용실태 및 보유기간
등 구체적인 사정에 비추어 당해 거래가 지극히 정상적인 경우에는 공정
과세위원회의 자문을 거쳐 위 시행령 단서의 규정에 따라 실지거래가액의
적용에서 제외시키고 基準時價에 의한 課稅原則으로 돌아가 기준시가에
의하여 양도차익을 산정하여야 하고, 投機性이 없다는 점에 대한 立證責

---

595) 大判 1992. 7. 14, 92누619; 大判 1993. 3. 9, 92누11282; 大判 1993. 3. 23, 92누7818.

任은 납세자가 부담한다"고 판시하여596) 투기성이 없다는 점에 대한 입증 책임은 納稅者가 부담한다고 명시적으로 밝히고 있다.

한편 "구 소득세법시행령(1989. 8. 1. 대통령령 제12767호로 개정되기 전의 것) 제170조 제4항 제2호에 의하여 투기거래가 되는 거래의 구체적 유형을 규정하고 있는 구 국세청훈령 제916호 재산제세조사 사무처리규정 제72조 제3항 제3호 소정의 "善意의 實需要者로 가장하여 부동산 및 부동산에 관한 권리를 취득하여 전매하는 거래"라 함은 토지나 건물을 그 본래의 용도대로 사용하거나 또는 이를 이용하여 어떤 사업을 영위하려는 등의 구체적인 목적이 있어서가 아니라 단지 轉賣差益을 노려 부동산을 취득, 양도하면서도 실제로 부동신을 사용할 목적이 있는 것과 같이 가장하는 경우를 가리키고, 이러한 投機去來에 해당하는지 여부에 대한 立證責任은 課稅官廳이 부담한다"고 판시하였다.597)

위와 같은 대법원 판례에 의하면, ① 투기성이 있다는 사유에 해당하면 일응 투기성이 추정되므로 課稅官廳은 당해 거래가 그 사유에 해당하는 것만 입증하면 되고 오히려 讓渡者(납세자)가 투기성이 없다는 점을 입증하여야 하고, ② 전형적으로 투기성이 추정되는 거래 이외의 거래에 관해서도 課稅官廳은 재무부령이 정하는 바에 따라 투기성이 인정되는 거래임을 입증하여 實地去來價額을 적용할 경우에 투기거래에 해당하는 점의 立證責任은 課稅官廳이 부담하는 것이 된다.

(나) 實地去來價額의 立證

실지거래가액 자체의 입증과 관련하여 대법원은 "賣買當事者들이 작성하여 시장, 군수 등의 검인을 받은 檢認契約書는 특별한 사정이 없는 한 당사자 사이의 매매계약 내용대로 작성되었다고 추정되고, 그 계약서가 실제와 달리 작성되었다는 점은 주장자가 입증하여야 한다"고 판시하여598) 일단 검인계약서의 기재내용에 사실상 推定力을 부여하고 그 추정

---

596) 大判 1993. 12. 10, 93누4120; 大判 1996. 8. 20, 95누15759.
597) 大判 1991. 6. 11, 90누8558.

을 뒤집으려면 이를 주장하는 자에게 입증책임을 부담하고 있다.

또한 대법원은 "實地去來價額에 관한 證憑書類로서 취득 및 양도에 관한 매매계약서와 계약상대방의 거래확인서 및 인감증명서 등을 제출하였다면, 課稅官廳으로서는 위 각 賣買契約書가 실제와 달리 작성되었다는 등의 특별한 사정이 없는 한, 위 각 매매계약서상의 실지거래가액에 의하여 讓渡差益을 算定하여야 하고, 이 경우 그러한 특별한 사정이 있다는 점은 어디까지나 課稅官廳이 이를 입증하여야 하며, 취득과 양도 사이의 去來價額上昇率이 기준시가의 상승률에 비하여 현저히 낮다거나 취득 이전에 납세자가 신고한 취득가액 이상의 금액을 債權最高額으로 하여 당해 부동산과 다른 부동산을 목적으로 한 共同根抵當權이 설정된 사정이 있다고 하여 실지취득가액에 관한 證憑書類로 제출된 매매계약서가 실제와 달리 작성된 것이라고 단정할 수도 없다"고 판시하였고,599) "국토이용관리법 제21조의 7의 규정에 따라 토지 등 去來契約申告를 한 당사자가 아무런 변경신고 없이 계약을 체결하면 신고 당시에 契約豫定金額을 착오로 기재하였거나, 그 예정금액을 합의한 바와 다르게 기재할 수밖에 없었던 사유가 있거나, 去來申告日과 實際去來日 사이에 지가의 등락 등으로 가격을 새로 정할 필요성이 생겨 그 豫定金額과 다른 금액으로 계약을 체결하였다는 등의 특별한 사정이 없는 한 신고한 내용대로 계약이 체결된 것으로 추정되고, 위와 같은 특별한 사정에 관하여는 이를 주장하는 자에게 그 立證責任을 지우는 것이 상당하다고 한다"고 판시함으로써600) 사실상 推定力을 부여하여 납세자로 하여금 實際契約에 관한 정확한 資料를 제출하도록 하면서 허위신고를 방지하도록 유도하고 있다고 보인다.

---

598) 大判 1993. 4. 9, 93누2353; 大判 1992. 11. 24, 92누282; 大判 1991. 9. 10, 91누5938.
599) 大判 1996. 6. 25, 95누3183.
600) 大判 1990. 10. 16, 90누1151; 大判 1990. 10. 30, 89누8132; 大判 1990. 11. 13, 89누7092; 大判 1991. 4. 23, 90누10186; 大判 1992. 5. 8, 91누10701; 大判 1993. 7. 27, 93누296.

(다) 納稅者가 實地去來價額을 主張하는 경우

납세자가 실지거래가액을 讓渡差益算定의 基準으로 삼기 위해서는 證憑書類에 의하여 일정한 기간까지 실지거래가액을 신고하였다는 점만을 주장, 입증하면 되고 그 입증이 용이하여 특별히 문제가 되지 아니한다.

그러나 그 경우라도 讓渡者가 신고하면서 제출한 위 證憑書類가 허위로서 그것으로는 實地去來價額을 확인할 수 없다면 실지거래가액에 따라 양도차익을 산정할 수 없다고601) 할 것인바, 실지거래가액을 확인할 수 없다는 점은 證憑書類로서 제출된 매매계약서 등의 處分文書의 證明力을 부인하는 것이므로 課稅官廳이 그 점을 입증하여야 한다.

따라서 양도자가 實地去來價額에 대한 證憑書類로서 매매계약서와 계약상대방의 거래확인서 및 인감증명서를 제출하였다면 피고가 탐문한 인근 부동산시가보다 현저히 낮다거나 세무서가 讓受人으로부터 매매가액에 관한 확인을 받을 수 없었다는 사정만으로 위 證憑書類에 의하여 실지거래가액을 확인할 수 있는 경우가 아니라고 단정할 수 없고,602) 이러한 경우 課稅官廳으로서는 위 매매계약서가 실제와 달리 작성되었다는 등의 특별한 사정이 없는 한 위 賣買契約書上의 실지거래가액에 의하여 讓渡差益을 산정하여야 하고, 이러한 경우에 그러한 특별한 사정이 있었다는 점은 어디까지나 課稅官廳이 이를 입증하여야 한다.603)

한편 과세관청이 納稅義務者의 所得稅法에 따른 자진신고 양도차익을 부인하고 스스로 조사, 확인한 去來價額에 의하여 이를 인정하려면, 신고한 양도차익이 실지거래가액으로 볼 수 없다는 점, 課稅官廳이 인정한 가액을 양도차익으로 보는 것이 적법하다는 점을 입증하여야 한다고 한

---

601) 大判 1991. 6. 11, 90누8558. 은 당해 證憑書類의 提出時限은 豫定申告, 確定申告 여부에 관계없이 確定申告時까지 제출하면 되고, 그 證憑書類에 의하여 實地去來價額이 確認되어야 하고 그 證憑書類에 의하면 確認되지 아니하고 그 후 다른 자료에 의하여 確認되는 경우에는 이를 適用할 수 없다고 한다.

602) 大判 1982. 10. 26, 82누265; 大判 1990. 3. 27, 88누10619; 大判 1992. 11. 24, 92누282 (다만, 大法院 1993. 4. 9. 宣告 93누2353判決은 證憑書類가 賣買契約書와 印鑑證明書만인 경우에도 동일한 판시를 하고 있다).

603) 大判 1996. 6. 2, 95누3183.

예도 있다.604) 이는 아파트당첨권의 양도와 관련된 것으로 그 취지가 불명확하기는 하지만 양도자가 주장하는 實地去來價額을 부인하기 위해서는 證憑書類에 의하여 실지거래가액을 확인할 수 없다는 점을 입증하여야 하고, 다시 基準時價에 의하지 아니하고 課稅官廳이 인정한 실지거래가액으로 양도차익을 산정하려면 위 시행령 제170조 제2호에 해당한다는 점과 課稅官廳이 주장하는 가액이 실지거래가액이라는 점을 입증하여야 한다는 것으로 해석할 수 있다.

다만 대법원 판례는 납세자가 한 課稅標準確定申告가 그 실지거래가액과 다르게 신고한 것이라 하여 기준시가에 의해 양도차익을 산출하고 부과처분을 함에 있어서는 그 신고의 내용이 실지거래가액과 다르게 이루어졌다는 점에 관하여 課稅官廳에게 立證責任이 있음이 원칙이나, 讓渡價額을 취득가액의 2분의 1 정도로 신고한 경우처럼 신고의 내용이 거래의 실정에 비추어 이례적이어서 경험칙상 신빙할 수 없는 특별한 사정이 있는 경우에는 納稅者가 그 신고내용이 실지거래가액과 다르지 아니함을 입증하여야 할 부담을 가진다고 한다.605)

第2節 納稅義務의 阻却과 消滅

일정한 경우에 納稅義務의 成立을 조각시키거나 개별 세법규정에 의한 비과세 또는 면세되는 경우에 해당한다거나 納稅義務가 사후에 소멸하였다

---

604) 大判 1987. 2. 10, 86누629.
605) 大判 1985. 3. 12, 84누362.

는 점은 납세자 측의 예외적이고 특수한 사실에 관한 것이고 租稅債權의 發生障碍要件 또는 消滅要件이다. 따라서 立證責任의 分配原則에 따라 이에 대한 立證責任은 납세자에게 있다고 본다는 데 별다른 이견이 없어 보이고 대법원판례도 마찬가지다. 이하에서는 납세의무의 조각사유로 국세기본법상의 신의성실의 원칙과 비과세관행, 개별세법에서의 기타 납세의무 조각사유, 비과세와 면세 등과 납세의무의 소멸사유에 관하여 살펴보기로 한다.

1. 信義誠實의 原則과 非課稅慣行

信義則 違反을 이유로 租稅賦課處分의 效力을 다툴 경우 그 처분이 적법한 이상 원칙적으로 納稅者가 과거의 課稅官廳의 언동과 이에 반하는 처분으로 인한 불이익을 입었다는 立證責任을 부담한다. 국세기본법 제15조 信義誠實原則이나 국세기본법 제18조 제3항 소정의 租稅慣行尊重의 原則은 합법성의 원칙을 희생하여서라도 納稅者의 信賴를 보호함이 正義에 부합하는 것으로 인정되는 특별한 사정이 있을 경우에 한하여 적용되므로 그러한 특별한 사정에 관하여 납세자에게 立證責任을 돌리는 것이 타당하기 때문이다.

대법원은 課稅處分이 信義則에 위반되는 것을 그 취소사유에 해당한다고 보면서, 신의칙의 적용요건으로서, ① 課稅官廳의 신뢰의 대상이 될 만한 공적인 見解表明 ② 납세자의 귀책사유 없는 信賴 ③ 그 신뢰에 기초한 납세자의 稅務上 處理 ④ 견해표명에 반하는 課稅官廳의 處分과 納稅者의 利益侵害 등을 들고 있다.606)

한편, 대법원은 국세기본법 제18조 제3항에서 말하는 非課稅慣行이 성

---

606) 大判 1985. 4. 23. 84누593; 大判 1989. 9. 29, 88누11957.

립하려면 상당한 기간에 걸쳐 과세를 하지 아니한 객관적 사실이 존재할 뿐만 아니라 課稅官廳 자신이 그 사항에 관하여 과세할 수 있음을 알면서도 어떤 특별한 사정 때문에 과세하지 않는다는 의사가 있어야 하며 위와 같은 公式的인 見解나 意思는 명시적 또는 묵시적으로 표시되어야 하지만 묵시적 표시가 있다고 하기 위해서는 단순한 과세누락과는 달리 課稅官廳이 상당기간의 비과세상태에 대하여 과세하지 않겠다는 의사표시를 한 것으로 볼 수 있는 사정이 있어야 한다고 판시함으로써607) 非課稅慣行의 適用要件을 밝혀주고 있다.

신의칙이나 비과세관행에 대한 立證責任에 대하여 대법원은 국세기본법 제15조, 제18조 제3항의 규정이 정하는 信義則 또는 非課稅慣行이 성립되었다고 하려면 장기간에 걸쳐 어떤 사항에 대하여 과세하지 아니하였다는 객관적인 사실이 존재할 뿐만 아니라, 課稅官廳 자신이 그 사항에 대하여 과세할 수 있음을 알면서 어떤 특별한 사정에 의하여 과세하지 않는다는 의사가 있고 이와 같은 의사가 대외적으로 명시적 또는 묵시적으로 표시될 것임을 요한다고 해석되며, 이는 납세자가 주장·입증하여야 한다고 판시하였다.608)

2. 其他 阻却事由

한편 비과세와는 다르지만 조세법규는 어느 課稅要件事實을 규정해 놓고 특별한 요건에 해당하면 그 규정을 배제한다는 조항을 두는 수가 있다. 그러한 납세의무 조각사유에 대한 입증책임은 納稅者에게 있다. 따라

---

607) 大判 1985. 5. 28, 84누545; 大判 1995. 2. 3, 94누11750.
608) 大判 1992. 3. 31, 91누9824; 大判 1992. 9. 8, 91누13670; 大判 1995. 4. 21, 94누 6574.

서 토지초과이득세법 제8조 제3항, 구 동법 시행령(1994. 12. 31. 개정되기 전의 것) 제23조 제3호 본문에 의하여 건물을 신축할 목적으로 토지를 취득한 경우에는 그 취득일로부터 1년간 遊休土地로 보지 아니하지만 위 신축목적의 취득이라는 사실은 그것이 토지초과이득세법 제8조 제3항이 정하는 遊休土地의 除外要件에 관한 것이므로 그 입증은 納稅義務者인 원고가 하여야 한다.609) 그 이외에 취득세 중과의 대상이 되는 법인의 非業務用土地로 간주되는 토지 중 다시 예외를 규정한 지방세법시행령 제84조의 4 제3항 단서의 정당한 사유, 취득세 중과의 대상이 되는 고급주택의 예외사유가 되는 지방세법시행령 제84조의 3 제1항 제2호 단서의 住居이외의 용도에 공할 목적 등에 관해서도 같은 측면에서 원고가 立證責任을 부담한다고 보아야 한다.610)

또한 대법원판례가 개별세법에서 규정하는 加算稅의 要件에 해당한다고 하더라도 정당한 사유가 있으면 가산세를 부과할 수 없다고 해석하고 있는바,611) 이 경우 납세자가 조세법규에 정해진 協力義務의 履行을 태만히 한 것에 정당한 사유가 있다는 점은 納稅者가 입증하여야 한다.

3. 非課稅와 免稅

조세법규는 課稅要件을 규정하고 있지만, 일정한 경우에 비과세를 규정하기도 하고, 이는 이른바 物的 課稅에 대한 제외의 한 태양으로서 租稅政策的 考慮를 바탕으로 하는 것이다. 비과세의 요건사실이 존재한다는 것은 이를 뒤집어 보면 課稅要件事實의 不存在라고 할 수 있으므로, 과세관청에

---

609) 1996. 4. 23. 93누10491.
610) 丁仁鎭, 전게논문, 126면.
611) 大判 1976. 9. 14, 75누255; 大判 1989. 4. 25, 88누4218. 등.

게 非課稅要件事實의 不存在에 대한 입증책임을 지워야 한다고 생각할 수도 있다. 그러나 비과세란 일반적으로 課稅對象이 되는 과세물건 중 특정의 것을 조세정책상의 고려에 따라 課稅對象에서 제외시키는 것이고, 관계된 법규의 규정 체계도 대체로 여기에 맞추어져 있다. 따라서 비과세는 租稅債權의 성립에 대한 障碍事實일 뿐만 아니라 납세자 측의 예외적이고 특수한 사실에 해당하므로 納稅者에게 立證責任이 있다고 보아야 한다.

대법원도 "구 법인세법 제59조의 3 제1항 제7호의 규정에 의한 特別附加稅의 非課稅所得은 대통령령이 정하는 바에 의하여 2년 이상 계속하여 가동한 공장을 이전하는 경우에 발생하는 소득에 한하고 이러한 비과세요건에 관한 立證責任은 원고에게 있으며,612) 구 조세감면규제법 제45조 제1항, 제2항, 같은 법 시행령 제39조 제2항에 의하여 개인기업을 법인기업으로 전환하는 경우 사업용 자산의 현물출자 또는 사업양도로 인한 讓渡所得稅를 면제하는 요건인 신설법인의 資本金이 법인으로 전환하는 사업장의 1년간 평균 순 자산가액 이상인 사실은 원고가 입증하여야 한다"613)고 하고, "課稅對象이 된 토지가 지방세법상의 종합토지세의 비과세 혹은 면제대상이라는 점은 이를 주장하는 원고에게 立證責任이 있다"614)고 판시함으로써 非課稅要件에 대한 立證責任의 所在를 명백히 밝혀주고 있다.

또한 舊 所得稅法(1993. 12. 31. 개정되기 전의 것) 제5조 제6호 라. 목에 의하여 8년 이상 自耕한 土地 중 일정한 경우에 讓渡所得稅가 비과세 되는바, 양도한 토지가 8년 이상 농지로서 이용된 사실이 인정된다 하여 이로써 讓渡者가 자경한 사실까지 추정되는 것은 아니고 自耕事實은 이를 주장하는 양도자가 입증하여야 한다는 것이 확립된 대법원의 견해이다.615)

그리고 명시적으로 立證責任의 所在를 언급한 것은 아니지만 묵시적 또는 간접적으로 비과세 및 면세사유에 대하여 원고에게 立證責任이 있

---

612) 大判 1985. 7. 9, 84누780.
613) 大判 1994. 11. 18, 93누20160.
614) 大判 1996. 4. 26, 94누12708.
615) 大判 1986. 10. 14, 85누722; 大判 1987. 10. 13, 87누402; 大判 1990. 5. 22, 90누639; 大判 1991. 4. 23, 90누6293; 大判 1993. 7. 13, 92누11893; 大判 1994. 10. 21, 94누996.

다는 점을 나타낸 대법원 판례가 많다. 예를 들면, 附加價値稅法 제6조 제6항에서 말하는 비과세대상인 사업의 양도에 해당하는 입증이 부족하거나 증거가 없다고 하여 원고의 주장을 배척한 원심을 긍정한 사례,616) 相續稅法 제8조 제2항 제2호에 의하여 相續稅課稅價額에서 제외되기 위한 요건에 해당하는 "상속인들인 원고가 禁養林野上에 존재하는 분묘의 제사를 주재하는 자"임을 인정할 아무런 증거가 없는 경우 위 임야가 일반 상속재산으로서 相續稅課稅對象이 된다고 한 사례,617) 등이다.

마찬가지로 은혜적, 정책적으로 조세를 감면하는 특별한 규정, 예를 들면 조세감면규제법상의 각종 면세규정, 所得稅法上의 1가구 1주택에 해당한다는 사실도 원고에게 立證責任이 있다고 보이야 한다.618)

4. 消滅事由

납세의무는 세금의 납부, 滯納處分에 의한 充當이나 缺損處分, 제척기간의 만료나 소멸시효의 완성으로 소멸한다(국세기본법 제26조). 納稅者가 세금의 납부사실에 대하여 立證責任을 부담한다는 사실은 의심할 여지가 없고, 除斥期間의 滿了나 消滅時效의 完成은 권리소멸규정의 요건사실이라는 점에서 통설인 法律要件分類說에 따라 납세자에게 立證責任이 있다고 본다.

통상 입증이 문제되는 경우는 除斥期間의 起算點에 관한 것이다. 예를 들면 讓渡所得稅에서 讓渡時期는 원칙적으로 殘金支給時로 보지만 이것이 불명확한 경우에는 제척기간의 기산점에 관하여 다툼이 된다.

---

616) 大判 1993. 4. 27, 93누524.
617) 大判 1994. 10. 14, 94누4059.
618) 丁仁鎭, 전게논문, 125면.

이 점에 관하여 과세요건에 대한 立證責任이 課稅官廳에 있다고 보는 이상 課稅官廳은 적용법령의 선택 등을 위하여 課稅事實의 發生時期를 특정할 의무가 있으므로 소멸시효완성의 요건사실에 대하여 납세자에게 立證責任이 있다는 이론은 별 의미가 없다는 견해[619]가 있다. 그러나 당해 법령을 적용할 수 있는 기간 중에 과세사실이 발생하였다는 점이 명백한 경우에 課稅官廳이 그 시기를 특정할 책임은 없으므로 이 경우 납세자가 除斥期間滿了를 주장하려면 그 기산점이 되는 과세사실의 발생시기를 입증하여야 하는 경우도 있을 것이며, 특히 소멸시효가 완성된 이후에 이루어진 과세처분이 當然無效의 處分이라는 입장에 서서[620] 無效事由의 立證責任에 관하여 납세자가 부담한다는 통설에 따르면 납세자가 소멸시효의 기산점에 관하여 立證責任을 부담한다고 볼 수도 있을 것이다.

第3節 推計課稅와 立證問題

1. 推計課稅의 意義 및 根據規定

가. 意 義

推計課稅는 所得稅 또는 法人稅 등을 과세관청이 결정 또는 경정하는

---

619) 丁仁鎭, 상게논문, 128면.
620) 大判 1986. 12. 9, 85누868.

경우에 장부와 證憑書類 등 직접자료에 의하지 아니하고 納稅義務者의
재산이나 채무의 증감상태, 수입이나 지출의 상황, 생산량, 판매량 기타의
거래량, 종업원 수 기타 사업의 규모 등의 간접자료에 기하여 課稅標準
을 결정하는 방법을 말한다.[621] 국세기본법 제16조는 根據課稅原則을 규
정하고 있으며, 단순히 행정상의 편의·원활 등 내부적 필요에 의한 것이
아니고 課稅權者와 納稅義務者간의 利害調整을 위한 것이므로 이 규정
에 위반하는 과세는 瑕疵있는 處分이 된다.[622] 納稅義務者가 장부 기타
證憑書類를 보존 또는 제시하지 아니하거나 장부 등의 기재가 불비 또는
부정확하여 믿을 수 없는 경우에는 實額을 파악하기가 불가능하거나 현
저히 곤란하게 된다. 이러한 경우 과세를 포기하기나 최소한의 과세만을
하는 것은 성실한 納稅義務者와 관계상 公平의 原則에 반하고 조세회피
의 수단을 제공하여 재정수입을 악화시키게 될 염려가 있으므로 예외적으
로 納稅義務者의 재산이나 채무의 증감상태, 수입이나 지출의 현황, 기타
사업의 규모 등의 間接事實에 터 잡아 과세표준을 결정하는 방법인 추계
에 의한 과세를 허용하고 있다.[623] 推計課稅가 적법하기 위해서는 帳簿,
證憑書類를 통한 實額에 의하여 과세표준을 결정할 수 없을 경우에 한하
여 예외적으로 허용되고 또한 추계의 방법이 실액에 가장 근사한 수치가
되도록 타당성을 가져야 한다. 전자를 推計課稅의 必要性[624]이라고 하고
후자를 推計課稅의 合理性이라고 한다.

---

621) 北野弘久, 『日本稅法體系(제2券)』 (東京: 勁草書房, 1987), 313면.
622) 李泰魯·安慶峰, 전게서, 26면 내지 27면.
623) 金同周, "推計課稅," 『裁判資料』, 제60집(1993), 274면.
624) 논자에 따라서 이를 推計課稅의 前提條件, 許容要件, 節次的 要件 등 다양한 용어를
사용하고 있고 대법원 판례는 推計課稅의 必要性이란 용어 이외에 推計課稅의 要件,
推計事由의 存在 등의 용어를 사용하고 있다. 또한 推計課稅의 必要性이 단순한 행
정지침인가(구비하지 못하더라도 推計額이 實額의 범위 내에 있는 한 處分이 위법하
지는 않다), 法的 要件인가에 관하여 논의되고 있으나 우리나라의 경우 이를 法的 要
件으로 보는 데는 異論이 없는 것 같고 대법원 판례도 같은 취지로 보인다.

나. 根據規定

현행 租稅法上 推計課稅의 근거규정으로 所得稅法 제80조, 法人稅法 제66조, 附加價値稅法 제21조, 特別消費稅法 제11조, 證券去來稅法 제11조 등을 들 수 있고, 이들은 과세표준을 추계조사 결정할 수 있는 허용요건과 그 추계방법에 관하여 거의 대동소이한 내용을 규정하고 있다.

2. 推計課稅의 許容要件

추계과세는 帳簿, 證憑書類 등에 의하여 산출한 실액에 의하여 과세표준을 결정할 수 없을 경우에 예외적으로 허용되는 것이다. 이와 같이 추계과세를 할 수 있기 위하여 먼저 구비되어야 할 조건을 推計課稅의 要件, 許容要件, 推計事由 또는 前提條件이라고 한다.[625]

이에 관하여 현행 부가가치세법 제21조 제2항 단서, 소득세법시행령 제143조 제1항, 法人稅法 시행령 제104조 제1항 등에 규정하고 있는데 그 각 규정의 내용은 대체로 다음과 같다.

① 과세표준을 계산함에 있어서 필요한 세금계산서·장부 기타의 증빙이 없거나 그 중요한 부분이 미비된 때
② 세금계산서·장부 기타의 증빙의 내용이 시설규모·종업원 수와 원재료·상품·제품 또는 각종 요금의 시가에 비추어 허위임이 명백한 때
③ 세금계산서·장부 기타의 증빙의 내용이 원재료사용량·동력사용량기타의 조업현황에 비추어 허위임이 명백한 때 등이다.

---

625) 金同周, 전게논문, 277면.

위와 같은 추계과세는 實地調査決定을 할 수 없는 경우에 한하여 예외적으로 인정된다고 해석하여야 할 것이므로 推計課稅의 許容要件도 엄격하게 해석해야 할 것이고, 장부 기타 證憑書類가 없는 경우라고 할지라도 實地調査가 가능한 경우에는 實地調査決定을 하여야 하고 추계결정을 할 것은 아니라고 본다.626)

3. 推計課稅의 必要性 및 推計方法의 合理性

가. 推計課稅의 必要性

추계과세는 課稅標準의 實額을 파악함에 있어 객관적인 충분한 자료가 없는 경우에 그 과세표준을 추측케 하는 간접적인 자료로부터 蓋然的 考察에 의하여 실액에 근접한 수치를 파악하고자 하는 것이므로 課稅官廳의 恣意的인 認定을 허용하는 것은 아니다.627) 推計調査方法에 의하여 과세표준 등을 경정하는 경우 推計要件의 存在 및 推計方法의 合理性에 관한 입증책임은 課稅官廳에게 있다는 데 대하여 이견이 없고 대법원 판례도 마찬가지이다.

즉 대법원은 "소득세법상 推計課稅는 수입금액이나 과세표준결정의 근거되는 납세자의 帳簿나 證憑書類 등이 없거나 그 내용이 미비 또는 허위여서 實額調査가 불가능한 경우에 한하여 예외적으로 인정되는 것이므로 帳簿나 證憑書類의 일부가 미비되거나 허위로 된 것이 있다고 하여도 다른 장부나 증빙서류에 의하여 실액의 조사가 가능한 경우에는 推計課稅를 할 수 없으며 이러한 推計課稅의 必要性에 관한 立證責任은 課稅

---

626) 金重坤, "推計課稅"『裁判資料』, 제17집(1983), 161면.
627) 南博方, 『租稅爭訟の理論と實際』(東京: 弘文堂, 1998), 104면.

官廳에 있는 것이다"고 판시하고 있다.628)

한편, 장부서류 등의 자료가 없음에도 實額을 정확히 파악하는 것은 일 반적으로 불가능하거나 곤란하다고 생각할 수 있는 점, 申告納稅는 납세 의무자가 정확히 신고하는 것을 전제로 한 제도이고 納稅義務者가 실액 을 파악하기에 족한 장부서류 등 자료를 課稅官廳에 제시하거나 이에 협 력하여야 할 의무가 있다고 해석하는 것이 부당하다고 할 수 없는 점에서 과세관청은 納稅義務者가 實額을 파악하기에 족한 장부서류 등의 자료를 가지고 있지 않거나 그것을 제출하지 아니한 것에 대한 立證責任을 부담 하고, 이러한 사정이 있어도 課稅官廳이 實額을 파악할 수 있다는 점의 입증책임은 納稅義務者가 부담한다고 하는 견해629)가 있다.

그러나 대법원 판례는 推計課稅의 必要性에 대한 입증의 정도를 엄격 히 요구하고 있다. 즉 "원고가 제시한 申告書類와 帳簿나 證憑書類의 일 부가 서로 모순되거나 일치되지 않는 부분이 있다고 하더라도 이러한 사 유만으로 곧 위 과세자료 전부의 신뢰성을 부인하고 實額調査가 불가능 하다고 단정할 수 없으며 서로 모순되거나 일치되지 않는 자료 중에서 신 빙성 있는 자료를 가려내어 실액조사가 가능하다면 함부로 推計調査의 방법으로 나아갈 것이 아니므로, 위와 같은 자료 중에서 信憑性 있는 것 을 가려낼 만한 것이 없어 실사가 불가능하다는 점은 課稅官廳에게 입증 책임이 있다"고 하였다.630) 그 후 대법원은 한 걸음 더 나아가, "納稅義

---

628) 그러한 判示를 明示的으로 하고 있는 것으로서 大法院 1983. 11. 22. 宣告 83누444 判決; 大法院 1984. 3. 13. 宣告 83누305 判決; 大法院 1985. 11. 12. 宣告 85누383 判決; 大法院 1985. 12. 10. 宣告 84누49 判決; 大法院 1986. 3. 25. 宣告 84누216 判 決; 大法院 1986. 3. 25. 宣告 85누939 判決; 大法院 1986. 4. 8. 宣告 86누35 判決; 大法院 1986. 9. 23. 宣告 86누366 判決; 大法院 1987. 2. 24. 宣告 86누 578 判決; 大法院 1987. 3. 10. 宣告 86누721 判決; 大法院 1988. 9. 13. 宣告 85누988 判決; 大 法院 1988. 10. 25. 宣告 87누175 判決; 大法院 1993. 5. 14. 宣告 92누18139 判決 등이 있고, 大法院 1986. 11. 25. 宣告 86누229 判決; 大法院 1991. 4. 23. 宣告 90누 9155 判決도 被告가 推計課稅의 必要性에 대한 立證을 하지 않는다는 이유로 推計 課稅가 違法이라는 취지의 판시를 하여 間接的으로 이를 나타내고 있다.

629) 加藤就一, 전게논문, 36면.

630) 大判 1983. 11. 22, 83누444.

務者가 세금을 자진신고 납부함에 있어 제시한 證憑書類가 불성실하다고
보일 경우라도 그러한 점을 지적하여 새로운 자료를 제시받아 조사를 하
고 그 자료에 의하더라도 課稅標準과 그 稅額을 결정할 수 없을 때 비로
소 추계조사 결정을 하여야 하고, 장부나 證憑書類의 일부가 미비되거나
허위로 된 것이 있다 하여도 다른 帳簿나 證憑書類에 의하여 실액의 조
사가 가능한 경우에는 추계과세를 할 수 없으며 이러한 推計課稅의 必要
性은 課稅官廳이 입증하여야 하며,631) 장부 기타 증빙서류가 없는 경우
라도 實地調査가 가능한 경우에는 實地調査決定을 하여야 하고 추계결
정을 할 것은 아니고 이러한 推計課稅의 요건에 대한 立證責任은 과세
관청에게 있다고 한다"고 판시하였다.632)

위와 같이 대법원 판례가 推計課稅의 必要性에 대하여 엄격한 입증을 요
구하는 점에 관하여, 조세법규상 명문의 규정이 없을 뿐만 아니라 조세관청
의 조사능력의 한계 등에 비추어 主要帳簿의 內容이 허위인 경우까지 推計
課稅 與否를 엄격히 해석하는 것에 반대하는 입장633)이 있으나, 推計課稅
는 예외적으로 허용되는 것이고 推計課稅의 必要性에 대한 입증은 지극히
곤란한 것이라고 할 수 없으며, 통상 납세자가 작성하는 證憑書類에는 약간
의 과오가 있을 수 있는 점을 감안하여 볼 때, 대법원판례의 입장은 함부로
推計課稅가 행하여지는 것을 방지하려는 태도이어서 바람직하다고 본다.

나. 推計方法의 合理性

推計事由가 충족되어 불가피하게 推計課稅를 하더라도 그것은 實額課
稅와 근사하다는 최대의 개연성을 가져야 하며 그러기 위해서는 推計方

---

631) 大判 1984. 3. 13, 83누305; 大判 1986. 10. 14, 86누184; 大判 1987. 2. 24, 86누578;
大判 1987. 3. 10, 86누721; 大判 1988. 10. 25, 87누175.
632) 大判 1985. 11. 12, 85누383.
633) 朴南龍, "所得稅의 推計課稅의 要件과 그 立證責任," 『無等春秋』, 光州地方辯護士協
會誌 創刊號, 81면.

法이 合理的이어야 한다. 그 합리성의 기준으로 일반적 합리성을 들 수 있는바, 推計의 基礎事實이 정확하게 파악되어 있을 것, 推計方法 自體가 진실한 소득에 근사한 수치를 산출할 수 있도록 客觀性을 가질 것, 선택된 추계방법이 당해 納稅者의 課稅標準을 산출하는 데 있어 최적의 것일 것 등의 요건이 갖추어져야 한다.634)

대법원은 推計事由의 存在와 推計方式의 合理性, 安當性에 관한 입증책임은 課稅官廳에게 있다고 한다. 즉 "實地調査決定에 의한 과세표준과 세액의 결정이 불가능하여 추계조사 결정할 사유가 있는 경우라 하더라도 합리적이고 타당성 있는 방식에 의하여야 하며 그와 같은 추계사유의 존재와 추계방식의 합리성, 타당성에 관하여는 處分의 適法性을 인정받고자 하는 課稅官廳이 이를 주장·입증할 책임이 있다"고 판시하였다.635)

여기서 주의할 점은, 立證의 對象이 되는 것은 정당성, 합리성 등 가치개념적인 것이 아니고 추계방법의 채용을 정당화하는 근거사실, 추계방법이 합리적이고 타당성이 있다는 판단을 가능케 하는 根據事實 내지 基礎事實이라고 하는 점이다. 왜냐하면 정당성, 합리성 등의 문제는 價値判斷의 問題이고 그 자체가 證明의 對象事實이 아니기 때문이다.636)

한편, 대법원은 "과세관청으로서는 당해 사업자의 總收入金額이 그 비교기준으로 삼은 동종사업자의 총수입금액과 근사할 것이라는 蓋然性이 있음을 인정받기 위해서는 그 수입이 근사할 것이라고 수긍할 수 있는 정도로 그 사업장의 조건에 客觀的 類似性이 있음을 입증하여야만 하고,

---

634) 李泰魯·安慶峰, 전게서, 41면 내지 42면.
635) 大判 1982. 9. 14, 82누36; 大判 1982. 9. 28, 82누39; 大判 1982. 10. 12, 81누286; 大判 1983. 2. 8, 81누244; 大判 1983. 9. 13, 83누163; 大判 1984. 2. 28, 81누237; 大判 1984. 4. 10, 81누48; 大判 1984. 4. 10, 81누295; 大判 1984. 5. 29, 83누210; 大判 1985. 3. 26, 83누28; 大判 1985. 7. 9, 85누62; 大判 1986. 9. 9, 85누967; 大判 1987. 3. 10, 86누721; 大判 1987. 8. 18, 87누235; 大判 1988. 2. 23, 87누182; 大判 1988. 3. 8, 87누588; 大判 1988. 5. 24, 86누121; 大判 1988. 9. 13, 87누181; 大判 1992. 5. 12, 90누3140; 大判 1992. 9. 14, 92누1506., 또한 앞의 1986. 3. 35. 85누939; 大判 1986. 4. 8, 86누35; 大判 1986. 9. 23, 86누366; 大判 1993. 5. 14, 92누18139. 에서도 같은 취지의 판시를 하였다.
636) 金炯善, 전게논문, 714면.

그에 의하여서만 비로소 그 수입추계에 의한 課稅處分의 合理性을 인정받을 수 있는 것이라고 하는바, 이때 객관적으로는 동일한 영업조건을 구비하고 있다 하더라도 그 사업자의 主觀的 要因에 따라 賣出이 근사할 수 없는 경우도 있을 것이나, 그와 같은 異例的 事情에 관하여는 그 특수사정 있음을 주장하는 納稅義務者가 구체적 자료를 제시하는 등으로 그 추계가 불합리하다는 점을 입증할 필요가 있다"고 판시하여[637] 同業者權衡方法에 의한 推計課稅에서 과세관청과 납세의무자 사이의 立證責任의 分配原則을 밝혀주고 있다. 또한 추계의 합리성이 課稅官廳에 의하여 일응 입증되었을 때에는 좀더 사실과 근접한 추계방법이 존재한다는 깃에 대하여 納稅義務者가 입증할 필요성이 있다고 한다.[638]

4. 推計課稅에서의 立證責任과 立證의 程度

가. 推計課稅處分의 根據要件事實에 대한 입증책임이 課稅官廳에게 있다는 통설,[639] 판례 아래에서도 그 필요로 하는 증명의 정도 즉 證據提出責任에 관하여는 견해가 나누어져 있다.

(1) 推計의 結果가 眞實의 所得金額과 合致할 蓋然性을 가장 높게 信

---

637) 大判 1992. 9. 14, 92누1506.
638) 大判 1988. 5. 24, 86누121.
639) 李文載, 전게논문, 702면; 尹昇榮, 전게서, 266면; 朱壽昌, 전게논문, 550면; 金炯善, 전게논문, 716면; 北野弘久, 전게서, 331면; 南博方, 전게서, 110면; 同, "立證責任," 『別冊ジュリスト 租稅判例百選(1968)』, 231면; 吉良 實, "推計課稅," 『稅法學』, 382호 (1982), 16면; 紙浦健二, 전게논문, 53면; 渡辺伸平, 전게논문, 114면; 石島弘, "要件事實の主張立證責任," 『租稅爭訟法』 (裁判實務大系, 小川英明, 松澤 智 編), 348면; 鶴見祐策, 전게논문, 142면.

賴할 수 있는 充分한 程度의 立證을 요한다는 說[640]

이 견해에 의하면, 가능한 推計方法을 몇 개 생각할 수 있는 경우에 그 구체적인 사정에 적용하는 방법 자체의 合理性은 물론 과세관청주장의 추계방법이 그중에서도 가장 확실히 존재하는 所得金額을 산출할 수 있는 적합한 방법이라는 점을 증명할 필요가 있다고 한다.

(2) 推計의 過程이 一般的으로 合理的이라고 認定할 수 있어 推計의 結果가 眞實의 所得金額과 合致할 蓋然性이 있다는 一應의 立證으로 족하다는 說[641]

이 설에 의하면, 추계과세는 直接資料에 기초한 實額課稅를 할 수 없는 것을 조건으로 間接資料에 기초한 과세방법이기 때문에 그것은 항상 다소간의 蓋然性을 내포하는 것이고 이러한 推計課稅에서 합리성의 완전한 주장·입증 즉 推計所得金額이 절대적으로 정당하다는 점의 주장·입증까지도 課稅官廳에 요구하는 것은 사실상 불가능한 것을 강요하는 것이 되어 推計課稅를 인정한 취지, 목적을 몰각시키게 된다. 따라서 直接資料에 의한 實額課稅가 가능하지 않는 점, 사용되어진 특수한 통계자료라든가 소득률, 동업자비율 등 추계의 기초가 되고 있는 수치가 회계법칙상 정확하다는 점, 추계의 방법이 객관적으로 합리적이라는 점, 당해 推計方法을 선택한 것이 다른 추계방법을 선택한 것보다도 낫다는 점 등을 객관적으로 인정할 정도의 주장·입증을 요한다고 한다.

(3) 結 論

立證의 難易 등을 고려한 공평의 고려와 아울러 추계과세의 본질상 그 推計의 過程이 일반적으로 합리적이라고 인정되고 법원이 추계의 결과를

---

640) 鶴見祐策, 상게논문, 142면.
641) 南博方, 전게서, 111면; 松澤 智, 전게논문, 338면; 吉良 實, 전게논문, 29면; 李文載, 전게논문, 703면; 尹昇榮, 전게서, 266면; 또한 木村弘之亮, 전게서, 262면은 納稅義務者가 協力義務를 위반한 경우이므로 一般的인 證明度보다 確實性의 程度를 輕減시키는 것이 적합하다고 한다.

가지고 진실의 課稅標準金額과 합치하는 蓋然性이 있다는 심증을 얻으면 그 목적을 달성하게 된다는 점을 고려해 볼 때, 推計課稅의 證明은 一應의 證明으로 족하다고 해석하는 것이 타당하다고 본다.

나. 한편, 납세의무자가 하여야 할 反證의 程度에 관해서도 推計課稅의 合理性에 관하여 법원의 심증을 동요시킬 정도로 족하다는 說[642]과 납세의무자가 만연히 推計所得金額을 부인하거나 그 추계소득금액이 진실의 소득금액과 다르다는 점을 主張하는 것만으로는 족하지 않고 구체적으로 채용한 추계방법과 그 推計方法의 선택이 비합리적이고 그 추계방법에 의할 수 없는 特殊事情의 存在 등을 납세의무자기 積極的으로 主張, 立證하여야 한다는 說[643]이 나뉘어져 있는바, 推計課稅의 合理性이 입증되면 그에 따라 산출되어진 所得金額이 개연성이 높은 실액 또는 실액근사치의 所得金額이라고 일응 입증되어진다는 의미에서 一應의 立證으로 족하다는 것이지, 추계과세의 합리성 그 자체 정확하게 말하면 推計課稅의 合理性을 基礎지우는 事實에 관한 證明度를 특별히 완화시키는 의미는 아니고 또 완화시켜야 할 근거도 없다는 점을 상기해 볼 때 後說이 타당하다고 본다.

第4節 判例에 대한 評價

이상으로 課稅要件事實, 즉 납세의무자, 과세물건, 과세표준과 納稅義

---

642) 北野弘久, 전게서, 329면.
643) 吉良 實, 전게논문, 29면; 畠山武道, 『租稅法 現代法律學講座(8改訂版)』 (東京: 青林書院, 1985), 377면.

務의 阻却과 消滅, 推計課稅와 立證責任 등에 관하여 대법원판례를 중심으로 고찰하였다.

현대의 조세국가는 財政需要의 擴大 및 社會公共福利費用의 增大로 말미암아 조세확보를 위하여 조세의 賦課·徵收權을 확충·강화해 나갈 수밖에 없고 이로 인한 위법한 조세의 부과처분으로 납세자의 권리를 침해할 우려가 높다. 그렇다면 국가의 조세수입을 증대해야 하는 시대적 요청과 납세자의 기본권을 보호해야 하는 實質課稅原則을 비롯한 租稅法律主義의 요청이 첨예하게 대립되는 가운데서 조세의 부과·징수처분에 대한 입법적 통제 및 행정적 통제가 사전에 적절히 잘 이루어져야 한다. 나아가 사법적 통제가 철저히 이루어져야 하며 특히 租稅訴訟에 있어서 立證責任原則이 과세관청과 납세자 중 누구에게 있는가는 租稅收入確保와 納稅者權利保護라는 두 과제를 해결하는 데 있어서 매우 중요하다고 본다.

따라서 租稅訴訟의 立證責任原則은 각 개별사건마다 가장 공정하고도 구체적 타당성을 이끌어 내는 방향에 기여하여야 한다.

대법원판례는 民事訴訟法上의 法律要件分類說에 입각하여 권리발생요건사실에 대하여는 課稅官廳이, 권리 장애요건사실 또는 권리소멸요건사실에 대하여는 納稅者가 입증책임을 지는 것으로 보는 立證責任分配說(法律要件分類說)을 따르고 있고, 조세소송은 과세요건사실에 대한 존부의 다툼이 대부분이므로 결국 課稅官廳立證責任原則을 채택하고 있다고 볼 수 있다. 즉 조세소송에 있어서 입증책임은 원칙적으로 課稅官廳에게 있다고 하면서도 점차적으로 과세관청의 입증책임을 부분적으로나마 緩和 내지 輕減하는 방향으로 가고 있다고 요약될 수 있다. 다시 말하자면 대법원판례는 개별적인 조세사건을 해결함에 있어 구체적 타당성을 잃지 않기 위하여, 立證責任의 所在는 원칙적으로 과세관청에게 있다고 하면서도 입증의 정도를 완화함으로써 納稅者에게 立證責任을 지우는 例外를 오히려 많이 적용하고 있다고 보인다. 즉 "일응의 立證理論"644)과 必要經費나 손금과 같은 소극적 사유에 대한 "不存在의 推定"645)이 그것이다.

이러한 立證責任의 緩和 내지 輕減은 결국 납세자에게 입증책임을 부담시키는 결과를 초래한다고 본다. 왜냐하면 입증책임이 과세관청에게 있다고 하면서도 과세관청은 구체적인 소송과정에서 經驗則에 비추어 課稅要件事實이 추정된다는 사실 정도만 밝히면 입증책임을 다한 것으로 보고, 오히려 납세자가 문제로 된 당해 사실이 經驗則 適用의 대상적격이 되지 못한다는 사정을 입증해야 하므로646) 결국 立證責任原則은 납세자에게 있다고 보아야 하기 때문이다. 또한 많은 조세사건에서 經驗則上 異例에 속하는 특별한 사정은 납세자가 立證責任을 져야 하는바,647) 立證責任이 問題되는 것은 이와 같이 특별한 사정이므로 立證責任原則은 납세자에게 있다고 하는 것이 더 옳다고 본다.

따라서 조세소송에 있어서 입증책임은 原則的으로 納稅者에게 있다고 하는 것이 오히려 사정에 맞고 합리적이라고 판단된다.

---

644) 大判 1967. 5. 23, 67누22; 大判 1984. 7. 24, 84누124; 大判 1997. 10. 24, 97누2429; 大判 1998. 3. 24. 97누9895; 大判 1998. 7. 10. 97누13894.
645) 大判 1988. 5. 24, 86누121; 大判 1997. 9. 26, 96누8192; 大判 1999. 5. 25, 97누19151; 大判 1999. 7. 23, 99두2192.
646) 大判 1998. 7. 10. 97누13894.
647) 大判 1999. 4. 23, 97누11423.

第4章 租稅訴訟의 立證責任에 관한 發展的 方向

　　조세소송에 있어서 입증책임의 원칙이 課稅官廳에게 있는가 納稅者에게 있는가에 관하여 현행 租稅法은 明文의 規定을 두지 않고 있다. 이에 관하여 학설과 판례는 課稅官廳立證責任原則을 채택하고 있다. 이에 반하여 미국은 納稅者立證責任原則을 채택하고 있으며 그것을 租稅法院規則 제142조에 명문으로 규정하고 있다.

　　그렇다면 조세소송에 있어서 입증책임에 관하여 명문의 규정을 두지 아니하고 현행과 같이 학설과 판례에 의한 解決方法에 의존할 것인가? 국민의 경제생활에 대한 法的 安定性과 豫測 可能性을 확보하는 차원에서 미국과 같이 納稅者立證責任原則을 채택하는 명문의 규정을 두는 것이 더 명쾌한 해결방법이 되지 않을까? 이에 대한 해답은 納稅者權利保護와 國家의 財政收入確保라는 두 가지의 명제를 동시에 달성해야 하는 租稅法의 使命을 어느 쪽이 더 충실히 이행하는가에 달려있다고 본다.

　　따라서 이하에서는 납세자입증책임원칙에 대한 입법규정의 필요성을 검토한 뒤 납세자입증책임원칙을 채택하기 위한 전제를 열거하면서 고찰하고 평가 및 입법방향을 제시하기로 한다.

第1節 納稅者立證責任原則에 대한 立法規定의
必要性

1. 課稅官廳立證責任原則의 問題點

소세소송에 있어서 입증책임에 관하여 課稅官廳立證責任原則을 채택한 경우 다음과 같은 問題點이 있다.

첫째, 課稅官廳에게 입증책임이 있기 때문에 납세자의 記錄保存을 장려할 수 없게 되고, 納稅者는 自進申告過程에서 제출하거나 주장하지 않았던 새로운 사실을 訴訟過程에서 다툴 수 있는 길이 열려 있으므로 訴訟濫用의 所持가 있게 될 우려가 있다.

둘째, 납세자가 納稅義務에 관한 정보원을 가지고 있으므로 납세의무의 은익을 손쉽게 해주어 租稅法의 不遵守를 조장하게 된다.

셋째, 과세관청은 필연적으로 納稅義務의 정보원을 찾기 위하여 稅務調査 등 조사기능을 확대하여 징세비용을 증가시키게 되고 나아가 납세자의 違法事實을 입증하는 증거를 찾기 위한 조사 때문에 오히려 納稅者의 權利를 侵害하기 쉽고 그 결과 裁判費用이 증가하게 되어 租稅徵收制度는 비효율적으로 될 수밖에 없다.

넷째, 조세징수제도에 있어 점차적으로 부과주의제도에서 申告納稅主義制度로 정착되어 가는 마당에 課稅官廳에게 입증책임을 부담시키는 것은 논리적 모순이다. 왜냐하면 신고납세제도 아래서 납세자는 納稅義務決定에 대한 결정적인 證據를 가지고 있기 때문이다.

이와 같이 과세관청입증책임원칙에 따른 문제점을 해결하기 위해서는 조세소송의 입증책임을 原則的으로 納稅者에게 부담시켜야 한다. 즉 納稅者立證責任原則을 채택해야 옳다고 보는 근본적인 이유는 다음과 같은 세 가지이다.

첫째, 현행 조세제도가 점차로 申告納付制度(소득세, 법인세, 부가가치세 등)로 정착되어 가고 있고, 설사 賦課主義國稅(상속세 및 증여세 등)의 경우에도 납세자의 신고를 필수적으로 요구하는 경우가 대부분이므로 납세자만이 자신의 납부와 관련된 情報를 보유하고 있거나 犯罪行爲를 알고 있다.

둘째, 납세자가 입증책임을 지기 때문에 記錄保存을 장려할 수 있고 납세자가 스스로 과세자료를 제출하게 되므로 稅務調査 등 조사기능 확대로 인한 납세자의 權利侵害는 상대적으로 적어 납세자의 권리가 保護될 수 있다.

셋째, 국가는 반드시 財政收入確保가 필요하므로 조세징수에서의 經濟的 效率性의 提高를 위하여 소수의 납세자에 대한 불편함은 감수되어야 하고, 財政收入의 必要가 납세자에게 입증책임을 부담시키는 주요한 배경이 된다.

2. 立法規定의 必要性

입증책임에 관한 명문의 규정을 두느냐 그렇지 않느냐의 問題는 그 나라의 歷史的·制度的 産物이다. 독일, 일본을 비롯한 우리나라는 조세소송에 있어서 입증책임에 관한 명문규정을 두고 있지 않고 學說과 判例를 통하여 조세소송에 관한 입증책임분배문제를 해결하고 있다. 이와 반면에 미국은 租稅法院規則 제142조에 입증책임에 관한 명문의 규정을 두고 있다.

입증책임에 관한 명문의 규정을 두는 제도와 그렇지 않은 제도 사이에

租税賦課·徵收體系에 있어서 어느 제도가 보다 합리적이고 효율적인가, 나아가 租税收入確保側面과 아울러 納税者權利救濟側面이라는 두 개의 명제를 달성하는 데 있어서 어느 제도를 따르는 것이 正義와 公平의 관점에서 보다 能率的이고 民主的인가를 따져볼 필요가 있다고 생각한다.

조세소송에 있어서 입증책임의 분배문제에 대하여 꾸준한 연구가 계속되고 있고, 通說은 민사소송의 法律要件分類說을 따르고 있지만 입증책임의 분배의 기본이념인 正義·公平의 관점으로부터 租税訴訟의 特殊性을 고려하지 않는 점에서 具體的 事案說 및 憲法秩序歸納說 등의 유력한 견해에 도전을 받고 있으며 判例도 이를 점차 수긍하고 있는 태도인 것 같다. 한편, 판례는 개별적인 조세사건을 해결함에 있어 具體的 妥當性을 잃지 않기 위하여, 立證責任의 所在는 原則的으로 과세관청에게 있다고 하면서도 立證의 程度를 輕減 내지 緩和함으로써 납세자에게 입증책임을 지우는 例外를 오히려 많이 적용하고 있다고 보인다.

위와 같이 立證責任分配問題를 명문의 규정을 두지 않고 학설과 판례에 맡겨둔다면, 어느 경우에 原則을 適用하고 어느 경우에 例外를 適用하는가 다시 말하면 어느 경우에 立證責任을 과세관청에게 부담시키고 어느 경우에 납세자에게 부담시킬 것인가에 대한 合理的 分配基準을 설명하기 어렵다. 또한 과세관청은 물론 납세자에게 있어서도 租税賦課·徵收에 대한 適法性 및 妥當性에 대한 豫測 可能性이 곤란하고 나아가 法的 安定性을 도모하기 어렵다고 판단된다.

한편, 입증책임에 관한 명문규정을 두고 있는 미국은 과세관청과 납세자 사이에 協力關係가 잘 유지되어 있는 것이 현실이고, 납세에 대한 거부나 저항이 적어 納税者保護側面에 충실할 뿐만 아니라 租税收入確保側面에서도 내실을 기하고 있다.

그렇다면 納税者權利救濟와 租税收入確保라는 두 개의 목적을 동시에 달성하고 한 걸음 더 나아가 과세관청은 물론 납세자 모두에게 豫測 可能性을 주어 法的 安定性을 도모하기 위해서는 반드시 입증책임에 관한 明文의 規定을 두어야 할 필요가 있다고 본다.

第2節 納稅者立證責任原則을 채택하기 위한 前提

우리나라의 통설 및 판례가 따르고 있는 課稅官廳立證責任原則을 納稅者立證責任原則으로 바꾼다는 것은 납세자나 과세관청 모두에게 매우 생소하여 拒否感이 일어날 수도 있다. 또한 과세관청의 恣意에 의한 租稅賦課處分을 방관하고 오히려 납세자에게 입증책임에 따른 무거운 짐을 지워 납세자의 권리가 침해되는 副作用이 생길 우려도 예상된다.

따라서 이러한 거부감과 부작용에 대한 우려는 다음과 같은 것들이 前提됨으로써 충분히 극복될 수 있다고 본다.

1. 納稅者의 協力과 納稅者權利保護意識의 確立

租稅는 납세자의 재산권에 대한 직접적인 침해행위로서 국가의 財政權力作用의 전형적인 형태로 비추어 왔고 국가가 납세자에게 租稅를 賦課함에 있어서는 一方的·命令的으로 강요해 왔다. 그러한 과정 속에 납세자의 권리는 무시되었을 뿐만 아니라 납세자는 課稅權의 단순한 客體로만 인식되어 왔으며, 납세자는 租稅抵抗을 할 수 없는 상황에서는 租稅의 回避나 折稅라는 전략을 모색해 왔다.

그러나 뉴 밀레니엄 시대를 눈앞에 두고 있는 현시점에서는 납세자에 대한 認識의 變化가 필요하고 납세자권리보호 측면에서 租稅確保의 效率性과 能率性을 제고하여야 한다. 다행하게도 과거의 탈법치주의적인 稅務調査와는 달리 1996년의 國稅基本法의 개정을 통하여 세무조사의 단계에서 일련의 納稅者의 權利를 보장하는 규정을 두었던 것은 무척 다행한 일이다. 이러한 우리나라 租稅法의 體系와 構造는 국가의 과세권행사가 법치주의적인 형태 속에서 이루어져야 한다는 憲法的인 要請을 충족시킴과 동시에 과거 단순히 課稅權의 客體로만 인식해왔던 납세자에게 조세행정에서의 일정한 役割과 協力을 인정하는 주목할 만한 法的 變化로 이해된다.

따라서 우리의 조세행정법규는 납세자의 자발적인 申告와 納付라는 協助行爲에 그 토대를 두고 있다고 보이므로, 조세의 부과를 위한 調査活動에 있어서도 과거의 一方的이고 恣意的인 調査權의 행사를 止揚하고 상대방의 성실성을 전제로 하여 납세자의 協助와 參與를 보장하여야 한다.

그러므로 납세자의 성실한 申告 및 納付態度가 절실하고 과세관청도 納稅者의 誠實性 推定을 바탕으로 납세자를 조세행정의 진정한 파트너로 인식하여 財政收入의 確保에 만전을 기하여야 한다고 생각된다. 그렇다면 무엇보다도 "納稅者의 稅政에의 協力과 參與"가 조세행정법의 핵심영역으로 자연스럽게 스며들어야 마땅하다.

2. 協約課稅制度의 探擇

현행 우리나라의 조세부과·징수절차는 납세자와 協議節次를 거치지 않고 課稅官廳에 의한 일방적 절차라고 해도 과언이 아니다. 비록 申告主義에 의한 국세일지라도 소득세의 납세의무자가 신고를 하지 않거나 신고내용에 脫漏 또는 誤謬가 있는 때, 매출·매입처별계산합계표 등 필요한 證憑資料의 전부 또는 일부를 제출하지 아니한 때에는 納稅地管轄稅務署長 또는 地方國稅廳長은 과세표준 및 세액을 決定 또는 更定하므로

(所得稅法 제80조) 납세자와 納稅額에 대한 協議節次는 이루어지지 않고 있어 문제이다.

그러나 미국의 연방세는 自進申告納稅方式에 의하고 있으므로[648) 납세자들은 지정된 기간 내에 관할 세무서에 申告書를 제출하고 稅金을 납부하여야 한다.[649) 신고서들 중에서 신고서의 항목 간에 정상적인 관계가 없거나 신고서의 자료와 산업간·표준간에 모순되는 신고서만 선별하여 稅務調査를 하게 되고 조사가 완료되면 납세자와 관계공무원은 납부할 稅額에 대한 協議를 한다. 양자간에 合意가 성립되면 過誤納金에 還給을 받거나 不足稅額이 있으면 납세자가 이를 납부하면 된다. 이러한 일련의 과세절차를 부과주의 및 신고주의과세절차와 비교하여 協約課稅制度라고 할 수 있다.

그러나 합의가 이루어지지 않는 경우에는 납세자는 해당세무서에서 결정한 不足稅額을 납부하고 請求法院이나 聯邦地方法院에 還給請求訴訟을 제기하든지 아니면, 不足稅額을 납부하지 않은 채 內國稅入廳의 불복심사부에 이의를 제기하고 이어 聯邦租稅法院에 부족세액에 대한 取消·變更의 訴를 제기할 수 있는 選擇權을 갖는다. 즉 합의되지 않은 부족세액에 대한 納稅者의 選擇에 의하여 이의를 제기할 수 있다.

이와 같이 미국의 조세징수제도는 自進申告納稅制度를 채택하고 있고 무엇보다도 과세절차에 있어서 課稅官廳과 納稅者 사이에 協議節次가 이루어지고 있는 것이 특징이다. 즉 納稅者의 協力을 조세부과·징수제도의 근간으로 하고 있고 이를 토대로 納稅者權利保護에 충실을 기하고 있다.

때마침 우리나라도 국세기본법 제81조의 10에 課稅適否審査制度를 규정하여 2000. 1. 1.부터 시행하게 된 것은 비록 協約課稅制度와는 성격을 달리하지만, 납세자에 대한 認識의 變化를 수용하였다는 점과 과세관청에 대한 事前統制와 납세자에 대한 事前的 權利救濟를 인정하였다는 점에 크나큰 의미를 부여할 수 있다고 본다.

---

648) I. R. C. §6011.
649) I. R. C. §6151.

따라서 우리나라도 과세관청과 납세자 사이의 租稅賦課·徵收關係가 종래의 일방적·명령적 관계가 아니라 대등적·협력적 관계라는 것을 분명히 인식하고 파악하여, 申告稅方式의 租稅뿐만 아니라 賦課稅方式의 租稅도 과세요건사실의 판단에 納稅者와의 合意節次를 필수적으로 인정하는 제도를 법적으로 마련하여야 한다.

3. 租稅法院의 設置·運用

우리나라는 1998. 3. 1.부터 전문법원으로서 서울에 行政法院을 개원하여 行政事件에 대한 재판만을 전담·운용하고 있고 지방법원 본원에 行政部를 두어 행정사건을 전담하고 있다. 행정사건은 租稅, 土地收用, 勞動産災 등 여러 분야로 나누어져 있으며, 租稅事件은 그중에서도 제일 많은 비중을 차지하고 있다. 그러나 우리나라의 一般法院 및 行政法院은 비록 법률에 대한 전문성은 있으나 租稅問題에 대한 專門性이 부족하다고 생각되고, 무엇보다도 행정법원 및 지방법원본원 행정부에서 행정사건을 재판함에 있어서 재판이 지연되고 있다는 사실은 납세자의 迅速하고 公正한 裁判을 받을 權利를 침해하고 있는 것이다.

따라서 조세사건에 대한 專門的인 知識을 가진 법관들로 구성된 租稅法院을 설치·운용할 필요가 있다. 왜냐하면 조세사건은 租稅問題에 관한 專門家로 구성된 법원에서 신속한 재판을 하여야만 納稅者에 대한 實質的인 救濟가 이루어질 뿐만 아니라 公正하고도 迅速한 裁判이 가능하기 때문이다.

미국의 경우 조세 및 조세법에 대한 專門的인 知識과 經驗을 갖추고 있는 19명의 법관들이 15년의 임기를 보장받으며 租稅事件만을 전담하는

租稅法院을 설치·운용하고 있다. 그러나 납세자가 조세법원에 소를 제기하는 경우에는 不足稅額을 납부하지 않고도 가능하도록 되어 있지만 敗訴한 경우에는 遲延利子와 加算金으로 담보하고 있다.

조세법원을 설치하는 방법으로 미국과 같이 專門 租稅法院을 별도로 설치하는 방법도 있으나 이는 필수적으로 財政的 問題가 따를 것이므로, 우리나라의 현실 여건 속에서 실정에 맞는 租稅地方法院 및 租稅高等法院을 설치하여 조세사건만을 관할하도록 하는 것이 필요하다. 즉 현행 행정법원과 같은 형태의 租稅法院을 별도로 설치하여 운용하는 것은 실현가능성이 있다고 판단된다. 굳이 재정적 문제 등 조세법원의 설치가 어렵다면 行政法院에 租稅專擔部를 설치하여 조세사건만을 별도로 다루어야만 한다고 본다.

4. 執行停止原則의 採擇

取消訴訟의 提起는 처분 등의 효력이나 그 집행 또는 절차의 속행에 영향을 미치지 아니한다고 하여 執行不停止原則을 채택하고 있다(行政訴訟法 제26조 제1항). 따라서 현행 조세행정소송은 극히 예외적인 경우를 제외하고는 執行不停止原則이 적용되어 납세자가 違法한 租稅賦課處分에 불복을 한다고 할지라도 일단 稅金을 納付하고 쟁송을 하여야 하기 때문에 선택의 여지가 없을 뿐만 아니라 납세자의 經濟的 事情은 전혀 고려되지 않고 있다. 미국의 연방세는 自進申告納稅方式에 의하고 있으므로650) 납세자들이 일단 세금을 自進申告納付하면 모든 申告書에 대하여 조사를 하는 것이 아니라 일정한 기준에 어긋나는 것으로 컴퓨터에 의

---

650) I. R. C. §6011.

해서 선별된 신고서만을 調査하게 되는데 조사 결과 문제가 없으면 그
사건은 종결된다. 그러나 문제가 되는 신고서는 內國稅入廳이 부과결정
전에 납세자와 協議를 하게 되고 合意가 성립되면 사건을 종결되지만,
합의가 이루어지지 않으면 不足稅額에 대하여 납세자는 해당세무서에서
결정한 不足稅額을 납부하고 請求法院이나 聯邦地方法院에 還給請求訴
訟을 제기하든지 아니면, 부족세액을 납부하지 않은 채 내국세입청의 불
복심사부에 異議를 제기하고 이어 연방조세법원에 不足稅額에 대한 取消
·變更의 訴를 제기할 수 있는 選擇權을 갖는다. 즉 합의되지 않은 不足
稅額에 대한 납세자의 선택에 의하여 이의를 제기할 수 있으며, 聯邦租
稅法院에 소를 제기하면 그 치분의 집행은 정지된다.[651]

따라서 우리나라의 경우에도 協約課稅制度를 채택함과 아울러 위법한
조세부과에 대한 取消訴訟提起 時에 原則的으로 집행이 정지되는 제도
를 채택하여 明文으로 규정할 필요가 있다고 본다. 물론 執行停止制度를
채택함에 따른 濫訴의 弊端을 방지하는 방법으로 利子賦課와 높은 加算
金을 부과하면 될 것이다.

그렇게 함으로써 조세행정의 신속성이나 효율성이 다소 떨어질지라도
納稅者의 財産權保障과 아울러 納稅者權利救濟가 충실히 이루어질 수
있다고 본다.

5. 情報公開請求權의 積極的 受容과 信用카드制度의 活
性化

과세관청은 납세자가 情報公開請求權을 행사하는 경우 적극 협조하여

---

651) I. R. C. §6213(a).

야 한다. 즉 납세자가 조세소송 이전단계에서 제출한 課稅資料뿐만 아니
라 과세관청이 스스로 획득한 課稅資料 등도 납세자가 소송자료로 쓰기
위하여 閱覽·謄寫를 청구하는 경우 적극 수용하는 태도를 가져야 한다.
물론 정보공개는 個人情報保護와 상충되는 문제이지만, 대체로 課稅官廳
은 情報公開를 꺼려하는 경향이 있기 때문이다.

또한 申告納稅制度가 온전히 정착되어야 하고 무엇보다도 납세자들은
稅源의 透明性을 위해 現金去來보다는 신용카드를 적극적으로 활용하여
야 한다. 이러한 신용카드활용제도가 제대로 활성화될 수 있도록 국가는
신용카드수수료를 낮추는 등 法的·制度的 與件을 충분히 뒷받침하여야
한다.

第3節 評價 및 立法方向

위와 같은 검토에 따라 租稅訴訟에 있어서 立證責任의 分配問題에 관
하여 명문의 규정을 두어야 할 필요성이 존재한다면, 과연 어느 法規에
어떠한 형태로 규정하여야 하는가에 대한 문제가 남아 있다.

먼저 명문의 규정을 어느 法規에 둘 것인가에 관하여 조세소송이 적용
되고 있는 行政訴訟法에 이를 규정하는 방법과 국세에 관한 기본적인 사
항 및 공통적인 사항과 위법 또는 부당한 국세처분에 대한 불복절차를 규
정하고 있는 國稅基本法에 규정하는 방법이 있을 수 있다고 생각되는바,
비록 조세소송이 행정소송법을 따르고 있지만 行政訴訟法에 일률적으로
조세소송에 있어서 입증책임분배에 관하여 일반적인 규정을 둘 수 없는

현실적 한계와 아울러 租稅訴訟만이 갖는 特殊性을 고려한다면 國稅基本法에 명문의 규정을 두는 것이 타당하다고 생각된다.

다음으로 명문의 규정을 어떠한 형태로 둘 것인가에 관하여, 첫째로, "조세소송에 있어서 입증책임은 原則的으로 課稅官廳이 부담하여야 한다"라고 규정함으로써 課稅官廳立證責任原則을 채택하는 방법이 있을 수 있고, 둘째로, "조세소송에 있어서 입증책임은 原則的으로 納稅者가 부담하여야 한다"고 규정함으로써 納稅者立證責任原則을 채택하는 방법이 있다. 즉 조세소송에 관한 입증책임의 원칙을 과세관청에게 둘 것인가 아니면 납세자에 둘 것인가에 다시 말하면 課稅官廳立證責任原則을 채택할 것인가 아니면 納稅者立證責任原則을 채택할 것인가에 대한 신중한 검토와 선택이 필요하다.

이에 관하여는 물론 어느 원칙을 채택하는 것이 正義와 公平이라는 조세이념을 실현할 수 있는가 또한 財政收入의 確保라는 행정목적을 효율적으로 달성할 수 있고 아울러 納稅者權利保護에도 충실하고 있는가를 면밀히 따져 보아야 할 것이다. 그러한 측면에서 위 두 명제를 모두 해결하고 있다고 보이는 納稅者立證責任原則을 채택하고 있는 美國의 租稅訴訟制度가 주목된다.

미국이 納稅者立證責任原則을 채택하고 있다는 것은 과세관청과 납세자 사이의 租稅賦課·徵收關係가 종래의 일방적·명령적 관계가 아니라 對等的·協力的 關係라는 것을 분명히 인식하고 파악한 데서 비롯된다고 본다.

즉 미국은 조세제도의 근간이 納稅者의 自發的인 協助라는 것을 인식하고 稅入을 올리기 위하여 租稅法에 따른 미국시민에 의한 자발적인 납세의무에 관한 資料提出과 納稅義務履行에 의존하고 있다. 미국이 납세자입증책임원칙을 채택하고 있는 근본적인 이유는 납세자가 자신이 부담하는 租稅에 관한 情報를 보유하고 있기 때문에 과세관청에게 입증책임을 부담하는 것은 徵收費用의 增大와 納稅者의 權利侵害의 우려가 있기 때문에 부당하다는 것으로 요약될 수 있다.

따라서, 미국은 납세자에게 입증책임원칙을 부담시키고 있으므로 訴訟過程에서 과세관청이 새로운 資料를 수집하기 위하여 稅務調査를 할 필요성이 매우 적고, 정직한 납세자는 철저하게 보호되고 있다. 확실히 미국은 실용적인 관점에서 立證責任原則을 논의하고 있고 결국 租稅收入確保라는 측면과 納稅者權利保護라는 양 측면을 모두 달성하고 있다고 보인다.

이러한 점에서 과세관청입증책임원칙을 채택하는 것보다 納稅者立證責任原則을 채택하는 것이 조세의 이념인 正義 및 公平의 실현에 이바지하고 동시에 財政收入確保라는 측면과 納稅者權利保護의 측면에서 훨씬 더 낫다고 평가된다.

그러므로 納稅者立證責任原則을 채택하여 國稅基本法에 "租稅訴訟에 있어서 立證責任은 原則的으로 納稅者가 부담하여야 한다"라고 명문으로 규정하여야 한다.

參考文獻

1. 韓國文獻

가. 單行本

姜仁崖. 『租稅法 Ⅰ』. 서울: 조세통람사, 1988.

姜仁崖. 『租稅爭訟法』. 서울: 韓國稅政新聞社, 1989.

姜玹中. 『民事訴訟法』. 제2전정판, 서울: 博英社, 1998.

金南辰. 『行政法 Ⅰ』. 서울: 法文社, 1998.

金道昶. 『一般行政法論(上)』. 서울: 靑雲社, 1992.

金東熙. 『行政法 Ⅱ』. 서울: 博英社, 1996.

金性洙. 『行政法Ⅰ』. 서울: 法文社, 1999.

金洪奎. 『民事訴訟法(上)』. 서울: 三英社, 1994.

朴鈗炘. 『行政法講義』. 서울: 博英社, 1998.

司法硏修院 編. 『民事判決書作成實務』. 서울: 成文印刷社, 1995.

石琮顯. 『行政法講義Ⅰ, Ⅱ』. 서울: 三英社, 1999.

宋相現. 『民事訴訟法』. 서울: 博英社, 1999.

申東雲. 『刑事訴訟法』. 서울: 法文社, 1993.

吳錫洛. 『立證責任論』. 서울: 博英社, 1996.

吳錫洛·金亨培·康鳳洙 共譯. 『立證責任論』. 서울: 博英社, 1995.

尹昇榮. 『稅務訴訟法』. 서울: 圖書出版綠苑, 1983.

李尙圭. 『新行政法論(上)』. 서울: 法文社, 1997.

李石善. 『判例行政訴訟法(下)』. 서울: 韓國司法行政學會, 1992.

李時潤. 『民事訴訟法』. 서울: 博英社, 1999.

李泰魯. 『租稅法講義』. 서울: 博英社, 1997.

李泰魯·安慶峰 共著. 『租稅法講義』. 서울: 博英社, 1999.

任勝淳.『租稅法』. 서울: 博英社, 1999.

鄭東潤.『民事訴訟法』. 서울: 博英社, 1999.

韓堅愚.『行政法(Ⅰ)』. 서울: 弘文社, 1996.

洪井善.『行政法原論(上)』. 서울: 博英社, 1998.

洪準亨.『行政救濟法』. 서울: 한울 아카데미, 1996.

나. 論 文

崔長洛. "推計課稅."『司法研究資料』, 제9집. 248면.

權五鳳. "行政訴訟에 있어서의 主張·立證責任."『裁判資料』, 제67집(1995), 313면, 323
면, 327면, 330면~331면.

金性洙. "租稅行政法과 納稅者의 協力."『考試研究』, 1999. 2, 62면.

金性洙. "租稅法의 基本原則."『韓國公法의 理論』, 목촌 김도창 박사 고희기념논문집
(1993. 2), 869면.

金同周. "推計課稅."『裁判資料』, 제60집(1993), 274면, 277면.

金重坤. "推計課稅."『裁判資料』, 제17집(1983), 161면.

金炯善. "推計課稅訴訟에 있어서의 立證問題."『司法論集』, 제9집(1978), 714면~716면.

朴南龍. "所得稅의 推計課稅의 要件과 그 立證責任."『無等春秋』, 光州地方辯護士協
會誌 創刊號(1991), 81면.

申東閏. "益金算入額의 所得處分."『裁判資料』, 제61집(1993), 290면, 296면.

李文載. "租稅賦課處分에 있어서의 當初處分과 更正處分의 法律關係 및 그 具體的
適用."『司法論集』, 제15집(1984), 703면.

李文載. "行政訴訟에 있어서 立證責任－租稅訴訟에 있어서 立證責任 포함－."『裁判
資料』, 제13집, 1982, 678면~680면, 685면, 687면, 695면, 697면, 699면~700면,
702면, 704면.

李信燮. "推計課稅의 要件과 推計方法의 合理性, 그 立證責任, 推計調查 決定時의 代
表者賞與處分."『大法院判例解說』, 통권 제9권(1988년 하반기), 291면.

李在性. "行政訴訟과 立證責任."『司法行政』, 제195호. 62면.

李鍾得. "行政處分의 適法性에 대한 立證責任."『判例月報』, 1973. 3, 97면.

李彰淳. "租稅條約에 있어서의 居住者判定."『判例研究』, 제8집, 서울지방변호사회편.
75면.

林完圭. "賣出漏落額의 代表者認定賞與의 範圍." 『租稅法의 爭點』, 李泰魯 敎授 華甲
　　紀念論文集. 228면, 231면, 288면.

黃道淵. "行政訴訟에 있어서의 立證責任." 『司法論集』, 제2집(1971), 523면.

林完圭. "必要經費의 立證責任." 『租稅法硏究』. 250면.

全守安. "所得處分의 對象과 範圍." 『司法行政』, 제2호(1992), 91면.

鄭萬朝. "行政處分의 無效確認訴訟에 있어서의 立證責任." 『司法行政』, 통권 제309호
　　(1986. 9), 22면, 24면.

丁仁鎭. "不當行爲計算의 否認." 『裁判資料』, 제61집(1993), 86면~87면, 104면-105면,
　　113면~114면, 135면, 152면.

丁仁鎭. "租稅訴訟에 있어서 立證責任과 立證의 程度." 『司法論集』, 제22집 (1992), 119
　　면, 125면, 128면.

曺平烈. "行政訴訟에서의 立證責任에 관한 硏究." 碩士學位論文, 延世大學校, 1991.

朱壽昌. "租稅訴訟에 있어서 立證責任." 『司法硏修院』, 제14기 논문집. 535면, 540면,
　　550면.

崔先集. "舊 法人稅法 第32條 第5項의 違憲決定과 所得處分의 效力." 『人權과 正義』,
　　1996. 5, 114면.

崔善雄. "行政訴訟에서의 立證責任." 碩士學位論文, 서울대학교, 1997.

崔世英. "行政訴訟에 있어서의 立證責任." 『司法論集』, 제12집(1981), 488면, 500면.

2. 일본문헌

가. 單行本

兼子仁. 『行政爭訟法』. 東京: 岩波書店, 1984.

兼子一. 『民事訴訟法體系』. 東京: 弘文堂, 1994.

菊井維大. 『民事訴訟法(下)』. 東京: 日本評論社, 1993.

宮崎良夫. 『行政訴訟の法理論』. 東京: 有斐閣, 1984.

金子宏. 『租稅法』. 제6판, 東京: 弘文堂, 1997.

南博方. 『租稅爭訟の理論と實際』. 東京: 弘文堂, 1998.

南博方. 『注釋行政事件訴訟法』. 東京: 弘文堂, 1997.

木村弘之亮. 『租稅證據法の硏究』. 東京: 成文堂, 1998.

北野弘久. 『稅法學原論』. 제4판, 東京: 靑林書院, 1997.

北野弘久. 『稅法解釋の個別的檢討 Ⅱ』. 東京: 成文堂, 1982.

北野弘久. 『日本稅法體系』. 제2권, 東京: 勁草書房, 1987.

三ケ月章. 『民事訴訟法』. 제3판, 東京: 弘文堂, 1998.

森川正晴·元村和安 共著. 『稅法學硏究』. 東京: 靑林書院, 1972.

上原敏夫·池田辰夫·山本和彦. 『民事訴訟法』. 東京: 有斐閣, 1995.

石田穰. 『證據法の再構成』. 東京: 東京大學出版會, 1980.

細野長浪. 『民事訴訟法要義』. 東京: 弘文堂, 1994.

松澤 智. 『新版租稅實體法』. 東京: 中央經濟社, 1999.

松澤 智. 『租稅爭訟法』. 東京: 中央經濟社, 1998.

雄川一郎. 『行政爭訟法』. 東京: 有斐閣, 1996.

園部逸夫 編. 『注釋行政事件訴訟法』. 東京: 有斐閣, 1996.

畠山武道. 『租稅法 現代法律學講座』. 8개정판, 東京: 靑林書院, 1985.

田上穰治. 『行政法總論』. 再全訂版, 東京: 有斐閣, 1980.

田中英夫. 『英米法辭典』. 東京大學出版會, 1991. 39면.

田中二郎. 『行政法總論』. 東京: 弘文堂, 1985.

中道弘道. 『擧證責任の硏究』. 東京: 有斐閣, 1949.

倉田卓次. 『民事實務と說明論』. 東京: 日本評論社, 1987.

村上博巳. 『證明責任の硏究』. 東京: 有斐閣, 1982.

나. 論 文

加藤就一. "課稅處分取消訴訟における立證責任(上)." 『判例タイムズ』, 제651호, 25면~36면.

加藤就一. "立證責任." 『租稅爭訟法 裁判實務大系』, 小川英雄, 松澤 智 編. 55면~56
면, 59면.

兼子一. "立證責任." 『民事訴訟法講座』, 제2권. 569면, 572면.

高橋重長. "アメリカ合衆國の連邦稅徵收手續." 『稅務大學校論叢』, 제20권(1990), 431
면, 450면.

高林克己. "行政訴訟における主張立證責任." 『行政法講座』, 제3권, 田中二郎, 原龍之
助, 柳瀨良幹 編(1965), 82면-83면, 299면, 300면.

高須要子. "課稅訴訟에 있어서 主要事實." 『稅務弘報』, 제30권 13호. 148면~149면.

關根榮響. "無效な行政行爲における瑕疵の重大かつ明白性に關する二, 三の問題." 『司法硏修所創立15周年紀念論文集』, 30면, 50면.

宮崎良夫. "行政訴訟における主張, 立證責任." 『新實務民事訴訟講座』, 제9권. 231면, 236면, 239면.

宮崎良夫. "行政訴訟과 立證責任(二)-ユ 理論史的考察." 『東大社會科學硏究』, 제32권 (1981), 78면.

宮崎良夫. "行政訴訟과 立証責任(一)-ユ 理論史的 考察." 『東大社會科學硏究』, 제31권(1980), 34면.

宮崎良夫. "行政事件訴訟의 訴訟物." 『南編·條解行政事件訴訟法』, 243면~244면, 250면.

近藤昭三. "取消訴訟의 擧證責任." 『判例タイムズ』, 318호. 101면.

吉良 實. "租稅訴訟における立證責任." 『稅法學』, 400호. 23면, 28면~29면.

吉良 實. "推計課稅." 『稅法學』, 제382호(1982), 16면, 29면.

金子宏. "アメリカにおける稅務調査." 『日稅硏論集』, 제9권(1989), 3면.

南博方. "立證責任." 『別冊ジュリスト 租稅判例百選』, 1968, 115면, 231면.

瀧川叡一. "裁量處分の無效確認訴訟における無效事由の主張, 立證責任." 『民商法雜誌』, 제57권 4호. 131면.

瀧川叡一. "行政訴訟における立證責任." 『訴訟と裁判 岩松裁判官還歷紀念論文集』, 131면, 483면, 485면, 487면~488면.

瀧川叡一. "行政訴訟의 請求原因·立證責任 및 判決의 效力." 『民事訴訟法講座』, 제5권. 1444면.

碓井光明. "アメリカ合衆國の包括的納稅者權利章典(Omnibus Taxpayer Bill of Rights)について." 『稅硏』, 제5권 30호(1989), 47면.

渡辺伸平. "稅法上의 所得을 둘러싼 諸問題." 『司法硏究報告書』, 제19집 1호. 96면~98면, 108면, 113면~114면.

白石信明. "租稅訴訟の立證責任をめぐる諸問題について." 『稅務大學論叢』, 제27집(1996), 235면, 237면, 240면-241면, 244면-245면.

濱秀和. "審理に關する特則." 『行政事件訴訟法體系』, 渡部吉隆·園部逸夫 編, 1985, 348면.

浜川淸. "立證責任." 『講議行政法 2』, 遠藤, 阿部 編. 240면.

山木戶克己. "自由心証과 擧証責任." 『大阪學院大學法學硏究』, 제1권 1, 2호. 107면.

山村恒年. "主張責任, 立證責任." 『現代行政法大系』, 제5권(1983), 197면, 200면, 202면, 204면.

山村恒年. "行政爭訟." 『現代行政法大系』, 제5권. 213면.

石島弘. "要件事實の主張立證責任." 『租稅爭訟法』, 裁判實務大系(小川英明·松澤　智編), 348면.

石田穰. "立證責任の再構成." 『判例タイムズ』, 東京: 東京大學出版會, 1980, 27면.

石田穰. "立證責任の現狀と將來." 『法學協會雜誌』, 제90권 8호. 32면, 36면.

小林秀之. "主要事實과 間接事實의 區別." 『判例タイムズ』, 제438호. 6면.

小川英明·松澤　智 編. "課稅處分取消訴訟における立證責任(上)." 『判例タイムズ』, 651호(1988, 1), 15면, 20면.

松澤　智. "課稅要件事實." 『租稅法講座』, 제3권. 331면~332면, 351면, 338면.

水野忠桓. "行政調査論序說－アメリカ　合衆國における租稅調査および　行政調査制度の槪觀." 『雄川一郎先生獻呈論集』, 1989, 469면.

市原昌三郞. "取消訴訟における立證責任." 『實務民事訴訟法講座』, 제8권(1970), 232면－233면, 472면.

維名新太郞. "違法性立證責任." 『行政法爭點』(新版), 成田賴明 編, 217면.

齋藤秀夫. "稅務訴訟의 立證責任에 대해서." 『裁判官特別硏究叢書』, 제43호. 26면.

田尾桃二. "主要事實과 間接事實에 관한 2, 3의 疑問." 『裁判法의 諸問題』, 271면, 277면.

畠山武道. "主張立證をぬぐる問題." 『裁判實務大系 行政訴訟法』, 209면, 213면.

田上讓二. "司法權에 대한 行政權의 獨立." 『公法硏究』, 제8호, 106면.

田上讓二. "行政行爲의 公定力." 『行政法講座』, 제2권. 89면.

田中勝次郞. "稅務訴訟と擧證責任." 『稅法學』, 제6호. 8면, 14면.

齊藤秀夫. "租稅訴訟の立證責任と適法性の推定." 『訴訟と裁判 岩松裁判官還歷紀念論文集』, 1956, 541면.

齊藤秀夫. "租稅訴訟の立證責任について." 『裁判官特別硏究叢書』, 제43호. 26면.

佐藤繁. "課稅處分取消訴訟의 審理." 『新實務民訴講座』, 제10권. 68면, 78면.

靑山武道. "アメリカ合衆國の租稅徵收制度." 『租稅法硏究』, 15호. 34면.

增田英敏. "アメリカ租稅行政組織の構成と納稅者の權利保護." 『稅経通信』, 제46권 11호, 12호(1990), 1면.

增田英敏. "アメリカ合衆國における租稅爭訟制度." 『稅務弘報』, 제39권 13호(1992), 102면.

池田敏雄. "裁量處分の無效確認訴訟における主張, 立證責任." 『法學協會雜誌』, 제85권 4호. 131면.

紙浦健二. "稅務訴訟における立證責任と立證と必要性の程度." 『判例タイムズ』, 315호.

37면, 42면, 44면~46면, 49면, 53면.

倉田卓次. "証明責任分配論에 있어서 通說의 擁護." 『判例タイムズ』, 318호. 57면.

波多野弘. "稅務訴訟에 있어서 立證責任." 『シュトイエル』, 日本稅法學會 編, 1987. 3, 115면, 117면.

平石雄一郎. "課稅訴訟에 있어서 主要事實의 範圍." 『稅理』, 제26권 5호. 2면.

鶴見祐策. "租稅訴訟における立證責任." 『判例研究』, 日本租稅法體系 제4권(1980), 136면, 142면.

3. 西洋文獻

가. 單行本

(1) 영·미

William F. Fox, Jr.. *Understanding Administrative Law*. New York: Matthew Bendor, 1997.

Alfred C. Aman, Jr., and William T. Mayton. *Administrative Law*. Minnesota: West Publishing co, 1993.

Gerald A. Kafka and Rita A. Cavanagh. *Litigation of Federal Civil Tax Controversies. Boston*: Warren, Gorhan & Lamont of the RIA Group, 1997.

Bittker Mcmhon. *Federal Income Taxation of Individuals*. 1988.

Boris I. Bittker and Lawrence Lockken. *Federal Taxation of Income Estates and Gifts*. Second Edition, Vol.5., Boston: Warren, 1993.

F. Burnett & G. Kafka. *Litigation Of Federal Tax Controversies*, 1986.

Marcus Tullius Cicero. Quoted in B. Wolfman & J. Holden, *Ethical Problems In Federal Tax Practice XVIII* 1981.

Marvin J. Garbis. Paula M. Jung Hans & Stephen C. Struntz, *Federal Tax Litigation: Civil Practice and Procedure*. Warren, Gorhan & Lamont of the RIA Group, 1985.

Marvin J. Garvis, Stephen C. Struntz & Ronald B. Rubin. *Tax Procedure and Tax Fraud*. 1987.

Michael D. Rose, John C. Chommie. *Federal Income Taxation*. 1988.

Michael I. Saltzman. *IRS Practice And Procedure*. Warren, Gorhan & Lamont of the RIA Group, 1981.

Plumb, *Tax Refund Suits Against Collectors of Internal Revenue*, 60 Harv. L. Rev., 1947.

Whitfield & McCallum. *Burden of Proof and Choice of Forum in Tax Litigation*. 20 Vand. L. Rev., 1967.

(2) 독 일

Arens. *Zivilprozeßrecht*. 4. Aufl., C. H. Beck, 1988.

Gerhart. *Beweisverteilung im Zivilprozeßrecht*. Acp 169, 1969.

Ule. *Verwaltungsgerichtsbarkeit*. 2. Aufl., §86 Anm. Ⅲ.

Bettermann. *Verhandlungen des 46. Deutschen Juristentags Bd. Ⅱ E37*.

Becker. *Kommentar zur Reichsabgabenordnung*. 7. Aufl. 1930. §258 RAO Anm. 2.

Rosenberg. *Die Beweislast*. 5. Aufl., München, 1965.

Martens. *Verwaltungsvorschriften zur Beschränkung der Sachverhaltensermittlung*. Köln, 1980.

Tipke / Kruse, *Reichsabgabenordnung / Finanzgerichtsordnung*. 2, bis 3. Aufl., §204 AO Rdnr. 4. 17, §96 FGO Rdnr. 15.

Rauschning. *Untersuchungen zur Beweislehre im Steuerverfahren*. Hamburg, 1929.

Herr. *Die Beweislast in der jüngsten Rechtsprechungen des Reichsfinanzhofs*. Berlin, 1938.

Birk. *Steuerrecht I. Allgemeines Steuerrecht*. Verlag C.H. Beck, 1998.

Erichsen / Krebs. *Verwaltungsprozeßrecht*. Walter de Gruyter, 1998.

나. 論 文

(1) 영 · 미

Dubroff. "The United States Tax Court: An Historical Analysis." *40 ALB. L. Rev.*, 1975, p.7.

Gerald A. Kafka. "Taxpayer Bill of Rights Expands Safeguards and Civil Remedies." *The Journal of Taxation*, January 1989, p.4.

Hamburger. "Choice of Forum for Litigation: The United States Tax Court." *32 NYU Inst. of Feb. Tax*, 1974, p.1315.

K. Brewster & J. Ivins. "Holmes And Brewster'S Federal Tax Appeals." 1927, p.230.

Leo P. Martinez. "Shifting The Burden Of Proof In Tax Cases." *Hastings Law Jounal*, January 1988, p.255, pp.262~263, p.267, p.269, p.277.

OECD. "Taxpayer's Rights and Obilgations, A Survey of The Legal Situation in OECD Countries." 1990, p.7, p.12.

Piper & Jerge. "Shifting the Burden of Proof in Tax Court." *31 Tax Law*, 1978, pp.1~3.

W. Cowen, P. Nichols, Jr. & M. Bennett. "The United States Court of Claims, A History 1855-1978." 1978, pp.15~18.

(2) 독 일

Tipke. "in dubio pro fisco?." *Steuerkongreß Report*(1967), S. 53.

Heinrich Weber-Grellet. "In dubio pro quo? Zur Beweislast im Steuerrecht." *StuW 1981*, S. 49.

Martens. "Einführung in die Praxis des Verwaltungsverfahrens." *JuS 1978*, S. 99.

Martens. "Die eigenartige Beweislast im Steuerrecht."*StuW 1981*, S. 322ff.

Tietgen. "Beweislast und Beweiswürdigung im Zivil-und Verwaltungsprozeß."*Gutachte für den 46. Deutschen Juristentag*, S. 31f.

김 동 복(金 東 福)

조선대학교 법과대학 졸업(법학사)
조선대학교 법과대학 졸업(법학박사)
한국공법학회 이사, 한국토지공법학회 이사
한국콘텐츠학회 학술이사
현) 남부대학교 경찰행정대학 교수
　　　남부대학교 경찰행정대학 학부장

★ 저서 및 주요논문 ★

『경찰행정법』 문두사, 2005.
『법학원론』 도서출판 푸른세상, 2005.
『미국조세소송에 있어서의 납세자입증책임
　　(Taxpayer's Burden Proof in Tax Litigation in U.S.A.)』
『미국헌법상 프라이버시권의 보장-실체적 적법절차이론을 중심으로-
　　(Theoretical foundation on the Right of Privacy in the U.S.A.-focusing on
　　the substantive due process theory-)』
『공유수면매립지에 대한 지방자치단체간의 관할구역확정
　　-율촌 제1지방산업단지 관할권 다툼을 중심으로-(Decision of the Extent of
　　Jurisdiction between Self-Governing Bodies of the Reclaimed Field about
　　Public Surface of the Water-On the Focus of Controversy over the Extent
　　of Judiciary in YulChon's First Local Industrial Complex-)』
『국제화 시대의 경찰작용 통제법리에 관한 연구-경찰권발동의 한계를 중심으로-
　　(A Study on the Regulative Principle of Law in Respect to Police Function in
　　Internationalized Age-Centering on Limitation to Police Authority Exercise-)』
『종교법인의 과세제도에 관한 문제점과 선진화 방향
　　(Problems and Advance-Oriented Directions of Taxation System on Religious
　　Organizations)』 외 다수

★ 주요 연구 분야 ★

공법, 행정법, 조세법
E-mail address: packdb@nambu.ac.kr

조세소송의 입증책임론

• 초판 인쇄	2007년 1월 15일
• 초판 발행	2007년 1월 15일
• 지 은 이	김동복
• 펴 낸 이	채종준
• 펴 낸 곳	한국학술정보㈜
	경기도 파주시 교하읍 문발리 526-2
	파주출판문화정보산업단지
	전화 031) 908-3181(대표) · 팩스 031) 908-3189
	홈페이지 http://www.kstudy.com
	e-mail(출판사업팀사업부) publish@kstudy.com
• 등 록	제일산-115호(2000. 6. 19)
• 가 격	29,000원

ISBN   978-89-534-6298-4 93360 (Paper Book)
          978-89-534-6299-1 98360 (e-Book)